建築家ヴォーリズの「夢」

戦後民主主義・大学・キャンパス

高澤紀恵・山崎鯛介［編］

勉誠出版

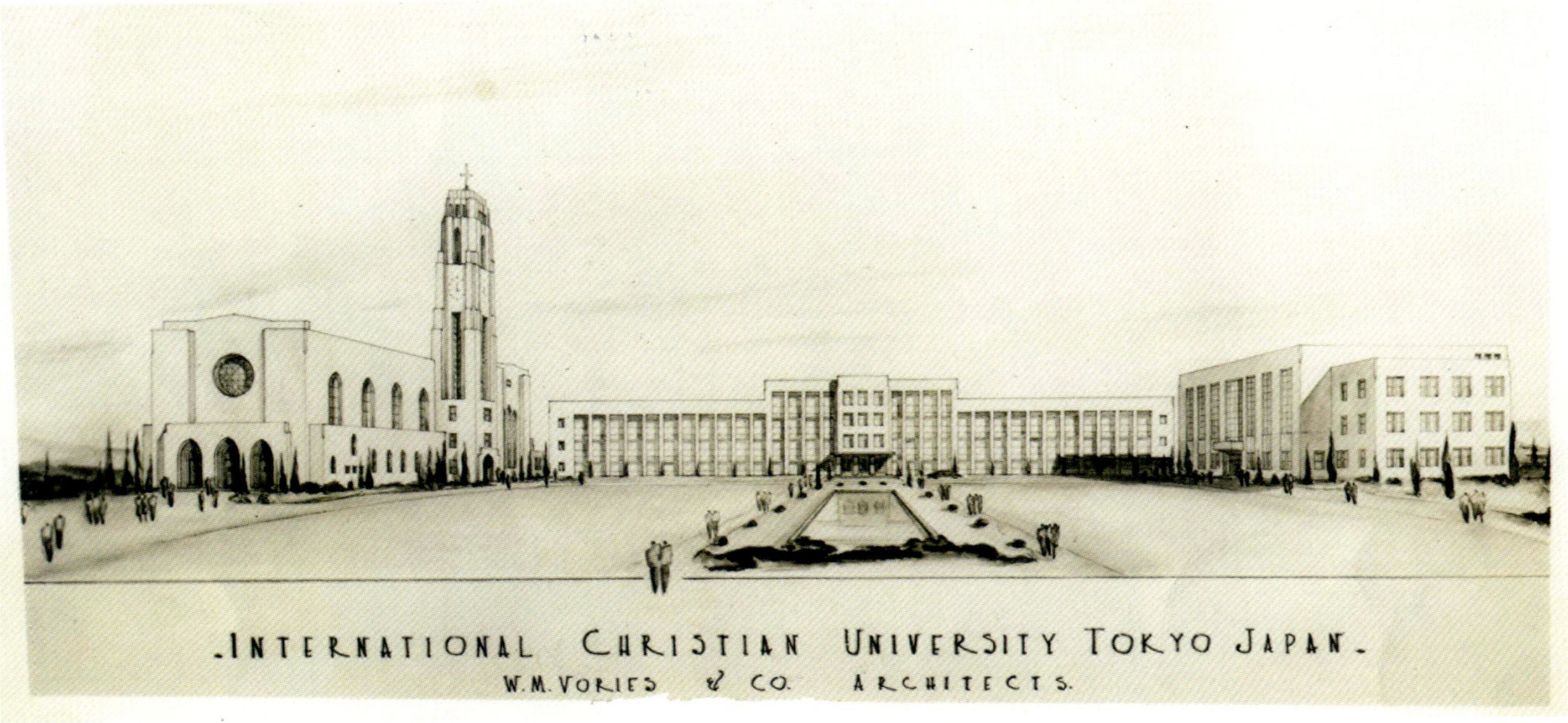

口絵1　ヴォーリズによる国際基督教大学（ICU）初期構想案
1949年ごろに描かれた透視図スケッチ。三棟の建物が長方形の池を囲むように配置されている。描かれている建物は、大学本館（正面）、教会堂（左）、図書館（右）。本館を正面から見据えたこのイラストは、北米での募金運動パンフレットにも掲載されるなど、早い段階からICUを象徴するイメージでもあった。

口絵2　関西学院大学時計台と中央芝生
甲山を背景に、長円形の中央芝生を、スパニッシュ・ミッション・スタイルと呼ばれる建物がコの字形に取り囲んでいる。赤いスパニッシュ瓦は、天気によって時に眩しく、時に落ち着いた表情を見せる。正門からのアプローチは、中央芝生の正面に時計台を仰ぎ、キャンパスの基軸を意識させる。

口絵3　神戸女学院大学岡田山キャンパス中庭広場

正面が図書館、左が文学館、右が理学館。建物は、関西学院大学と同じくスパニッシュ・ミッション・スタイル。中庭中央の噴水を囲むように咲いている白い花はイトラン。6月下旬に咲くことから、夏休みが近いことを告げる花として学内では親しみをこめて「夏休み草」と呼ばれる。

口絵4　明治学院大学礼拝堂（1916年竣工）

口絵5　同志社大学アーモスト館（1932年竣工）

口絵６　関西学院上ケ原キャンパス住宅地域

口絵７　関西学院外国人住宅５号館

口絵８　神戸女学院講堂正面（1933年竣工）

口絵９　同講堂内部

口絵10　神戸女学院総務館階段ホール（1933年竣工）

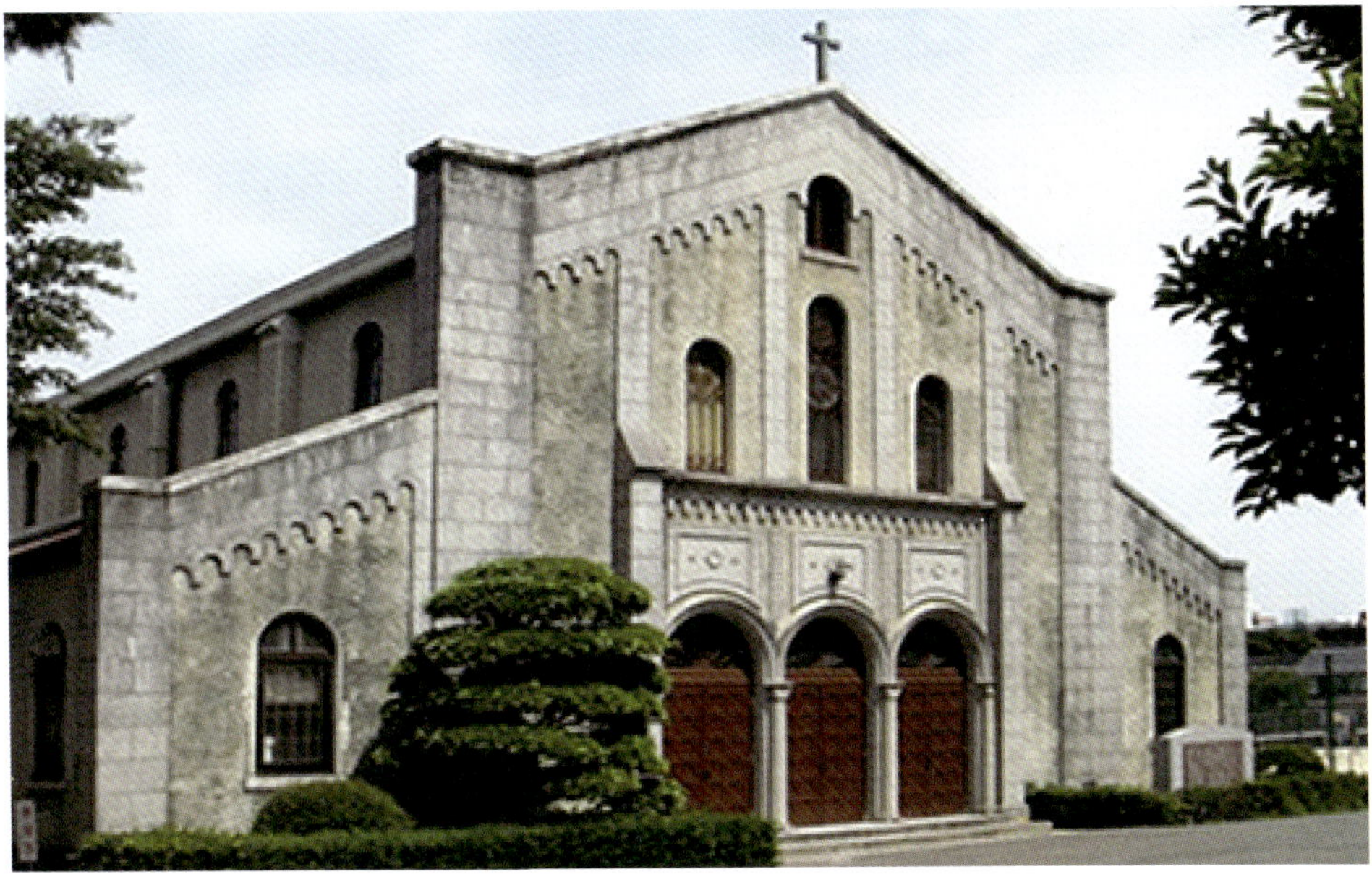

口絵11　九州学院ブラウンチャペル（1925年竣工）

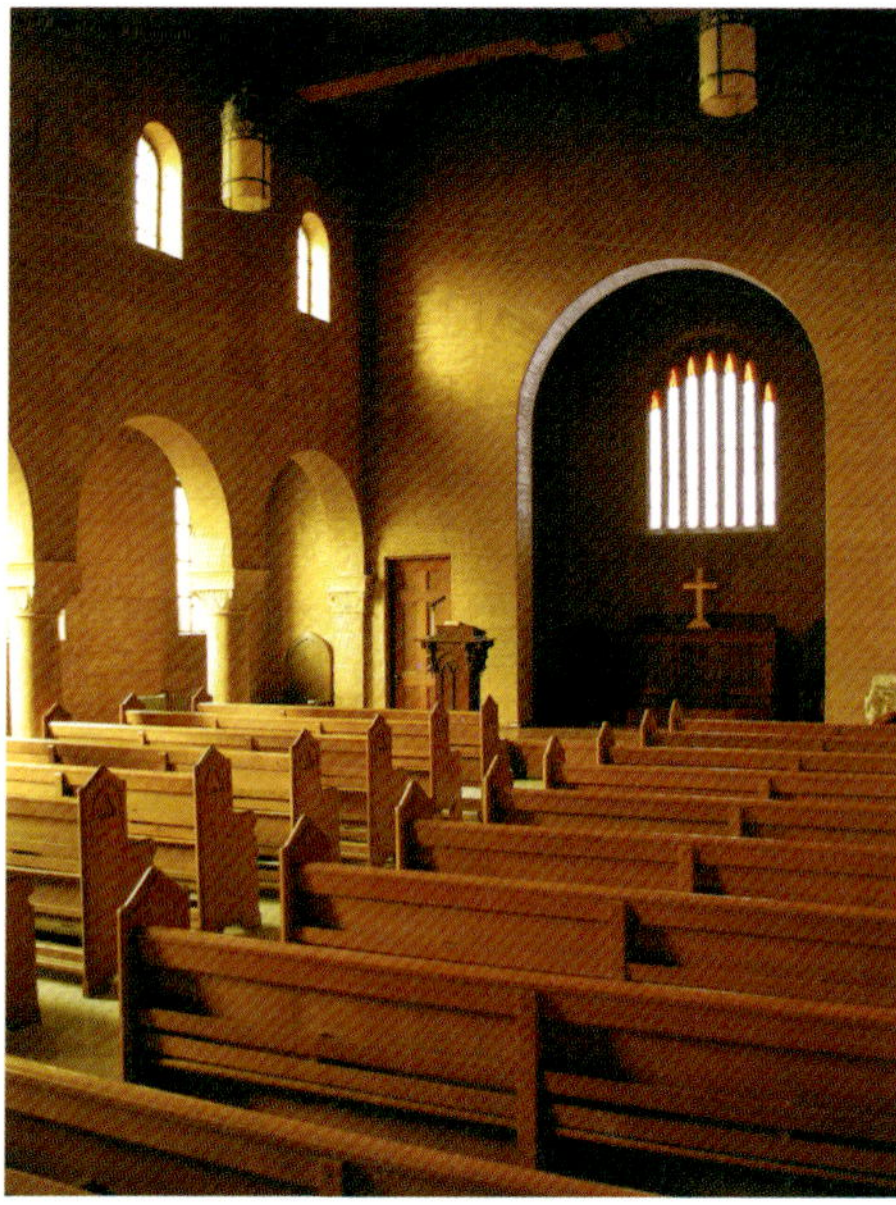

口絵12　神戸女学院ソールチャペル（1933年竣工）

口絵13　ヴォーリズによるICU旧教会堂の内部スケッチ

口絵14　本郷文教地区計画土地利用計画図（1946年）

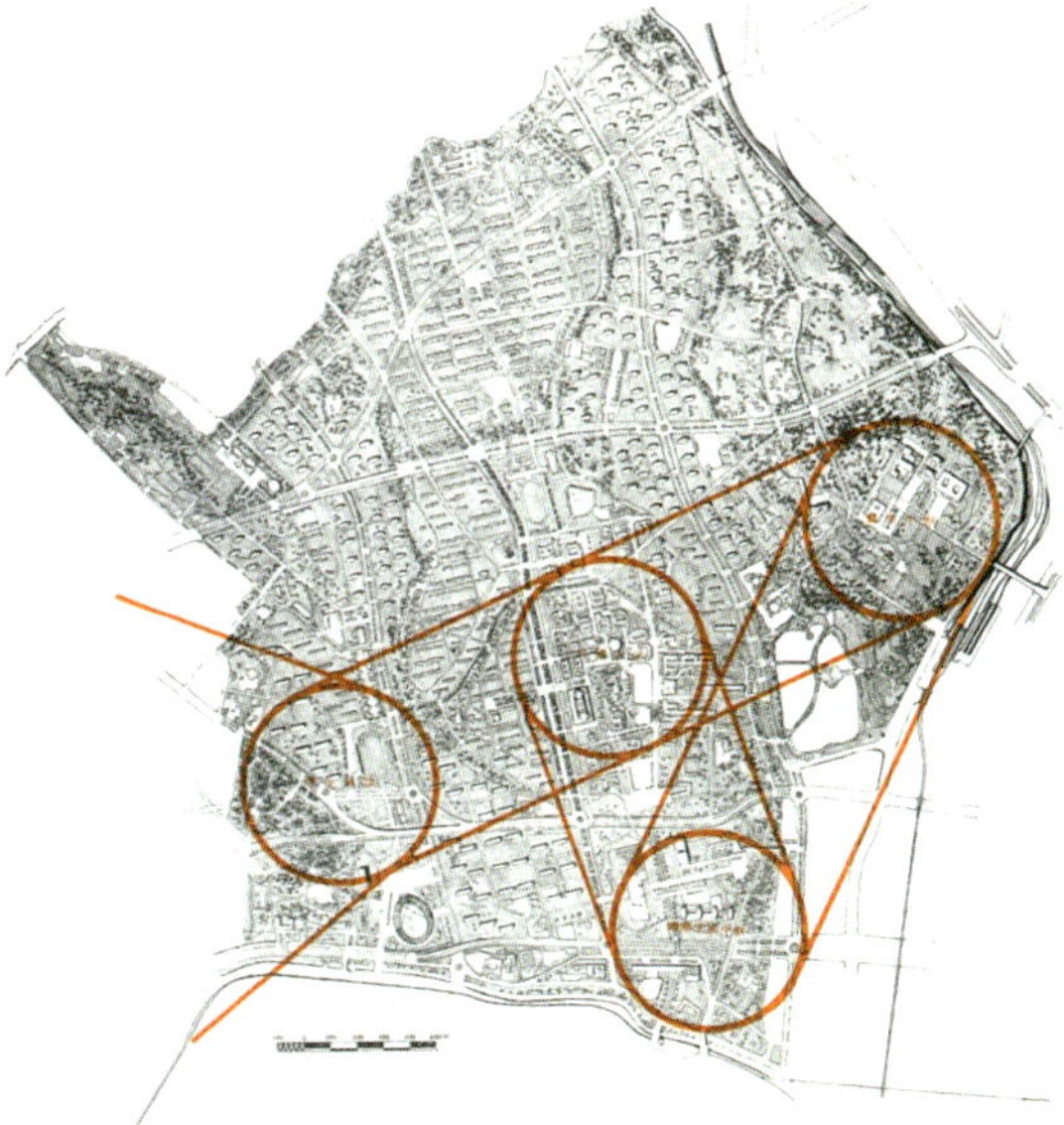

口絵15　本郷文教地区計画基本計画図（1946年）

口絵16　1949年頃の中島飛行機三鷹研究所本館（上）と開学直前のICU大学本館（下）

ヴォーリズによる改修箇所は、4階部分の増築、各階にあった付け庇の撤去、建物の上端と両端部の壁面部分の増加である。これにより、建物に正面性と明確な輪郭が与えられた。

口絵17　ヴォーリズによるICU大学本館のスケッチ

口絵18　現在のICU本館

口絵19　ヴォーリズによるICU教員住宅のスケッチ（部分的に彩色が施されている）

口絵20　現在のICU教員住宅外観

口絵21　ICU学生会館完成予想図（鳥瞰図）
手前には大学食堂、右奥には教会堂が描かれている。

口絵22　同学生会館完成予想図（正面）
中央下にはディッフェンドルファーメモリアル（記念碑）が描かれている。

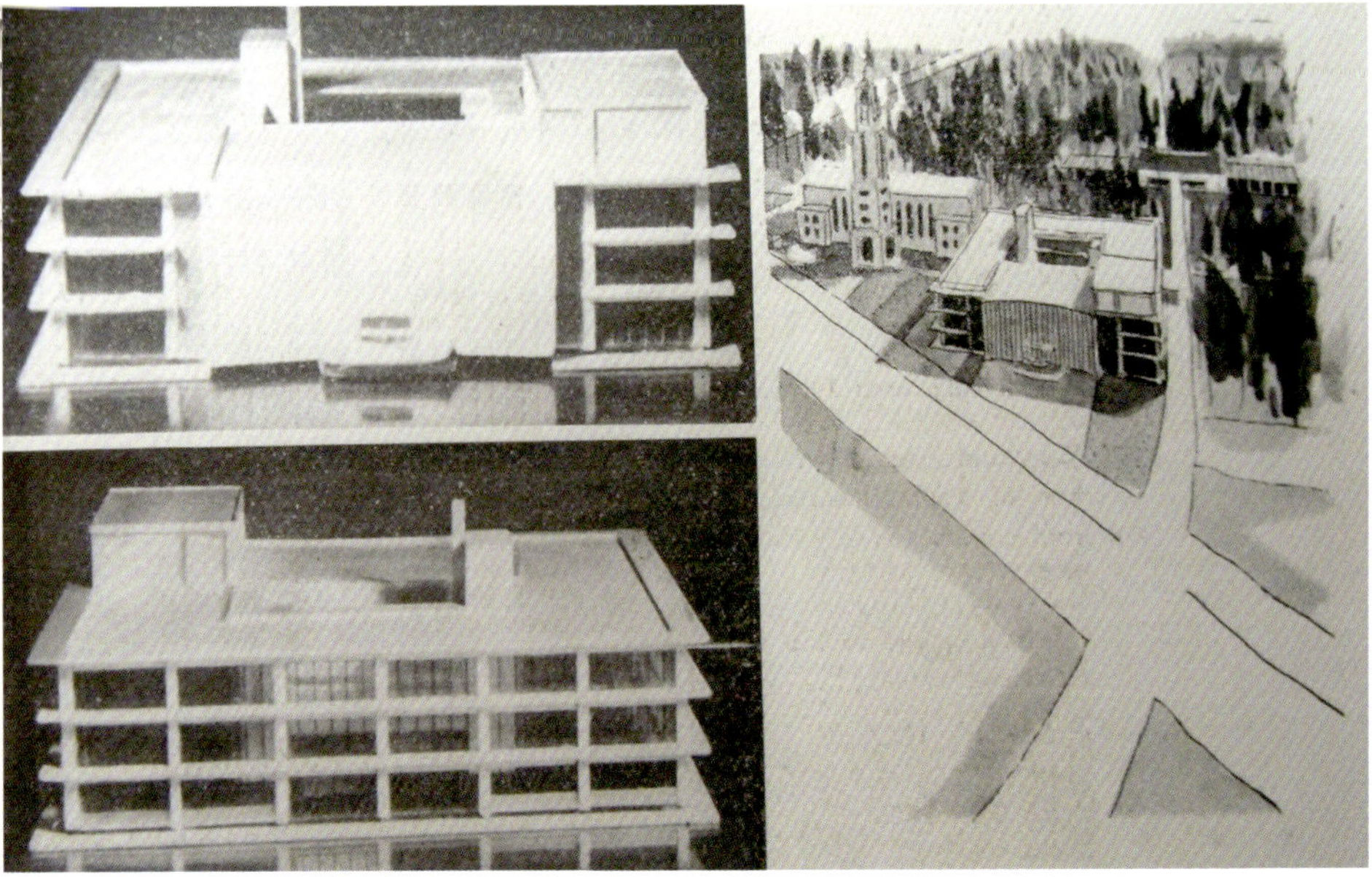

口絵23　ICUディッフェンドルファー記念館（D館）竣工記念帖におさめられたスケッチ

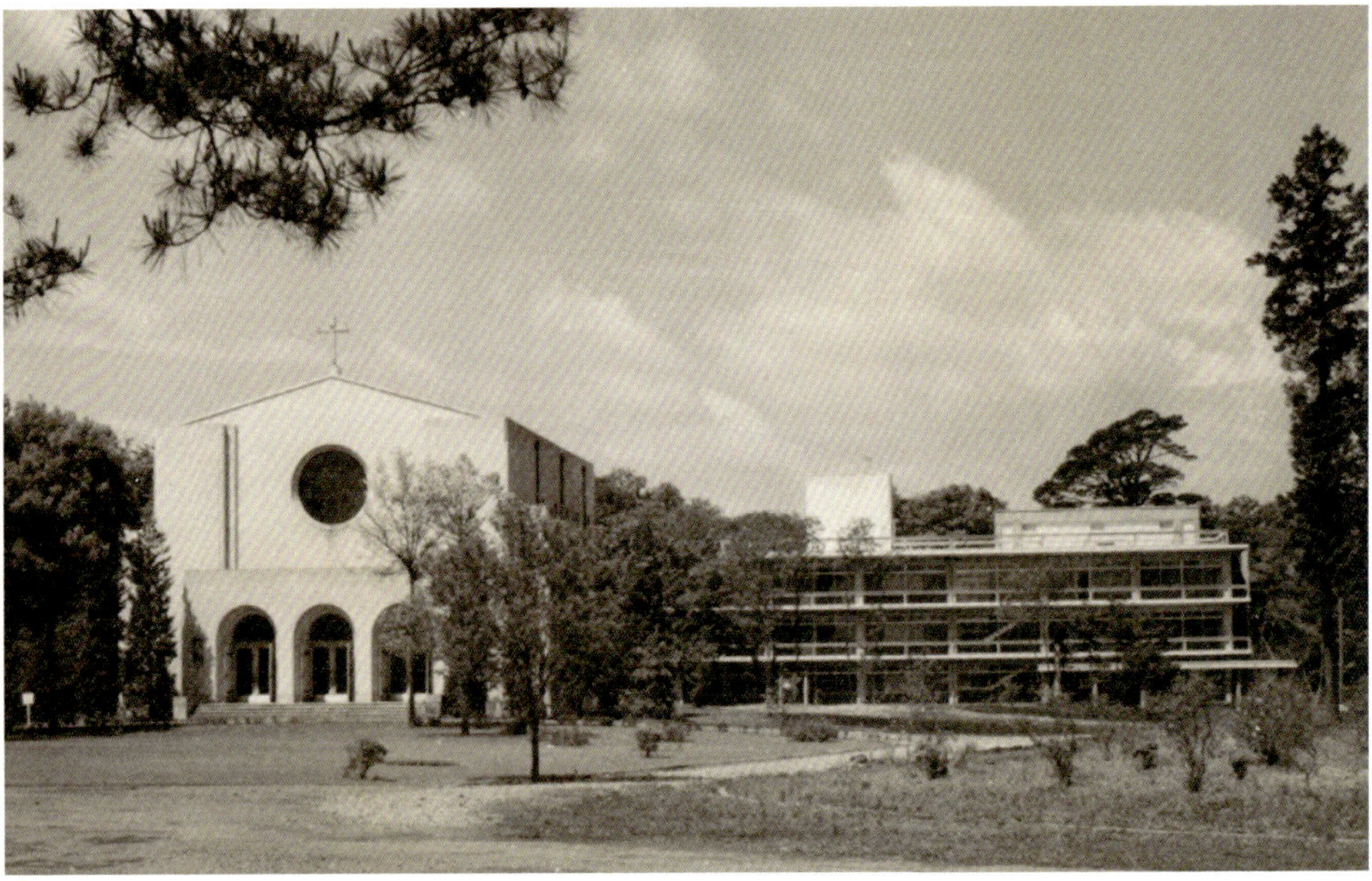

口絵24　D館およびICU旧教会堂正面（1958年撮影）

口絵25　現在のD館東棟北側

口絵26　D館ラウンジには、石庭から自然光が柔らかく射し込む

口絵27　D館東棟講堂内部（2階客席よりステージを望む）

口絵28-1（右上）　同東棟2Fホワイエ
口絵28-2（右下）　東棟1Fホワイエ
口絵28-3（左）　東棟2Fホワイエ階段

ヴォーリズと戦後の「夢」
――序にかえて

高澤紀恵

林のなかに古びた一つの建物がある（図1）。国際基督教大学ディッフェンドルファー記念館東棟（通称D館）と呼ばれる。多くの若者が日々行き交うが、風景に溶け込んだこの建物にあえて目を向ける者はいない。コンクリート三階建のこの建物は、五二〇人を収容できるオーディトリアムをひっそりと内に懐いている。二〇一六年一〇月二九日、このオーディトリアムで『ヴォーリズの夢　平和と大学』と題するシンポジウムが開催された。本書は、この時の議論を出発点としている。

シンポジウムのテーマとなったウィリアム・メレル・ヴォーリズは、アメリカに生まれ、二四歳で来日し、日本で活躍した建築家である。一九一九年に華族の一柳満喜子と結婚し、一九四一年には帰化して一柳米来留（ひとつやなぎ・めれる）という日本名をもつ。その経歴と活動域は、他の職業的建築家と比べるとかなりユニークである。一八八〇年に敬虔なプロテスタントの家庭に生まれたヴォーリズは、建築に興味を持っていたが、諸事情によりコロラド大学に入学する。在学中に海外伝道学生奉仕団のトロント大会に参加したことから海外宣教への志を抱き、哲学を専攻して大学を卒業する。卒業後の青年ヴォーリズは、ＹＭＣＡの斡旋で滋賀県立商業学校の

図1　木立のなかのD館（口絵21〜28参照）

英語教師として近江八幡にやってくる。一九〇五年のことである。しかし、若者を惹きつけた彼の伝道活動は地元の反発を招き、二年ほどで教壇を離れることを余儀なくされた。これを機にヴォーリズは、近江の地に留まり自らが理想とする「神の国」の実現を目指して近江基督教伝道団（近江ミッション、後の近江兄弟社）の活動へと本格的に歩み出す(1)。一九〇八年以降、建築設計に携わり、一九一〇年にはヴォーリズ合名会社を仲間と設立する。自給自立の伝道活動を経済的に支えるためであった。近江八幡に拠点をおいたその活動域は、アメリカ製品の輸入やメンソレータムの代理販売、医療事業、教育事業と多岐にわたっていくが、建築設計事業は常にその大切な柱であった。

彼が八三年の生涯に手がけた建築は、教会、個人住宅、病院、商業施設など一五〇〇以上にのぼり(2)、その作品は日本全国にとどまらず朝鮮半島、台湾、中国大陸に広がっている。なかでも学校建築は、質量ともに群を抜く。なによりも信仰者であったヴォーリズは、関西学院、同志社、東洋英和、明治学院、西南女学院、活水学院、さらにはソウルの梨花女子大といったミッション・スクールの建築に次々と携わっている（口絵2〜7、11参照）。近年、これらヴォーリズ作品に対する評価は高まり、たとえば関西学院大学では「関西学院に属する者すべての誇りであり、関西学院大学のアイデンティティの原像としての大きな意義をもつ」[3]と位置づける。拠点であった近江八幡では、ヴォーリズの建築を地域資源として活用する動きも盛んである。[4]実際、登録有形文化財となったヴォーリズ作品は、ひとりの建築家の作品としては最も多い三七件にのぼっている。一九三七年建設の豊郷小学校（図2、3）の保存運動が二〇〇一年に町を二分する問題になったこと、また一九三三年〜三四年に建てられた神戸女学院岡田山キャンパス（口絵3参照）が二〇一四年に重要文化財に指定されたことは、記憶に新しい。

ヴォーリズの戦前の作品群がこうして脚光を浴びているのに比べ、日米の狭間にあった彼の戦争体験と戦後の日々、とくに国際基督教大学への深い関与については、これまで十分に知られてこなかった。[5]国際基督教大学は、東京西部に広がる軍需産業の拠点、中島飛行機三鷹研究所の跡地にたつ。終戦直後に日米のキリスト教徒の間で新大学設立の動きが始まり、内外の募金によって一九五二年に献学式を迎え、翌年にリベラル・アーツの単科大学としてスタートした「戦後の大学」である。八年におよぶこの建学プロセスにおいて、一九四九年六月一三〜一六日に御殿場のYMCA東山荘で開催された大学組織協議会は決定的な意味をもつ。この場で、「最高の教育水準と基督教の信仰に基づく教育計画とを以て、平和と世界文化の発展に貢献する新日本建設に努力する指導者を養成することを目的」[6]とした国際基督教大学設立の基本方針が正式に決定された。この二週間後、七月一日の第二回理事会が満場一致で顧問建築家に選んだのが、当時六八歳のヴォーリズであった。すでにヴォーリズは中島飛行機三鷹研究所の跡地を訪れていた。この時、彼が着目したのは、中島飛行機時代の設計棟である。真珠湾

図2　豊郷小学校正面

図3　豊郷小学校階段のウサギとカメ

攻撃の日、すなわち一九四一年一二月八日に着工され四四年に完成をみた巨大なコンクリート三階建ての建物で、戦後はうち捨てられたままになっていた。[7] この建物を前にヴォーリズは、「原材料も鉄もコンクリートも現在では入手できないもので、今では建てることができない」価値ある建築であること、自分はこの建物を綺麗にすべてのオフィスと教室をいれることができること、大きな入り口は立派な正面玄関に転用できること、などを情熱を込めて語ったという。同じく顧問建築家の候補に挙がっていたアントニン・レーモンドが、古い施設をすべて壊し更地の上に調和のとれた建物群を建てることを提案したのに対し、ヴォーリズが既存の施設を活用した構想を示したことが彼の選ばれた理由であった、と当時の史料は教えている[8]（図4、5）。

ではヴォーリズは、どのような気持ちでこの仕事に取り組んだのであろうか。ヴォーリズを顧問建築家に選んだ理事会の様子を、出席者のひとりはこう伝えている。「感動の波が我々一同にどっと押し寄せた。この白髪の人物が人生の大半を背負い、目に涙を浮かべて我々の前に立って「私が日本で四〇年にわたり建築に携わってきた経験は、この偉大な大学を建てるという仕事のために神様が私に与えて下さった準備であったのだと信じております」と述べたからである」[9]。他の史料においても、彼は、建築設計の分野に限らず、教育事業、伝道事業、社会事業、経済活動を含めて、つまりは彼が近江八幡の地で生涯をかけて取り組んできたすべての営為が、ＩＣＵ建設という大仕事の準備であった、と言っている。[10] これは必ずしも誇張ではあるまい。一九五七年に病に倒れた彼は、一九六四年にその生を近江八幡で閉じるのであるが、一九五九年までＩＣＵの顧問建築家の地位にあった。「最良の才能をＩＣＵに注ぐべし」という言葉を残しているように、祈りのなかでその情熱と経験をこの大学に捧げた（図6）。

困難なアメリカでの募金活動に加わり、自ら寄付も行っている。戦争のために生み出された中島飛行機三鷹研究所の設計棟は、彼とその仲間たちによって新たな命を吹き込まれ、若者たちを迎え入れた。この建物は、幾度

図4　1951年3月28日、ICUを下見するメレル・ヴォーリズ

図5　1950年1月NYでの会合
左からメレル・ヴォーリズ、ダグラス・ホートン夫人、湯浅八郎、ラルフ・ディッフェンドルファー

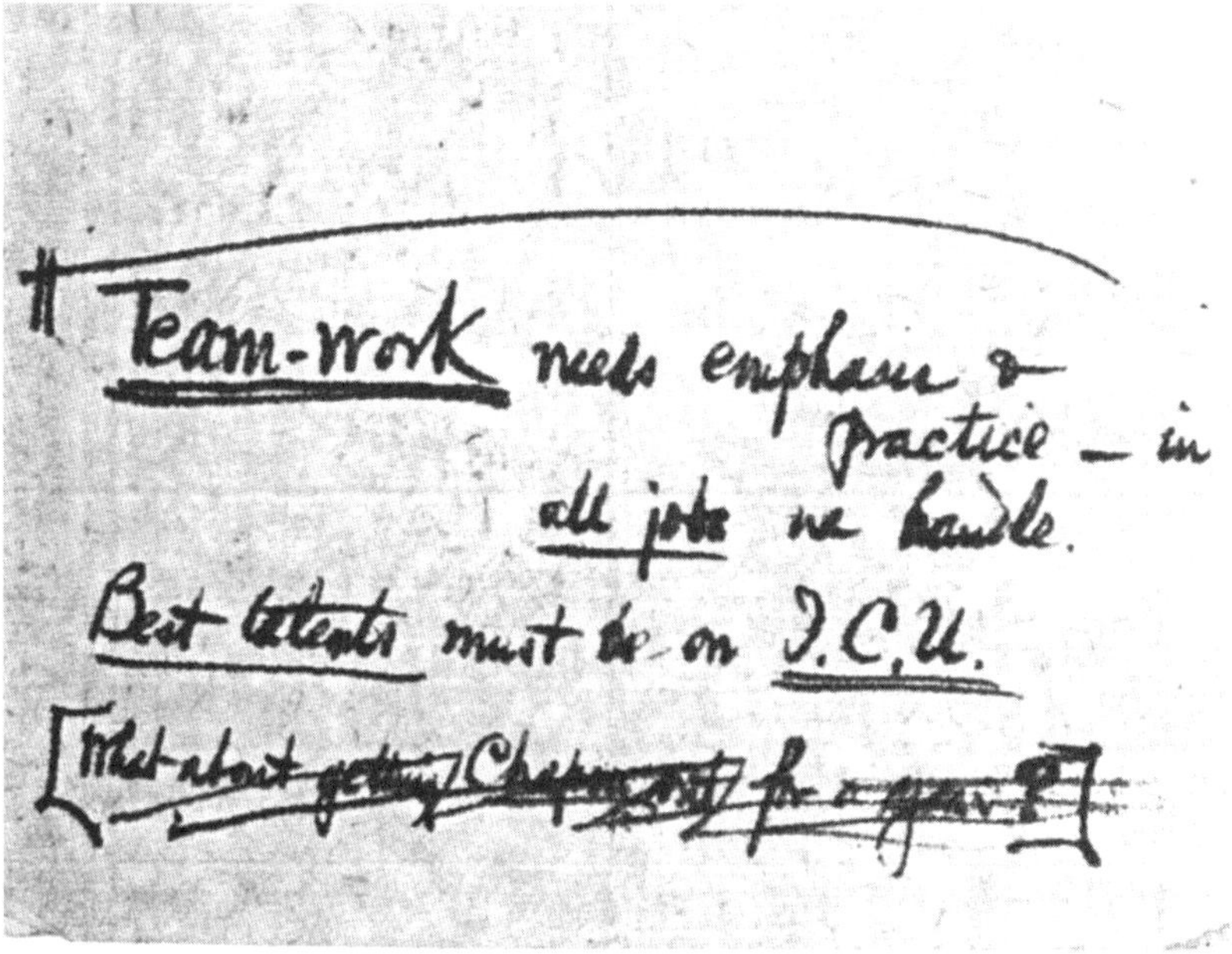

図6　ヴォーリズのメモより

かのリノベーションを経て現在までＩＣＵ大学本館として生き続けている。ヴォーリズが行ったのは、もちろん本館のリノベーションだけではない。キャンパスの全体デザインを作り、教会、礼拝堂、食堂、教員住宅（図7）、寮などが新たに建てられた。冒頭で紹介したD館もその一つである。一九五八年に竣工した日本で最初の学生会館であり、彼の最晩年の作品の一つということになる。

＊＊＊

二〇一六年一〇月、このD館オーディトリアムに集った私たちは、なにを考えようとしたのだろうか。一言で言えば、ＩＣＵキャンパスに残るヴォーリズ建築から、そこに関わった人びとの精神の在りようを、さらには人びとが生きた時代を読み取ろうと試みたのである。精神は目に見えない。時間に触ることはできない。し

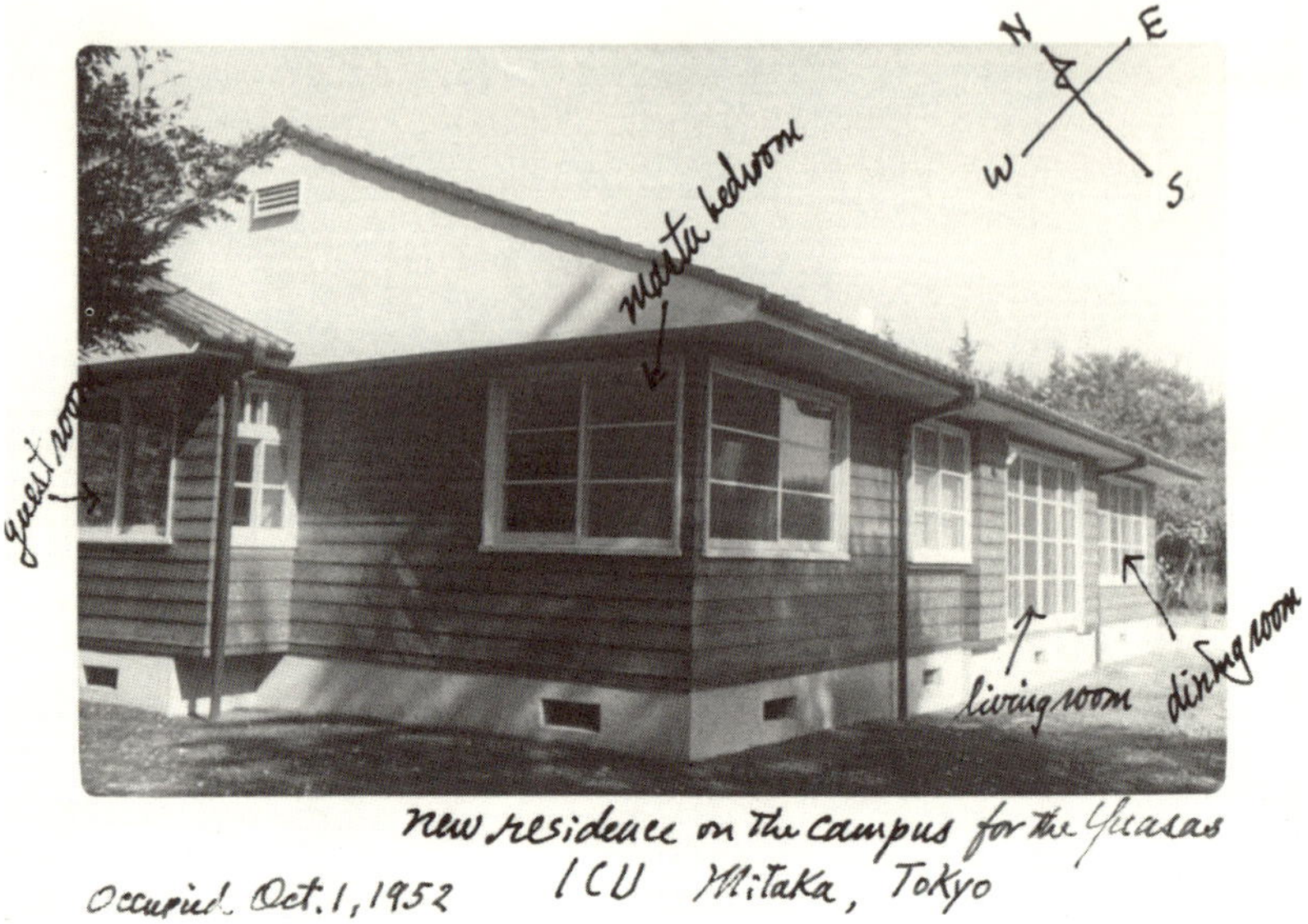

図7　教員住宅（湯浅八郎のアルバムより）

かし、人びとの精神の結晶であり、時代の刻印を帯びた建築は、現にここに在る。時間のなかで人びとが創り出した空間は、五感で感じとることができる。私たちは、ここに在るヴォーリズ作品を手がかりとして、まるでヴォーリズに抱かれるように、見えないものに目をこらしたのである。この日のプログラムをあげておこう。

開会の挨拶　高澤紀恵
「科学、世界大戦、人文学の復活——ＩＣＵ誕生の背景について」　立川明
「ヴォーリズによるキャンパス・デザインの特色」　山形政昭
「ＩＣＵ本館とディッフェンドルファー館のデザインとその価値」　山﨑鯛介
「東京空爆と「明日の大学」——二つの大学都市構想の比較から」　吉見俊哉
閉会の挨拶　田仲康博

登壇者の学問的バックグラウンドは多様である。立川明は一九六六年に入学したICU卒業生で、長くICUで西洋教育史を担当した。アメリカの大学教育が専門である。山形政昭は、大阪芸術大学の建築学科で日本建築史や近代建築論を教える。ヴォーリズ研究の先駆者にして第一人者であり、ヴォーリズに関する多数の著書がある。山崎鯛介は東京工業大学で近代建築史、建築意匠を担当する一方、近現代建造物緊急重点調査を文化庁から委託されるなど、建築アーカイブスの研究と実践活動に精力的に取り組んでいる。吉見俊哉は、東京大学を拠点に、社会学、都市論、メディア論、カルチュラル・スタディーズを牽引してきた多才な研究者であり、大学論についての造詣も深い。ちなみに司会をした田仲康博は社会学とメディア論を、高澤はヨーロッパ史をICUで教える。専門を異にする私たちは、文系、理系といった枠組を超えてさまざまな視角から、幾つもの分析尺度でICUとヴォーリズの関わりを読み解こうとした。シンポジウムは多くの聴衆を得て、熱い議論が交わされた。いつもはただ静かに佇んでいるD館オーディトリアムは、久々に活気に満ちた空間となった。

この時の議論をへて私たちは、新たな執筆者を招いて本書を編むことにした。そこには幾つかの理由がある。第一にICUのキャンパス空間が急速に相貌を変えつつある、という現実的理由がある。ヴォーリズが設計した食堂や寮はもはや存在しない（図8～12）。二〇一五年にICU理事会が発表したキャンパス・グランド・デザインの近未来図[11]からはD館も本館も教員住宅も消えている。それらの建築が「ここに在る」間に、私たちはこれらの建築物がかつて建てられ、ここで用いられてきた歴史的意味を早急に明らかにし、後世に伝える学問的責任があると考えた。折しも建築の世界では、作っては壊す近代の建築観そのものが議論の俎上にのぼり[12]、コンクリートの耐久性への知見が改められた。文化財行政においては、近代建築の評価の座標軸が変わりつつある[13]。ヴォーリズが夢見たICUのキャンパス空間とその変容、そしてその近未来を学問的に再考する好機であろう。

第二の理由は、こうしたキャンパス空間の変容は、ひとりICUだけの問題ではなく、古い建物を取り壊すか、

図8　旧大学食堂正面（2008年解体、原写真の一部をトリミング）

図9　旧大学食堂内部（2008年解体）

図10　旧大学食堂イーストルーム（2008年解体、原写真の一部をトリミング）

図11　旧第二女子寮東面（2016年解体）

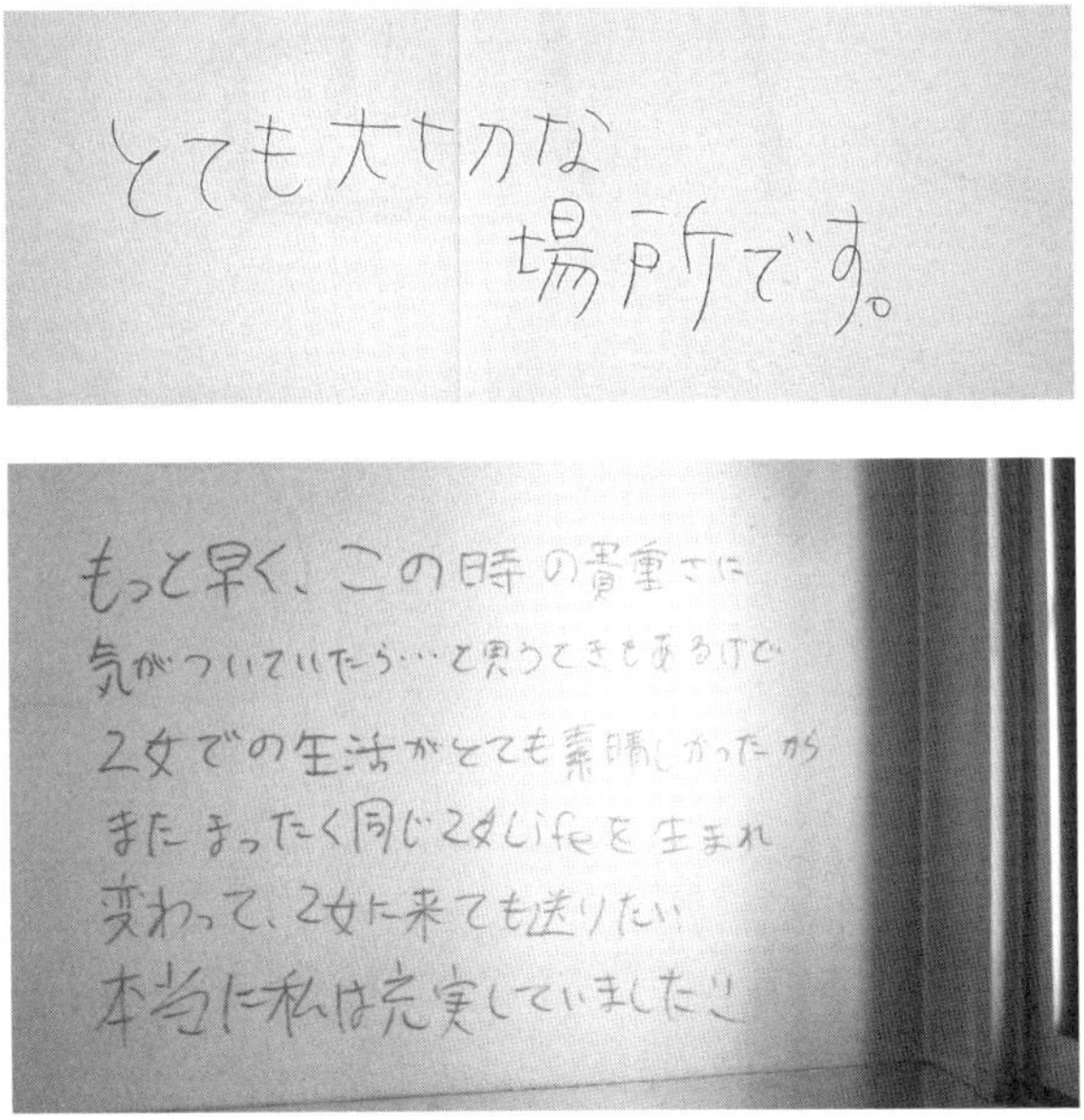
とても大切な
場所です。
もっと早く、この時の貴重さに
気がついていたら…と思うときもあるけど
2女での生活がとても素晴しかったから
またまったく同じ2女lifeを生まれ
変わって、2女に来ても送りたい
本当に私は充実していました!!

図12　寮内に残された旧寮生によるメッセージ

図13　国民服を着たヴォーリズと満喜子夫人

あるいは保存・活用するかという選択は、日本中の多くの大学が直面する課題であることを知ったことである。[14] 建築物が、発注者、設計者、利用者らの対話によって生まれ、彼らの精神の産物である以上、建物は単なるモノではない。私立であろうと国立であろうと大学は公共財であり、キャンパスは単なる私有財産ではない。それゆえ、大学建築は、社会のなかで大学はどのような役割を果たすのか、いやむしろ大学とはなにか、大学とは誰のものか、「知」はいかに生み出され世代を超えて継承されるのか、といった本質的問いと不可分に関わり、これを表象している。大学を取り巻く、また大学内部の環境が急激に変化する現在、戦後の日本で新しい大学を創ろうとした人びととひとりの建築家の挑戦は、ＩＣＵのみならず現在の大学と「知」の置かれた状況を広く照射してくれると考えたのである。

第三に、ＩＣＵ建学のプロセスは、その社会的コンテクスト、すなわち第二次世界大戦と戦後という時代を理解する上できわめて示唆に富むからである。シンポジウムを企画した段階では、私たちは「平和と大学」という副題を設定していた。日本だけでも三〇〇万人を超える命が喪われた第二次世界大戦、とりわけ人類史上はじめての原爆投下の衝撃が、平和を創り出す新しい世代を育む新大学創設の動因となり、また期待となっていたからである。一九四一年に帰化したヴォーリズ自身、アメリカと日本の狭間にあって、戦時中は軽井沢で幽閉されたような厳しい生活を余儀なくされた（図13）。こうした戦争体験が戦後のヴォーリズになにをもたらしたのか、戦後の彼はなにを夢見たのか、という問題は、おそらくまだ十分に解かれていない。しかし同時に、ヴォーリズがＩＣＵに関わった一〇年間は、中華人民共和国の成立、朝鮮戦争の開戦、冷戦の激化、占領の終焉といった世界史的な出来事のなかで、戦後の理想主義が矛盾と葛藤に直面していく時期ではなかったか。「教養ある市民としてキリスト教的兄弟愛に基づく民主主義的生活方法を学ぶ場」(15)たらんとしたＩＣＵは、その後どのような歩みを遂げていくのだろうか。戦後のヴォーリズ建築をよすがとしてＩＣＵ創設のプロセスを検討することは、戦争体験が平和の希求から民主主義への期待にまっすぐに繋がった「戦後」の複雑な位相を理解する格好の素材たりうるのではないか。こうした理由から私たちは「戦後民主主義・大学・キャンパス」を副題とする本書を編むことにした。

＊＊＊

本書は三部から構成されている。第Ｉ部「ヴォーリズとキャンパス」は異なる視角から「空間を読む」三章からなる。冒頭の第一章「ミッション建築家ヴォーリズとＩＣＵのキャンパス計画」の著者、山形政昭は、前述のようにヴォーリズ建築研究の第一人者である。本書全体のよき導入となるこの章は、ヴォーリズの人生と仲間たちとの建築活動、とりわけ彼のミッション・スクール建築の数々が時間軸に沿って俯瞰されている。なかでもヴォーリズの代表作でもある関西学院上ケ原キャンパスと神戸女学院の事例に光が当てられる。戦前に建てられたこの二つのキャンパスは、ＩＣＵに先行してヴォーリズが取り組んだ総合的なキャンパス計画であり、ＩＣＵキャンパスの発想の源が明らかにされる。豊郷小学校（一九三七年）とＩＣＵ本館との類似点など、山形ならではの指摘も興味深い。

同じくシンポジウムに登壇した山﨑鯛介の第二章「日本で最初の学生会館――ディッフェンドルファー記念館の建設経緯」は、シンポジウムの会場となったD館に照準を合わせ、その建設経緯からＩＣＵ建学期の理念と晩年のヴォーリズの挑戦を明らかにする。発注者の抱いた理想と、これを受け止めた受注者ヴォーリズの試行錯誤の双方から、日本初の学生会館建設という未知の課題が「形となる」プロセスが見事に浮き上がってくる。両者の間でやりとりされた幾つものマスタープラン、配置図、見積書、スケッチ、講演録、手紙、学内新聞と多種多様な史料を緻密に分析する山﨑の手さばきは鮮やかだ。とりわけ印象深いのは、利用者となる学生の関与である。全学生が参加し、活発に活動する学生会の声が、D館を現在の形にしたことが実証的に示される。第六章と併せて読むと、実践された戦後民主主義の具象化としてのD館の姿が見えてくる。

第三章「空間・時代・社会――ヴォーリズのいる場所」を執筆した村上陽一郎は高名な科学史家である。『近代科学と聖俗革命』の著者である村上は、時間論と空間論の系譜という古代ギリシア以来の長いタイムスパンのなかに、ヴォーリズ建築を置く。空間論から見た近代とは、中心性をもった閉じたコスモスをモデルとした構造が崩壊し、価値勾配をもった空間的秩序が無機化していく時代であることが教えられる。円形の市壁に囲まれた中世都市とグリッド状に作られたニューヨークのような都市を想起すればよいであろう。しかし、偉大なるアマチュア建築家であるヴォーリズは、アマチュアであるが故に、秩序を破壊する「前衛」建築家と無縁であることが喝破される。発注者の希望を満たすことに専念するが故に、流行から自由に、教会を中心とした美しいコスモスとしてのキャンパスを構想しえたのではないか。読み手の思考を刺激する博学の論考である。

第Ⅱ部「大学と戦争」は、「時代を読む」四章から構成される。最初の「明日の大学　明日の都市――コミュニティとしての大学＝都市」は、『都市のドラマトゥルギー』以来、斬新な都市論を展開してきた吉見ならではの視角で戦後の大学を論じる。ＩＣＵと東京大学という一見すると対照的な二つの大学を主たる対象にして、都市コミュニティとの関係性のなかで戦後の大学キャンパスが読み解かれるのである。都市コミュニティをキャンパスのなかに内包しようとしたICUに対し、都市にキャンパスが「溶け出していく」大学構想を打ち出した東京大学の対比が示されるのであるが、いずれもキリスト教知識人が主導し軍都＝帝都東京が「文化都市」へと転身しようとした占領期・ポスト占領期の出来事としての共通性が明らかにされる。都市と大学の深い内的連関を教えるこの論考は、都心に回帰しつつある現在の日本の大学の、あるいは「知」の状況を考える重要な示唆を与えてくれるであろう。

第五章「ヴォーリズの夢、そして大学の未来――ICU本館建て替え問題の向こうに」において田仲康博がICUの比較の対象としたのは、一九五一年に開学した沖縄の琉球大学である。これまでの大学論に欠落していた視座である。田仲は、米軍統治下の琉球大学の創設プロセスを導き入れることで、東京と沖縄という空間的な隔たりを超え、あるいはアメリカによる占領の形態の違いを超えて、国際情勢と不可分に繋がる大学の姿を、あるいは戦後という時代をくっきりと前景化させた。二つの大学を歴史化し、そこに作動した力を顕わにした田仲はさらに、キャンパスは単に無機化された空間でなく多様な記憶が集積する「場」であること、そこにこそ大学の存在意義がかかっていることを熱く説く。3・11後の日本の大学を覆う深い危機を見る田仲の視線は鋭い。

第六章「冷戦と民主主義の蹉跌――現実と理想の狭間で」は、同じく日米の協力による戦後の大学創設に孕まれた複雑な諸相を明らかにする。著者M・ウィリアム・スティールは、長くICUで日本近現代史を教え、二〇一三年からはICU六〇周年記念教授として大学アーカイブスの整備に尽力した。スティールは、日米の一次史料を駆使し、ICU創設に関わった多様なアクターたちの声を丁寧に掬い上げる。そこから浮かび上がるのは、連合国最高司令官総司令部（SCAP）、とりわけ民間情報教育局（CIE）とICU創設プロセスの緊密な関係であり、平和と民主主義を希求した戦後の大学が同時に冷戦の大学であったこと、さらにマッカーサーやグルーらの反共プロジェクトとＩＣＵの教員や学生たちが抱いたリベラルな理想との齟齬であった。それはまさに戦後日本の縮図といえるであろう。時代の刻印を帯びた大学を歴史化する営みは、狭く大学史の文脈に回収されるものではなく、広く歴史研究に資することを見せた論考である。

他方、アメリカに学んだ教育史家、立川明の第七章「二〇世紀のリベラルアーツの歴史の中で」は、第二次大戦後の日本の大学改革、とりわけＩＣＵ創設を、さらに長い時間軸のなかで問い直す。すなわち、トインビーの一九一四年の経験を導きの糸として第一次世界大戦が欧米の「知」の世界に与えた衝撃とその後のアメリカでの人文学の復権を実証的に辿る。戦後日本の教育改革を主導したアメリカの教育使節団が「のびやかな人文的態度の涵養」の必要性を説いた理由もここから明らかにされる。現在の日本では人文学不要論が跋扈する一方でリベラル・アーツが手頃なキャッチフレーズのように唱えられているが、それは二〇世紀の二つの世界大戦への痛切な反省を内在する「知」の形であったことが教えられるのである。国際政治の力学とは異なる角度から戦後の教育改革に光を当て、未来への課題を指し示す。

第Ⅲ部は、「ヴォーリズのことば」を伝える二章からなる。第八章「ヴォーリズの手紙——ある名建築家のコミュニケーション」の著者、樺島榮一郎は青山学院大学でメディア論を教える傍ら、早くからＩＣＵキャンパスと建物群の魅力に着目し、同窓誌上でこれを伝え続けるとともに、営々と史料の収集、保存に努めてきた。本書をはじめ今後の研究の礎石は、樺島が築いたといっても過言ではない。近く刊行される『ある土地の物語　中島知久平・ヴォーリズ・レーモンドが見た夢』において、その成果を纏めて見ることができるであろう。本章では、ＩＣＵに保存されていた貴重な手紙類を発掘した樺島が、ヴォーリズと施主とのやりとりの一端を明らかにした。樺島が選んだ手紙は、ＩＣＵ創設者たちとの長期にわたる人格的な関係を詳細に教えるだけでなく、暖かな友人としての、真摯な信仰者としての、また有能な実務家としてのヴォーリズの相貌を生き生きと伝える。

樺島がテクストからヴォーリズの言葉に迫ったのに対し、日本近現代建築思想を専門とする岸佑の第九章「記憶の宿る場所——稲冨昭がヴォーリズから引き継いだもの」は、ヴォーリズの薫陶をうけた建築家、稲冨昭の言葉を伝えている。稲冨はヴォーリズ事務所の若き所員としてD館、大学食堂の増設などの現場監理に携わっただけでなく、自身、一九六四年から七八年まではICUの第三代顧問建築家であった。稲冨へのインタビューから、晩年のヴォーリズの日常や冷戦の激化が建設途上のICUの現場に及ぼした影響などが証言されている。最も長くICUキャンパスを見続け、またアメリカにも学んだ稲冨のキャンパス論は、人間的で奥深く豊かだ。彼の語った「記憶の宿る場所」という言葉は、期せずして本書全体のテーマと響き合う。

以上の九章を編んだ本書は、幾つもの出会いから生まれた。異なる世代の異なる分野の論者たちの出会い、美しい建物との出会い、なにより過去に生きた一人の建築家との出会いから生まれた。日米の狭間を生きたヴォーリズの歩みに寄り添いつつ、戦後世界の夢と蹉跌に、建築と人びとの精神に、大学教育の過去と現在に迫った本書が、広い読者との新たな出会いに恵まれることを心より願っている。

[注]

(1) 近江キリスト教伝道団の綱領ならびにその後の変容の分析については、以下を参照されたい。奥村直彦「W・M・ヴォーリズの思想構造——「近江ミッション」成立期を中心に」『キリスト教社会問題研究』第三〇号、一九八二年。

(2) 韓国で手がけた建築一四六件については、鄭昶源「W・M・ヴォーリズが韓国で手がけた住宅設計に関する研究」『デザイン理論』五六号、二〇一一年を参照されたい。

（3）田淵結「学院史編纂室共同研究報告三　W・M・ヴォーリズ研究」『関西学院史紀要』一五号、二〇〇九年、一五六頁。

（4）山村和宏「地域再生における「創造的資本」の継承と発展――ヴォーリズ、『近江兄弟社』をめぐる公益活動を通じて――」『創造都市研究』第八号一、二〇一二年六月。

（5）ヴォーリズ研究を主導してきた奥村直彦は、「W・メレル・ヴォーリズ（一八八〇―一九六四）の生涯と彼が創立した「近江ミッション」（のちの近江兄弟社）の歴史を研究する者にとって、第二次世界大戦前後の時期の取り扱いはきわめて重要かつ困難で、特に注意深さを必要とする」と認める一方、今後の研究が待たれる問題であると指摘している。奥村直彦「第二次大戦期のW・M・ヴォーリズ――日本帰化をめぐって――」『キリスト教社会問題研究』三七号、一九八九年、二五九頁。

（6）『国際基督教大学要覧　一九五三―一九五五』、三頁。およびC・W・アイグルハート『国際基督教大学創立史――明日の大学へのヴィジョン（一九四五―六三年）』一九九〇年、国際基督教大学、九八頁。

（7）この建物についてはICUアジア文化研究所が編んだ『12月8日を忘れないで――本館誕生70周年と日米関係を振り返って』国際基督教大学アジア文化研究所、二〇一二年参照。

（8）"Proceedings: Japan Christian University Foundation Board of Directors, July 26, 1949", JICUF A-5-11, ICU Archives.

（9）Charles Germany, "A University is Born", *World Outlook*, November 1949, p.8.

（10）M. Vories, "What we are planning for International Christian University". この史料については本書第八章の樺島榮一郎「ヴォーリズの手紙」二二七頁を参照されたい。

（11）このキャンパス構想は、日本設計・隈研吾建築都市設計事務所共同企業体による。https://www.icu.ac.jp/about/activities/cgd/index.html（二〇一八年一一月一日閲覧）

（12）たとえばサントリー学芸賞を受賞した加藤耕一『時がつくる建築――リノベーションの西洋建築史』東京大学出版会、二〇一七年が示唆に富む。

（13）登録有形文化財登録について文化庁の示す基準は以下を参照されたい。http://www.bunka.go.jp/seisaku/bunkazai/shokai/yukei_kenzobutsu/pdf/bunkazai_pamphlet_6_ver02.pdf（二〇一八年一一月一日閲覧）

(14) 建築専門誌では次のような特集が組まれており、ICUのキャンパス・グランド・デザインについては隈研吾の解説がある。「大学の建築」『GA Japan』一四六号、二〇一七年四月。

(15) C・W・アイグルハート『国際基督教大学創立史——明日の大学へのヴィジョン(一九四五—一九六三)』国際基督教大学、一九九〇年、一六〇頁。

【執筆者一覧】

高澤紀恵——国際基督教大学教授。西洋史、とくに近世フランス社会史、都市史。

山﨑鯛介——東京工業大学環境・社会理工学院准教授。日本近代建築史、歴史的建造物の保存活用、建築アーカイヴズ。

山形政昭——大阪芸術大学教授。建築史、建築計画学。

村上陽一郎——東京大学・国際基督教大学名誉教授。科学史、科学哲学。

吉見俊哉——東京大学教授。都市論、文化社会学（カルチュラル・スタディーズ）。

田仲康博——国際基督教大学教授。社会学、ポストコロニアル研究、沖縄戦後史。

M・ウィリアム・スティール——国際基督教大学名誉教授。近代日本の社会・思想・政治史。

立川　明——国際基督教大学名誉教授。教育史。

樺島榮一郎——青山学院大学准教授。メディア産業論。

岸　佑——国際基督教大学アジア文化研究所。近現代日本史、日本近代建築思想。

図版出典一覧

図番号	出典・写真提供
表紙カバー	国際基督教大学図書館歴史資料室
口絵1	国際基督教大学図書館歴史資料室
口絵2	関西学院広報室
口絵3	学校法人神戸女学院（撮影：吉永真理子）
口絵4	山形政昭
口絵5	663highland（CC BY-SA 4.0）URL:https://commons.wikimedia.org/wiki/File:150815_Doshisha_University_Amherst_House_Kyoto_Japan01bs5.jpg
口絵6～10	山形政昭
口絵11	九州学院
口絵12	山形政昭
口絵13	国際基督教大学図書館歴史資料室
口絵14, 15	『建築年鑑1960年版』建築ジャーナリズム研究所，1960年
口絵16上下, 口絵17	国際基督教大学図書館歴史資料室
口絵18	岸佑
口絵19	国際基督教大学
口絵20	樺島榮一郎
口絵21～24	国際基督教大学図書館歴史資料室
口絵25～28-3	山﨑鯛介
序にかえて	
図1	岸佑
図2	Sakaori（CC BY-SA 3.0）URL:https://commons.wikimedia.org/wiki/File:Toyosato_Elementary_School_old_building._May,_2015.A.JPG
図3	Rsa（CC BY-SA 3.0）URL:https://commons.wikimedia.org/wiki/File:Toyosato_Elementary_School_Old_building-rabbit_and_tortoise-01.jpg
図4, 5	国際基督教大学図書館歴史資料室
図6	一粒社ヴォーリズ建築事務所
図7～10	国際基督教大学図書館歴史資料室
図11, 12	岸佑
図13	一粒社ヴォーリズ建築事務所
第I部扉図	国際基督教大学図書館歴史資料室
図1.1	一粒社ヴォーリズ建築事務所
図1.2	『近江の兄弟ヴォーリズ等』1923
図1.3	関西学院
図1.4, 1.5	『ヴォーリズ建築事務所作品集』1937
図1.6-1, 6-2, 7-1, 7-2	国際基督教大学図書館歴史資料室
図2.1	公益財団法人近江兄弟社
図2.2～2.5	国際基督教大学図書館歴史資料室
図2.6, 2.7	国際基督教大学図書館歴史資料室
図2.8	『国際基督教大学建設通信』1950年8月号
図2.9	国際基督教大学
図2.10	国際基督教大学図書館歴史資料室
図2.11	『国際基督教大学建設通信』1950年10月号
図2.12	国際基督教大学図書館歴史資料室
図2.13, 2.14	国際基督教大学
図2.15, 2.16	『アジア文化研究』43号，国際基督教大学アジア文化研究所，2017
図2.17	『国際基督教大学新聞』1956年10月1日号
図2.18, 2.19	『国際基督教大学新聞』1956年11月1日号
図2.20	『アジア文化研究』43号，国際基督教大学アジア文化研究所，2017
図2.21, 2.22	国際基督教大学図書館歴史資料室
図3.1	Robert Fludd, *Utrisuque cosmi historia*, 1617-21
図3.2	N. Copernicus, *De revolutionibus orbium coelestium*, 1543
図3.3	ネルトリンゲン市の観光葉書
図3.4	17世紀の版画
図3.5, 3.6	磯崎新＋篠山紀信『建築行脚9　バロックの真珠』六曜社，1983
図3.7	JAL City Guide Map　ニューヨーク
図3.8	大分大学理工学部建築環境工学研究室 http://www.arch.oita-u.ac.jp/env/cg/sgbill/sgbill3.htm
図3.9	ヴォーリズ『新版 吾家の設計』創元社，2017
第II部扉図	国際基督教大学図書館歴史資料室
図4.1	工藤洋三『米軍の写真偵察と日本空襲』2011, 36-37頁
図5.1, 5.2	田仲康博
図6.1～6.4	国際基督教大学図書館歴史資料室
図7.1	V. H. H. Green, *A History of Oxford University*, B. T. Batsford, 1974
図7.2, 7.3	『SD別冊28：大学の空間』鹿島出版会，1996
第III部扉図	国際基督教大学図書館歴史資料室
図8.1	国際基督教大学図書館歴史資料室
図8.2	『アジア文化研究』43号，国際基督教大学アジア文化研究所，2017
図9.1～9.2	稲冨昭建築事務所
図9.3	『稲冨昭作品集　目と手の建築』彰国社，2011
図9.4	日本建築家協会編『DA建築図集　体育館』彰国社，1980
あとがき	
図a	国際基督教大学
図b	山﨑鯛介

目次

第II部　大学と戦争——時代を読む

第III部　ヴォーリズのことば

第Ⅰ部　ヴォーリズとキャンパス

――空間を読む

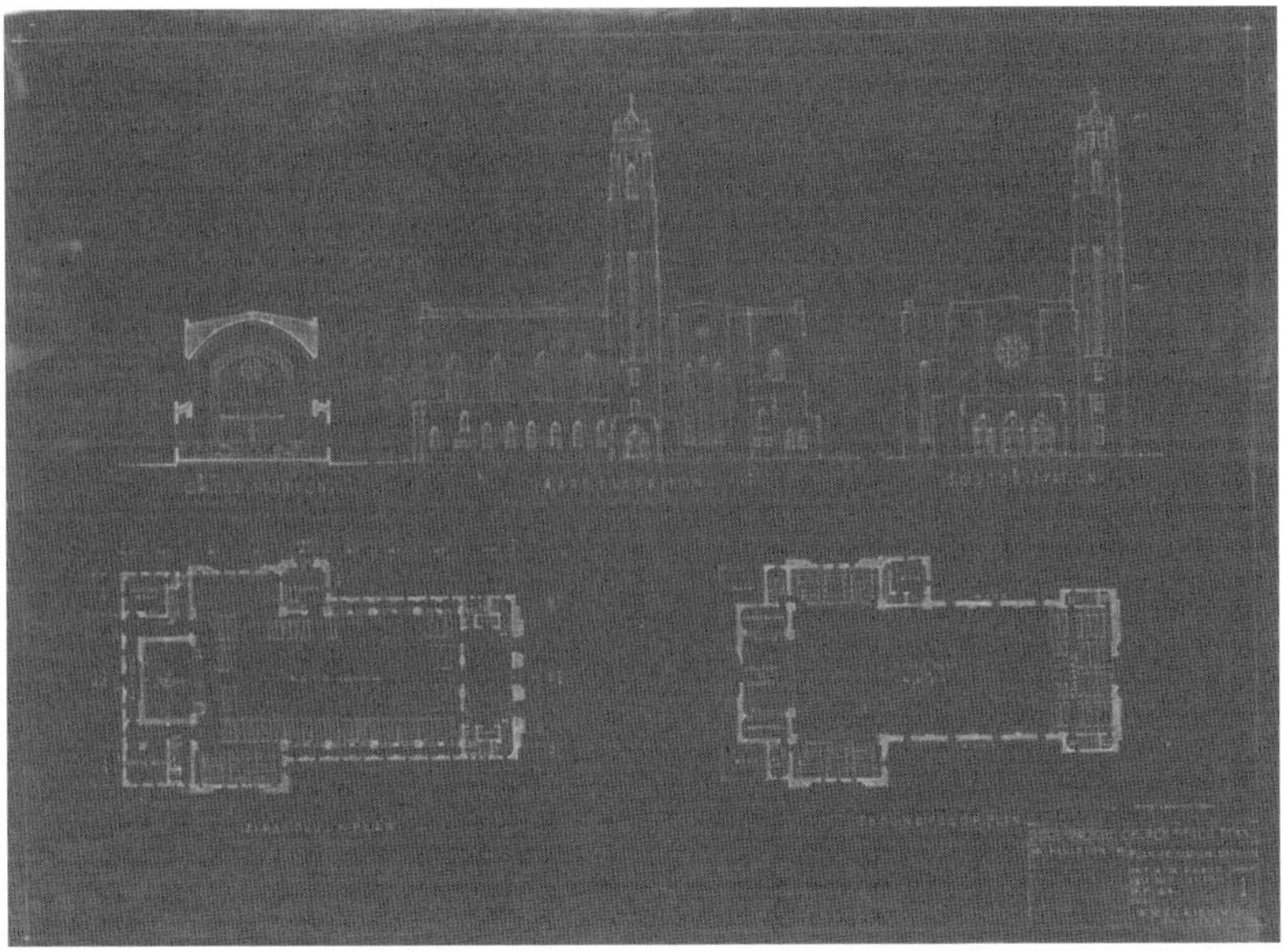

国際基督教大学教会堂案東面および南面（1949年）
口絵1のスケッチと同時期に描かれたもの。教会堂は、その後、キャンパス正面アプローチの軸線上に移され、アントニン・レーモンドによる改修を経て、現在の姿となった。

第一章　ミッション建築家ヴォーリズとＩＣＵのキャンパス計画

山形政昭

はじめに

国際基督教大学（以下、ＩＣＵと記す）学校史では、ＩＣＵの創立に関する一九四九年六月の御殿場東山荘における会議において、キャンパス計画の設計者として一柳米来留つまりウィリアム・メレル・ヴォーリズ（William Merrell Vories）が指名されたとされている。それをうけて、ヴォーリズ建築事務所では同年十月にメレル・ヴォーリズら事務所の関係者が三鷹の校地予定地を訪れ、詳しく敷地を検分している。その時の記録が『湖畔の声』（一九四九年十月号、近江兄弟社の伝道誌）にあり、次のように記されている。

「この仕事は我が建築部始って以来最大のもので、一柳さん村田さんはじめ総がかりで万全を期している。なにしろ四十万坪という広大な敷地で、山あり、谷あり、畑あり田園あり、変化に富んでおり、端から端へは二時間近く歩かなければならない。……先生自ら先頭に丘に昇り谷を渡って案内せられ、壮者を凌ぐ元気で非常な興味をもって全身全霊を傾けて居られる」

そしてこの総合計画は間もなくしてまとめられたのであり、ヴォーリズは一九五〇年には湯浅八郎学長に同行して渡米しニューヨークでの会議に参加したことが知られている。計画は壮大なものであったが、一九五三年四月の開校までに既存建築の改築による本館（ユニバーシティー・ホール）が先行して竣工した。その後の数年に亘ってヴォーリズ建築事務所はＩＣＵのキャンパス計画を具体化し、一九五〇年代には礼拝堂、寄宿舎、食堂などを建て、キャンパスの建設を推進する。しかしその途上にあった一九五七年夏、メレル・ヴォーリズは軽井沢で倒れ、病気療養生活についたのであり、ＩＣＵの建築計画はメレル・ヴォーリズの最晩年における建築活動の中心に位置したものだった。

ＩＣＵのキャンパス建築については、創立六十周年記念展に関連して刊行された『建築にみるＩＣＵの歴史』（二〇一四年）があり、創立以来の建築について詳しく報じられている。また二〇一一年、居住技術研究所（加藤雅久）による「国際基督教大学歴史調査報告書」があり、キャンパスに関してなど学内資料に基づく調査報告がなされている。それによると、ヴォーリズ建築事務所によるキャンパス計画は一九四九年秋口にＡ、Ｂ、Ｃ、の三案が作成され、そのＢ案が「国際基督教大学建設通信」（一九四九年一〇月一日）に学園設計図第一案として掲載されていた。それは南面する本館とその前に広がるキャンパス・ヤードを中心として、左右に礼拝堂と図書館を配置したもので、学園ではその三棟を「中心グループ」と称し、その周りに学部校舎、体育の施設、寄宿舎・住宅群など、全体で一九棟の建築が配置された壮大なものであった。そして「中心グループ」の竣工スケッチが作成され、米国での募金活動を目的とした一九五〇年三月の会議に供されたという。このＢ案の他に、本館の正面広場を挟んだ南の位置に礼拝堂を配置し、本館と礼拝堂が向きあうという、一層シンボリックな計画案の存在も知ら

図1.1　メレル・ヴォーリズを囲む建築事務所所員たち
1952年頃で壁にはICUの計画スケッチが掛けられている。

れている（図1・1）。

こうしたヴォーリズ建築事務所による一九四九年における計画案が、ＩＣＵのキャンパス形成の原案であったといえる。しかし一九五一年には計画の改正案が作成され、先行する建築として、本館の改修、学生および教員の宿舎、第二に体育館、理学館、図書館の建築とされ、礼拝堂の計画が後退することになる。それに従い本館の改修が先ず竣工し、一九五三年四月の開校を迎えるが、その後の建築計画は、周知のように曲折を経て進行する。一九五四年に竣工した礼拝堂（ＩＣＵ教会）は建設資金の問題などあり、ヴォーリズ側においても一籌を輸するものとなった。

そうしたなかで、一九五七年に竣工したディッフェンドルファー記念館の建築はモダニズム・デザインによる近代建築として際立つものであり、この時代におけるヴォーリズ建築事務所の新たな展開を示している。

つまり、ＩＣＵの建築は戦後初頭期のヴォーリズ建築事務所にもたらされた最も重要なプロジェクトであり、ミッション建築家といわれるヴォーリズが歩んできた学校建築の計画的思想によって導かれたものといえよう。その一方で、新しい建築を目指す動きがあり、ディッフェンドルファー記念館（一九五八年）はその成果としても捉えることができる。

本建築については、次章で詳しく論じられるところであり、ここではヴォーリズの学校建築における履歴を踏まえ、その建築作品と計画的特色について概観することとした。また、近江ミッションと共にあった建築活動というヴォーリズの特異性が知られるのであり、留意すべき点があるが、先ずはヴォーリズの略歴を辿ることとする。(1)

（一）ヴォーリズの履歴と建築活動について

来日まで（図1・2）

ウィリアム・メレル・ヴォーリズは米国カンザス州レブンワースで事業を営む父ジョン・ヴォーリズと、神学校を卒業し教会の日曜学校教師を務めていた母ジュリア・ユージニア・メレルの長男として一八八〇年一〇月二八日に生まれている。プレスビテリアン教会長老であった祖父、二年後に誕生した弟らとともに、熱心なクリスチャン・ファミリーの宗教的雰囲気に満ちた家庭で育ち、六歳の時にアリゾナ州フラグスタッフに転居した。ロッキー山脈麓の高原の町への転宅は、幼年期に虚弱であったヴォーリズの健康を回復させたばかりか、大自然に触れたことでメレル・ヴォーリズに自然指向というべき心性を与えたという。また音楽に親しみ、少年にして教会オルガニストを務めるまでになっていた。後年に著す『失敗者の自叙伝』（一九七〇年）のなかで、少年期を回想し「この環境の下で心身深く宿したものが音楽、宗教、自然の三者であったということは、なんとしても幸福なことであった」と記している。

また絵画、建築にも興味をもち、大学進学に際して建築家となることを夢見ていたが、諸事情によりコロラド大学に入学し、一九〇四年に卒業している。大学における学業について記されることは多くないが、学生YMCAの活動に取り組み海外伝道学生奉仕団員となり、海外伝道の志を抱くに至ったという。そして卒業後YMCAのルートにより、滋賀県立商業学校英語科教師の求人に応じて、八幡（近江八幡市）を目指した。

商業学校教員時代

来日は一九〇五年一月二九日、数日間の横浜滞在を経て、二月二日に八幡駅に降り立った。その日より二年余りの英語科教員時代が始まる。これより一九二〇年のヴォーリズ建築事務所の開設までの一五年間はドラマチックで、奇跡のような活動がなされるのである。

図1.2　ウィリアム・メレル・ヴォーリズ（1913年頃）

二四歳の青年教師は学生に親しく接し、放課後に開いたバイブルクラスに学生が集まった。それを発展させ、氏の設計第一号となる八幡YMCA会館（八幡基督教青年会館）を建てている。そうしたキリスト教活動が問題視され、一九〇七年三月に教職を解かれるがバイブルクラスの活動を通して数名の卒業生ら若い協力者を見出していた。

ヴォーリズ合名会社と近江ミッション

失職中のヴォーリズは一九〇八年暮れに、横浜在留のドイツ人建築家デ・ラランダの設計による京都YMCA会館の建築工事監督についた、その時をもって建築設計業の始まりとされている。やがて近江八幡での自立自営を目指したヴォーリズは京都YMCA会館の竣工を目前にした一九一〇年一月に米国の同志を求める目的で帰米し、まもなく二人の米国人を伴い帰国している。その一人、L・G・チェーピン（Lester G. Chapin）は、コーネル大学建築学科の卒業生であり、三年間の契約による来日であったが、氏を迎えて一九一〇年一二月一三日にヴォーリズ、吉田悦藏(2)、チェーピンの三名でヴォーリズ合名会社を設立した。さらに一九一一年にはキリスト教団体近江ミッションを創設し伝道誌『湖畔之声』の刊行を始めている。ヴォーリズの構想した近江ミッションは、教会を拠点とした伝道活動とは異なり、キリスト教の博愛精神と平等主義に基づく生活改善を標榜したものであり、社会における実践的活動に特色があった。建築活動はその一つに位置付けられていたのであり、その他、近江八幡近郊に開院された結核療養施設の近江サナトリアムの事業やメンソレータムの販売などもあり、近江ミッションの事業は多岐に及んでいた。

この大正初期における近江ミッション団員は数名の米国人、韓国人らを加えて数十名に達しており、外国人と日本人との共同による国際主義もその特色としていた。全国的、国際的な交流では夏の軽井沢が拠点であった。来日の年から滞在した夏の軽井沢はヴォーリズにとって心身の健康のため不可欠とした場所と日々であり、一九一二年には軽井沢本通りにヴォーリズ合名会社事務所を設けて活動し、当地での交流によりヴォーリズの建築活動は全国に広がることとなる。

ヴォーリズ合名会社は建築設計業を主とするものであったが、合わせて米国製建材、雑貨の輸入販売事業も行なっていた。そうした業務を再編整備するため一九二〇年に至り、メンソレータムや建築資材など輸入販売部門を業務とする近江セールズ株式会社を設立し、建築部はヴォーリズ建築事務所と称された。

結婚と建築活動の展開

一九一九年六月三日、ヴォーリズは一柳末徳子爵の三女、満喜子と明治学院チャペルで式を挙げ結婚した。一柳家はかつて播州小野藩主という家柄であったが、東京で生まれた満喜子はクリスチャン系の幼稚園から東京女子高等師範付属高等女学校で学んだ後、新しい生活を求めて神戸に移り神戸女学院に入り、一九〇八年に音楽部を卒業している。その後渡米し、東部の名門校ブリンマー大学で教育学を修め一九一八年に帰国した。ところで満喜子の兄、一柳恵三は関西財閥の廣岡家に婿養子として入籍し家督を継いでおり、事業の加島銀行、大同生命保険株式会社などを率いていた。氏の義母に当たる廣岡浅子は晩年クリスチャンとなり大阪教会および大阪YWCAの活動を支援しており、ここでヴォーリズとの出会いがあったといわれている。ともあれヴォーリズは満喜子との結婚によって、子爵令嬢という上流階級の女性を近江ミッションに迎えたとともに事業家廣岡家の縁戚となった。そうした時期より米国ミッションに関連する種々の建築に加えて、大丸百貨店の建築、廣岡家一族の邸宅や業務ビルなど建築設計も多岐に亘ってゆく。

一方、近江ミッションに加わった満喜子は教育活動に本領を発揮しプレイグラウンドと称した幼児教育を始め、やがて清友園幼稚園としてミッションの教育事業に位置づけた。一九三一年に至り近江八幡市井町に建築された新園舎は当時「我国において最も理想に近い幼児教育施設」と言われたもので、現在も近江兄弟社学園の歴史を伝えるハイド記念館として残されている。近江ミッションの教育事業にはその頃に吉田悦藏による近江勤労女学校、吉田悦藏の妻清野による近江家政塾などがあり、教育事業は近江ミッションの一部門となっていた。

福音の伝道活動に、建築に、医療福祉事業に、建材や楽器の輸入販売事業など、様々に広がった活動は一九三〇年代に至り最盛期を迎えていたのであり、近江ミッションは様々な部門の総合化を標榜して、一九三四年に近江兄弟社と改称された。

太平洋戦争の始まる一九四一年（昭和一六）は、在日米国人にとって殊のほか厳しい状況となった。そうした時勢下でヴォーリズは日本への帰化を決意し、一柳米来留《ひとつやなぎめれる》と改名し、戦時下は八幡を離れ軽井沢で留まった。そして建築部の活動は一九四四年に滋賀県土木建築株式会社に統合され、ヴォーリズ建築事務所は休止した。

戦後に至り、一九四五年一二月に一柳米来留は近江八幡に戻り近江兄弟社の再建に着手する。やがて建築部員の復帰もすすみ、建築事務所の活動も再開した。一九四九年には各地の教会堂、西南学院、大阪女学院など、種々の設計依頼が寄せられるなかでＩＣＵのキャンパス計画が始まる。その実現に向けてメレル・ヴォーリズは旺盛に活動するも、一九五七年（昭和三二）に病に倒れ療養生活に入る。その翌年に近江八幡市名誉市民第一号に推挙される栄誉に浴したのち、一九六四年（昭和三九）五月七日に永眠した。

（二）建築活動とその特色

ヴォーリズの建築活動は、前節で述べたように、教員時代の八幡ＹＭＣＡ会館を処女作とし、近江ミッションという独自の活動とともに推進されたものであるが、組織としては一九〇八年の建築設計監督事務所の開設、一九一〇年のヴォーリズ合名会社、そして一九二〇年のヴォーリズ建築事務所の設立へと展開した。そして組織の変化にほぼ対応して、一九一〇年代の初期と一九二〇年以降の盛期としての特色が指摘できるのである。初期では、ヴォーリズ合名会社の創設が、米国人建築技師Ｌ・Ｇ・チェーピンの参画で実現し、つづいて一九一二年のJ・H・ヴォーゲル（Joshua H. Vogel）の参加など、数名の米国人技師が実務を担っていたとみられている。そして初期の建築作品には米国ミッションに関係する学校や寄宿舎、教会堂、そして住宅、とりわけ宣教師住宅が多い。それに加えて一九一五年の西邑邸が際立つ作品であり、つづいて廣岡家など名家の邸宅を残していた。ヴォーリズはアマチュア建築家？と指摘されるとおりの出発であったが、備わった天分と努力で練成し、またヴォーリズの教え子だった商業学校出の佐藤久勝ら、そして工業学校卒の隈元周輔ら、日本人技術者が着々と成長していた。

ヴォーリズ建築事務所の時代に入ると、キリスト教会堂、ミッションに関係する建築が依然として過半を占めていたものの、一九二〇年代に入ると大丸百貨店、八尾政（東華菜館）、主婦の友社など、新しい施主を迎えたことで商業オフィスビルの建築も加わる。また関東大震災を契機に鉄筋コンクリート構造の導入にも積極的に対応した。そうした時期における事務所とスタッフの役割について次のような興味深い記述がある。

「ヴォーリズさんが図面殊に平面図を引かれるときは、インスピレーションに満ち構図、計画は忽然として出て来る天才肌の人です。この大天才を中心として、総務として村田幸一郎氏あり、芸術的方面に佐藤久勝氏あり、構造方面に小川祐三氏あり、其他雑務に吉田悦藏氏が当たることにして部員の総計は三十名で、本店を近江八幡町に、支店を、東京と大阪に置いてドシドシ仕事をして居ます」

（『近江ミッション・ハンドブック』一九三〇年）

最盛期と目される一九三七年に『ヴォーリズ建築事務所作品集 VORIES & COMPANY ARCHITECTS』が刊行されている。我が国の著名建築家の作品集の刊行を進めていた中村勝哉の編集で城南書院より出版されたもので、事務所の業績を公にしたものである。巻頭に記されたヴォーリズによる「序言Introduction」は氏の建築思想を表明するものであり、事務所の特色を次のように記している。

ヴォーリズの目指したのは「統制のとれた団体で、必要な専門家達が、各自の専門の受持ちを担当し、また専門家同志の相互扶助をなしうる建築事務所」であり、「建築設計の多くは綜合的のもので、特定の型に囚われることを避け、各種異型の特徴を統一したるものである。即ち、古典型を選択し、これに近代的改善を施せるもの」という。つまりヴォーリズは種々の専門分野をもつ建築技師の協働による設計を目ざし、その通りみごとなチームワークを発揮したヴォーリズ建築事務所なのであった。そして建築設計は歴史に培われた様々な様式建築、そして日本建築をも応用し近代的改善を図るもので、機能における合理性と穏健な表現を特色としたものだった。

(二)　ヴォーリズ建築事務所におけるミッション・スクールの建築

ヴォーリズの建築活動において一九一〇年の合名会社設立以来、戦時下で活動を休止する昭和前期に至る三〇年余りの期間に、四二校のミッション・スクールに関わる建築記録があり、少なくとも三三校に建築を残している。それらはキャンパス全体の計画に及ぶものから、一校舎の設計まで含まれるが、その広がりと建築計画における特色から、ミッション・スクールの建築はヴォーリズ建築事務所の活動において主要部をなすものであった。

建築作品の分布

ヴォーリズが建築で関わった四二校は総てが、我国近代に開校されたミッション・スクール（キリスト教主義学校）で結成された基督教学校教育同盟[(3)]の加盟校である。つまり、我国の主なるミッション・スクールの多くにヴォーリズの建築が残されているのであり、とりわけ米国メソヂスト教会派、カナダ・メソヂスト教会派と、アメリカン・ボード・ミッション（組合教会派）に属する学校が多い。前者に属する学校には関西学院、青山学院、広島女学院、ランバス女学院など、そしてカナダ・メソヂスト教会派における東洋英和女学院、静岡英和女学院などがあり、後者には同志社、神戸女子神学校、そして神戸女学院等がある。その他、長老派の明治学院、バプティスト派の西南学院、ルーテル派の九州学院においても複数の主要建築を残しており、ヴォーリズの建築活動は超教派の広がりをもっていた。

こうしたなかで総合的なキャンパス計画が提案され、それに従って実現した学校が少なくとも次の四校が挙げられる。つまり、ランバス女学院（一九二二年、大阪）、東洋英和女学院（一九三一年、東京）、関西学院（西宮、一九二九年）、神戸女学院（西宮、一九三三年）であり、前者二校は、市街地に設けられたキャンパスであり校地の活用上、三、四階建てで、種々の機能を収めた本館校舎を中心に構成されたものであった。この両校建築は既に建て替え、改築され現存していない。後者の二校は郊外地に設けられたキャンパスであり、豊かなキャンパス・グリーンの環境とともに維持継承されて現在に至るものであり、歴史的価値と建築内容によりヴォーリズの代表的学校建築と目されている。

学校建築の時代的変遷とヴォーリズの建築活動

我国におけるミッション・スクールの建築は、欧米化と近代化の流れにのって学校が相次いで開校された明治初期と、高等教育を目指すべく施設の拡充を進めた大正～昭和初期に目覚しく発展した。そうしたミッション・スクールの動向は『日本におけるキリスト教学校教育の現状』（阿部義宗編集、一九六一年一〇月発行）のなかで分析されており、一八七〇年（明治三）のフェリス女学校を嚆矢とする「学校創設時代」（一八七〇年～一八九九年）と、

「受難時代」（一八九〇年～一九〇〇年）、「学校確立時代」（一九〇一年～一九三〇年）として述べられている。

「学校確立時代」は我国における高等教育機関の一翼を担うものとしての役割と将来像を見定めていく時期である。すなわち一九〇三（明治三六）年の専門学校令の公布、一九一〇（明治四三）年の高等女学校令の改正、一九一八（大正七）年の大学令、高等学校令の公布などにより、公立、私立学校はともに制度に準じた教育機関として位置づけられていった。ミッション・スクールもそれに迅速に対応し、より高度の教育機関としての認可を得るため学部・学科の増設と、施設の拡充を計り、明治学院高等学部（一九〇三年）、青山学院高等部（一九〇四年）、同志社専門学校（一九〇四年）など同令による認可を受け、さらに同志社大学（一九二〇年）、立教大学校（一九二二年）と早期に大学開設を実現させている。

そしてヴォーリズの建築活動は、ミッション・スクールの確立時代に概ね合致して進展する。つまり専門部、大学開設を目標として施設の拡充を計った学校の多くより、建築計画の依頼がヴォーリズ建築事務所に寄せられたのである。

そうした学校建築作品は、時代背景と特色から次の四つに分けることができる。

第一は、一九一〇年代の煉瓦造建築と木造下見板張り（コロニアル・スタイル）の建築。

第二は、一九二〇～一九三〇年代の鉄筋コンクリート造によるスパニッシュ・スタイルの建築と、木造スタッコ壁の建築。

第三は、ハーフティンバーによる木造意匠を特色とした建築。

第四は、フラット・ルーフによるモダンを志向した建築である。

また、別の視点から、総合的なキャンパス空間を形成した作品例、キャンパスにおける特色ある礼拝堂建築や宣教師住宅など、様々な作例を挙げることができる。

第一とした時代の建築では、関西学院（神戸市原田）での建築が代表であり、神学館（一九一二年）、中央講堂（一九二二年）などの煉瓦造建築があり、木造下見板張りの宣教師住宅群を挙げることができる。また、煉瓦造建築には同志社における致遠館（一九一六年）、図書館（現、啓明館、一九二〇年）など、西南学院中学部本館（現、西南学院大学博物館、一九二一年）もあり、鉄筋コンクリートの併用など構法の進歩、様々な意匠、ディテールが生まれている。

第二とした、スパニッシュ・スタイルの先駆けは、一九二二（大正一一）年のランバス女学院（大阪市天王寺区）であるが、建物は戦災により焼失している。そして関西学院の上ケ原キャンパスは一九二九（昭和四）年春に竣工したものであるが、七万余坪のキャンパス計画、一六棟の建築はほとんどすべてが一九二七（昭和二）年に設計されている。周知のように、キャンパス計画の特筆すべき点は、甲山の麓に広がるなだらかな斜面地に設定された中央芝生の広場であり、その正面に建つ図書館（現、時計台）を中心としたキャンパス景観にある。

つづく神戸女学院の設計計画は一九三一（昭和六）年にまとめられたもので、一九三三（昭和八）年春に竣工している。岡田山の山稜を敷地とするキャンパス計画は、地形に沿うレイアウトに特色があり、丘上に配置された中庭を囲う四棟の校舎が中心を形成している。ところで神戸女学院の設計期間は、大丸心斎橋店の増築計画、東洋英和女学院の設計とも重なるもので、ヴォーリズ建築事務所の最盛期であったといえる。

第三の、ハーフティンバーによるデザインは、歴史的には石と煉瓦造のチューダー・ゴシックの手法として、しばしば用いられてきたもので、木造妻壁など外壁意匠に活用されてきたものである。そうした作例として明治学院礼拝堂（口絵4、一九一六年）、聖学院寄宿舎（一九二二年）がある。

学校建築においては、一九三〇年代に入り横浜共立学園本校舎（一九三一年）、カネディアン・アカデミー（一九三二年）があり、ピクチャレスクな効果を発揮している。前者は木造、スパニッシュ瓦葺の建築である。中央に建ちあげた大きな妻壁を中心に、上階をハーフティンバーとしたもので、珍しい折衷的デザイン構成によって、シンボリックな本館のファサード・デザインとして成功している。

第四は、フラット・ルーフによるコンクリート造の白壁でモダニズム・デザインを目指した作例である。ヴォーリズ建築事務所による初出は、一九二七（昭和二）年の共愛学園の建築に遡れるが、キャンパス・デザインとして導入された作例は、アメリカン・スクール（一九三五年）と、プール学院（一九三五年、一九三八年）の建築が知られている。

そして、現存し注目されたものに豊郷小学校（一九三七年、iv頁 図2参照）がある。豊郷小学校は地元出身の事業家、古川鉄治郎の寄付で建築されたもので、整然としてモダンな計画が第一の特色であるが、長さ一〇〇m、幅二・七mの廊下をはじめ、階段手摺にウサギとカメの飾りを置いていることでも知られている（iv頁 図3参照）。改めて見ると学校環境の計画的な特色、そして教育環境を整える資材や仕上げの選択など、先の神戸女学院の建築とも同種のものであり、キャンパス計画については次節で改めて触れる。

（四）キャンパス計画

米国におけるキャンパスの伝統と関西学院、神戸女学院

戦前期におけるキャンパス計画では、関西学院（口絵2）と神戸女学院（口絵3）キャンパスをもって代表的作品と目されるのであるが、それらの計画的手法は、いずれも合衆国が一八世紀後半期から一九世紀にかけて生みだしたキャンパスの伝統のなかにその起源、類例が見出せるものである。

そうした先例として知られる二例をP・V・タナー著『キャンパス――アメリカの計画的伝統』(4)を基に挙げて

おきたい。

一つは、一八一七年にT・ジェファーソン（Thomas Jefferson）の設計により、ヴァージニア州シャーロッツビルに一八一九年に開校したヴァージニア大学である。このキャンパスにおいて注目された特色は、“The Lawn”と呼ばれた中央広場の配置、キャンパスを貫く軸線の設定と正面に位置する「ロトンダ Rotunda」と称された図書館の配置、そして広大なキャンパスに設置された住宅群による村のごとき雰囲気をもち“Academic Village”と呼ばれる環境にあったという。

もう一つは、造園家にして建築家であったF・L・オルムステッド（Frederick Law Olmsted）の提案を下に一八六七年、ニューヨーク州イサカに計画されたコーネル大学である。自由かつ開放的なキャンパスを目指すオルムステッドの構想により、都市に連なる郊外地において大学校舎群と生活の場としての居住区、それに公園が一体となった環境として実現されたものといわれる。

こうした自然の豊かさを備えた米国の伝統的キャンパスがヴォーリズのキャンパス計画のモデルにあり、それを見事に適用したものとして関西学院と神戸女学院の計画を捉えることができる。

関西学院上ケ原キャンパスの計画

関西学院は「中央芝生」を中心とするキャンパスの構成と、スパニッシュ・ミッション・スタイルを特色とする建築群によって広く知られている。ヴォーリズ建築事務所によるこの計画は一九二六年に着手され、一九二七年末に、一一棟の主要校舎と寄宿舎、教員住宅よりなるキャンパスの設計が作成され、一九二八年春に着工し、一九二九年春に竣工したものである。ここで、改めてそのキャンパスと特色を記すこととする（図1・3）。

上ケ原キャンパス七万余坪の校地の過半は、将来の大学キャンパスとして計画されたもので、およそ南北三五

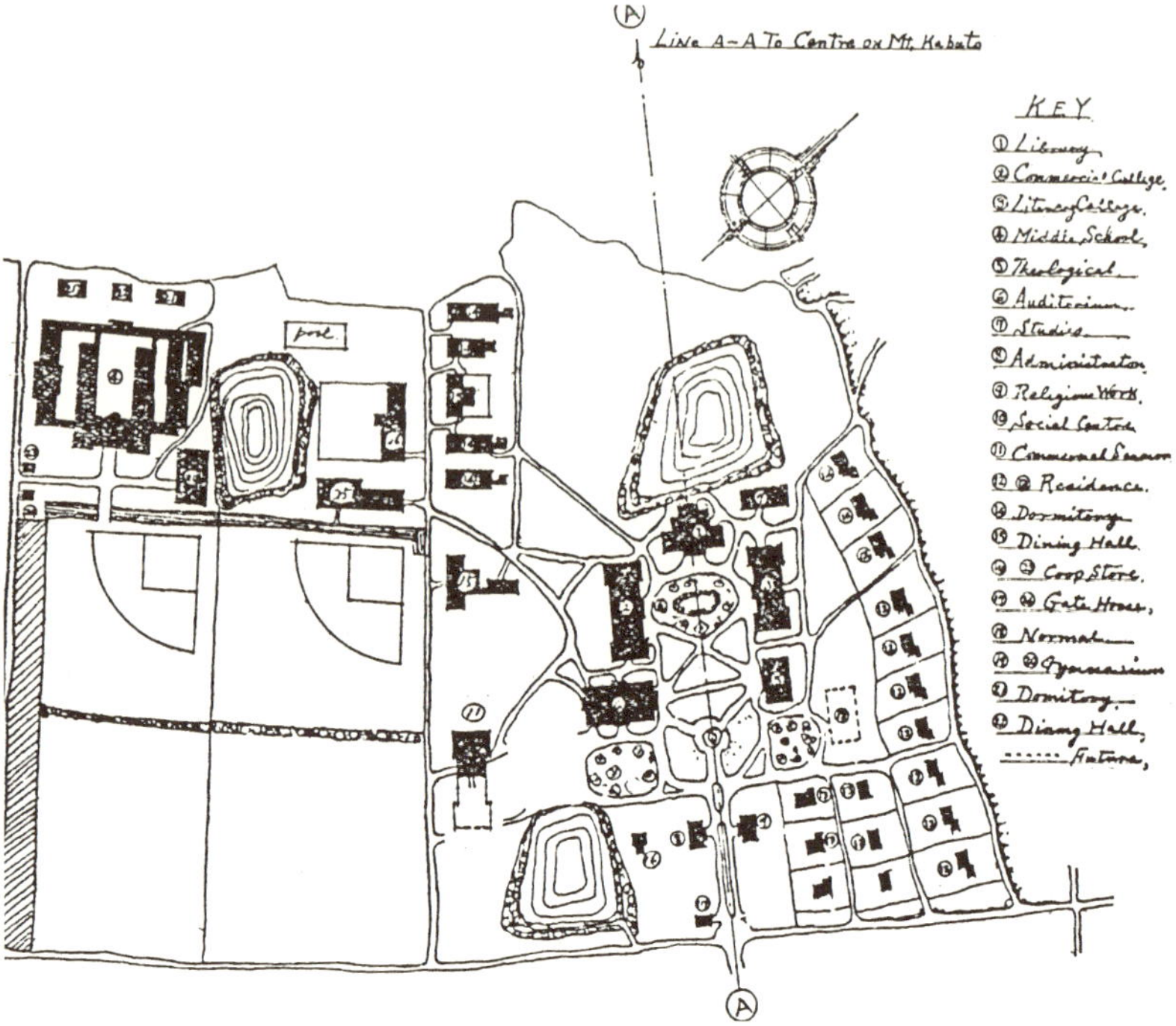

図1.3　関西学院キャンパス計画図

〇m、西に向って僅かな登り勾配をなす東西四五〇mのゾーンに一〇数棟の校舎と住宅が配置された。そのキャンパスは当時、千数百名の学生数からして広大であり、樹木と芝がやがて緑の環境を整えるに十分なものであった。また校地には三つの溜池をとり込んでおり、その池辺には植樹を多くして杜の如き環境をつくっていった。つまり、緑豊かな環境のなかに営まれるキャンパスということが第一の特色として指摘できる。そして校舎の配置は、正面に甲山を仰ぐ東西軸に沿って計画されたもので、中央に長円形のオープンスペースとなる中央芝生が設けられた。東に構えられた正門より臨むと、中央芝生の手前両脇に総務館と宗教館が対峙し、およそ二五〇m前方正面に時計台をもつ図書館がシンボリックに配置され、芝生を中心に馬蹄形に校舎がとりまいている。こうしたキャンパス計画における軸線の設定、開放的、劇的な環境を生みだす中央芝生、その正面に建ち象徴的存在となる図書館の配置が第二の特色といえる。

また、上ケ原キャンパスの建築は、分棟システムを鮮明に貫いていることも一つの特色と考えられる。それは学部別の校舎ばかりでなく、総務館、宗教館、講堂、教授研究館など学部共通の施設も個別の建築を有し、さらに学生寮の建築群、外国人教員住宅（口絵6、7）、日本人教員住宅群をキャンパスの一画に位置づけていることも特色として指摘できる。これらの建築がスパニッシュ・ミッション・スタイルを基調として全体が統一的に構成され、キャンパスの緑、キャンパスを取りまく周辺の環境に融和しつつ独自の性格を表出しているところに本キャンパスの総体としての特色を見出すのである。

つまり、キャンパス・デザインの特色を改めて列記すると、「豊かな緑と自然の風致を擁した環境」「軸線を設定した配置」「象徴的に位置づけられる中央芝生、図書館」「分棟システムによる教学の村的環境」「スパニッシュ・ミッション・スタイルによる統一的な建築デザイン」など指摘することができる。

神戸女学院の建築的特色

神戸女学院キャンパスの計画は、関西学院につづいて着手され一九三三年に竣工したものである。西宮市に位置するキャンパスは岡田山と呼ばれる丘陵地の南端部、約四万坪を敷地としている。キャンパスの主要部は丘上の平地に置かれているが、南端に設けられた正門より林間の坂道を行く長い沿道の緑の環境を第一の特色としている。そして校舎群の中核は長円形の中庭で、それを囲んで図書館、理学館、総務館、文学館の四棟が連なる。中庭北側に位置する総務館（口絵10）は講堂（口絵8、9）、礼拝堂と一体の建築であり、東面する講堂正面はキャンパスのほぼ中心に位置している。講堂の東側には中高部の校舎、キャンパス北側にはグラウンド等の体育

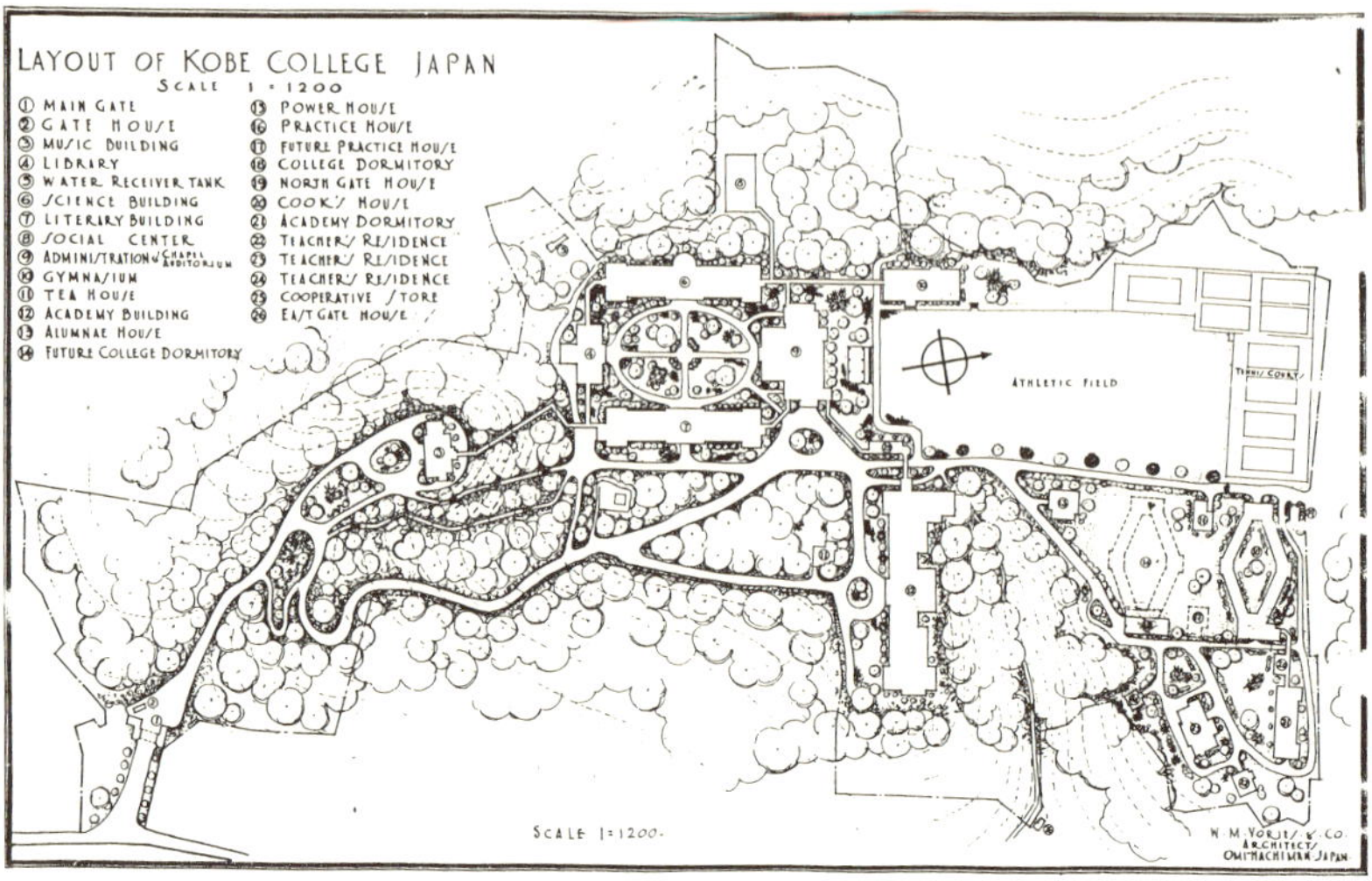

図1.4　神戸女学院キャンパス計画図

のゾーン、その東側には寄宿舎、住宅のゾーンが広がっている（図1・4）。

総じて、緑の斜面地に沿うキャンパスで自然の環境と、学部施設の中心に象徴的な中庭（クオドラングル quadrangle）を配置した構成に特色があり、スパニッシュ・ミッション・スタイルによる統一感ある校舎群が調和とまとまりのあるキャンパスを形成している。

ヴォーリズによる関西学院、そして神戸女学院のキャンパスにおける特色と考えられる諸点は、合衆国におけるキャンパスの伝統的性格に依拠するものであることが認められよう。夫々のキャンパスを構成する建築は、学校の求める条件に即し、かつ校地のもつ地形と風致を活用しつつ、そこに合衆国の伝統としてのキャンパスのイメージをナイーブな形で再現したものといえる。加えて両校におけるスパニッシュ・ミッション・スタイルの建築は、カリフォルニアに根づくネイティブな様式を応用し、創作されたものであり、それが郊外丘陵地において新しい環境を形成することに成功したといえる。

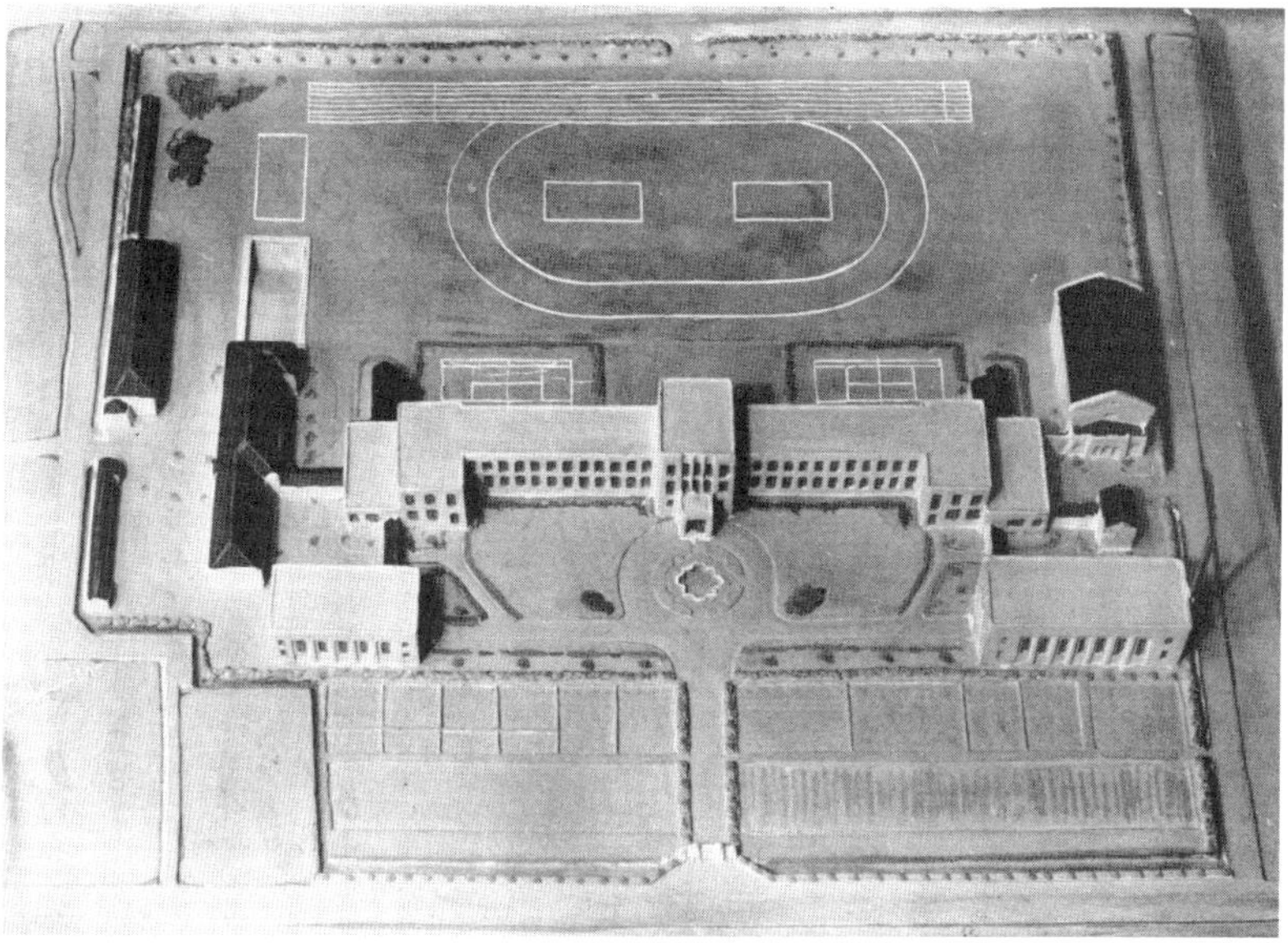
図1.5　豊郷小学校模型

豊郷尋常高等小学校の計画

その後におけるヴォーリズ建築事務所の学校建築では、一九三七年に竣工した豊郷尋常高等小学校があり、二〇〇一年の豊郷小学校校舎保存問題によって全国に知られたものである。公立小学校であるが、地元出身の実業家の寄付によって建築されたもので、一万五〇〇〇坪の広大な敷地、充実した校舎群等をもつ「東洋一の小学校」（竣工時の新聞記事）と言われたものである（図1・5）。

本校キャンパスは、北側に通る中仙道に開かれた正門より本館に至る七五メートルのアプローチがあり、正面に鉄筋コンクリート造で中央部三階の二階建ての長大な本館校舎が建つ。本館校舎の前には噴水を中心とした前庭があり、その左右に廊下で結ばれた図書館と講堂がある。共にフラット・ルーフの直線的な構成の白亜の外観から、モダニズム・デザインをとるヴォーリズ建築といわれるのであるが、壁頂部には細かなアールデコの装飾があり、柱型と縦長窓の構成にはクラシカルな均整感をそなえた建築である。

この本館校舎を中心とし、前庭の左右に図書館および講堂を配置した計画は、一九四九年に立案されたＩＣＵキャンパス計画、つまりスケールは多少異なるが本館、礼拝堂、図書館を「中心グループ」と呼ぶ計画との類似性が認められるのであり、ＩＣＵ本館の改修モデルとしての豊郷小学校が考えられるかもしれない。

またヴォーリズ建築事務所は、その竣工年の一九三七年に、二つのミッション・スクールの計画を作成している。

福岡の西南学院ではバプティスト大学計画が立案され広報も行われたが、戦時下の統制により実現を見なかったものである。計画図によると起伏のある松林の地形と、二つの湖をいだき十数棟の建物が道に沿って展開するもので、中庭を囲む図書館・総務館棟と二棟の学部校舎の構成がキャンパスの中核とされていた。この図書館を中心に長円形の小道を配した中庭の計画は四年前に実現していた神戸女学院を想起させるものであった。ところで主要建築においては白い壁面と三階建てフラット・ルーフによるモダナイズされたデザインが提案されていた。

もう一つは、広島女学院で、一九三七年に五日市市の沿岸地三六〇〇〇坪を敷地とするキャンパス計画が作成されていた。ここでは二つの計画案があったが、共に長円形の短辺を主軸とし、図書館を中央に五棟の建物で学舎ゾーンの計画がなされていた。さらに南のゾーンには楕円形のグリーン・ヤードが置かれ寄宿舎、住宅地区のオープンスペースとなっていた。未だ概要と見られる計画図であるが、長円形の校庭を中心としたキャンパス計画が描出されたものであった。しかしこれらの計画はいずれも戦時下の統制により、実現されることはなかった。

（五）ＩＣＵの建築

さて、ＩＣＵのキャンパス計画であるが、本章の「はじめに」で述べたように、一九四九年に作成された原案がある。本館の左右に礼拝堂と図書館が並び建つ「中心グループ」を構成する第一案をはじめ、中央広場を挟んで本館と礼拝堂が対峙する案などがあったという。この後者案を基として一九五〇年に提案された計画案についても知られている。この二つのヴォーリズ建築事務所の提案は、そのまま推進されることはなく、中心的建築とされた礼拝堂、図書館の建設も曲折を経て進む（図1・6-1、図1・6-2）。

しかしながら改めて一九四九〜一九五〇年のキャンパス計画図を注視すると、与えられた広大な敷地に保持される環境と道筋を踏まえた柔軟な計画、中心ゾーンの設置、そして教員住宅地及び学生寄宿舎ゾーンの配置に重点が置かれていたことが分かる。こうした特色の源は、先述したように米国のキャンパス計画の伝統にあり、ヴォーリズが一九二〇〜一九三〇年代に実施してきたキャンパス計画の手法を、一層大きなスケールで展開しようとしたものであった。そうしたキャンパス環境の特色を最も良く留めているところとして、林間の環境にある教員住宅のゾーンを挙げることが出来よう。

教員住宅は沿道より枝分かれした小道の奥にあり、それぞれほぼ一列に十数棟が数えられる。赤瓦屋根と白い煙突、クリーム色のスタッコ壁の平屋建てが多く、ヴォーリズらしいスパニッシュ式と説明されることが多い。確かに環境を含めて戦前期からの宣教師住宅を想わせるものが認められるのであるが、当時のものには無い新しい表現と計画が見出せるのである。ここでは、設計内容の知れる一棟の住宅を挙げるが、先の『建築にみるＩＣＵの歴史』に収められている教員住宅の冒頭頁において、A Type Residenceとしてスケッチ（一九五一年、設計図は一九五二年）が示されている住宅である（図1・7-1、図1・7-2）。竣工の記録は明らかでないが、本館改修

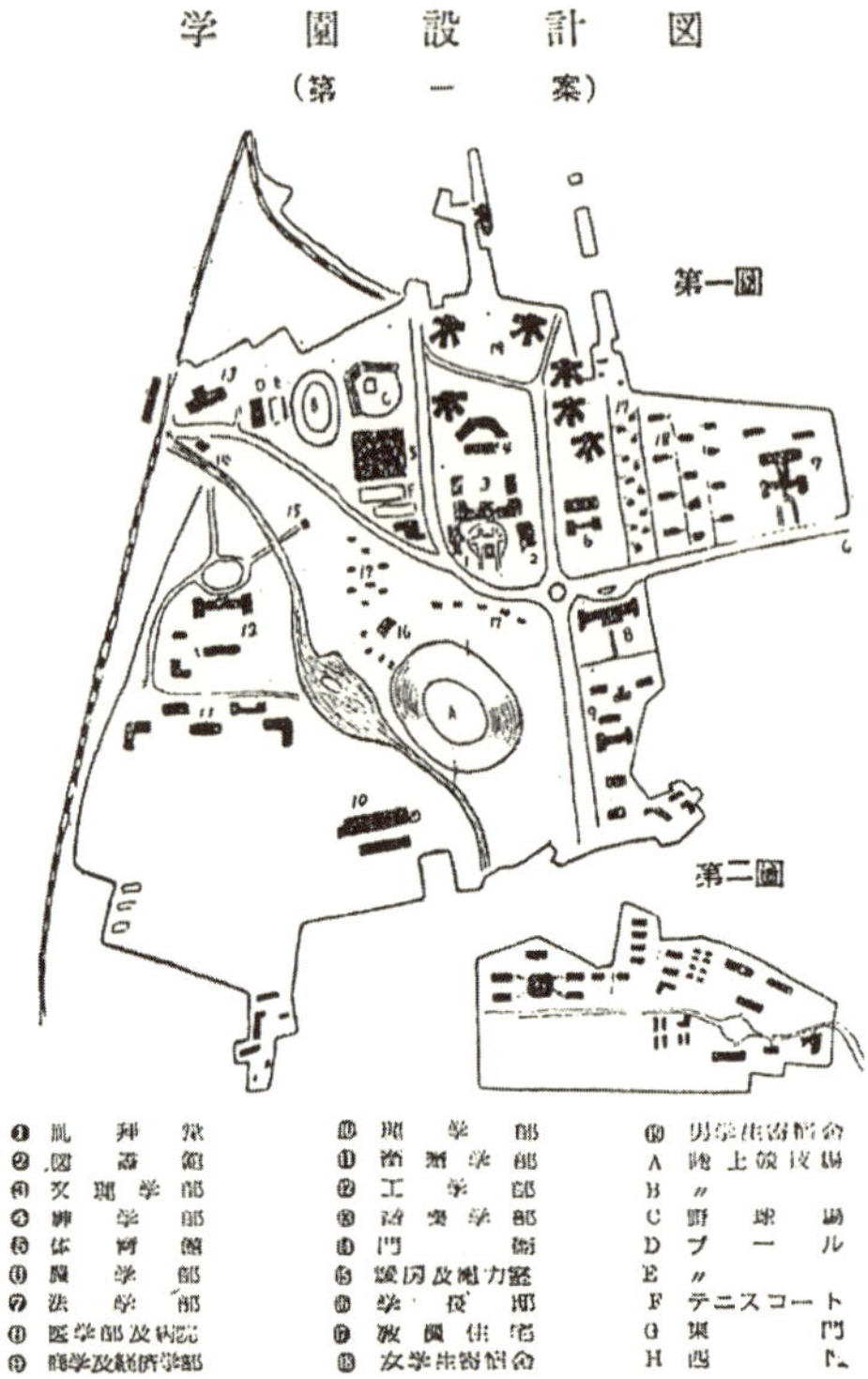

図1.6-1　「中心グループ」の計画スケッチ（1949年）

図1.6-2　学園計画図　左：礼拝堂、中：本館、右：図書館（口絵1参照）

図1.7-1　教員住宅A　建築スケッチ（1951年）

図1.7-2　教員住宅A

と並んで、一九五三年春の開学までに建てられた初期教員住宅とみられる。

居間中心型で二寝室をもつ中規模住宅で、明快な計画で自然味があり穏やかなデザインの住宅であるが、モダンな設計が意図されているところに特色がある。外観は切り妻造りで緩勾配屋根、三角の妻壁と軒回りは白いスタッコ塗、外壁は幅広の下見板張りで水平線が際立つ。窓建具も横長に割り付けており、居間、食堂の南面ガラス戸は内法が高く、大きな開口部が開かれている。平面においても、南に並ぶ居間、食堂そして書斎、キッチンの配置はのびやかであり、引き違い建具で通じていることも特色といえる。こうした計画は、機能と環境に即するもので、伝統的な意匠表現を排した機能主義といえるものであり、一九五〇年代に入り米国の住宅が先導したモダン・デザインといえる。さらにこの住宅におけるユニークな工夫に、居間に付設された四畳の床座があり、畳には囲炉裏の設備もあり、玄関扉も引き違い戸という和式が用いられるという折衷的で柔軟な設計に特色を認めることもできる。キャンパスにおいて、教員住宅はむしろ目立たない存在であるが、最もヴォーリズらしい特色を保持しているといえるかもしれない。

ヴォーリズ建築事務所の設計による建築については先の『建築にみるICUの歴史』に詳細な年表があり、一九五〇年代における建築の竣工記録が表記されている。また、ヴォーリズ建築事務所に伝えられてきた「建築リスト」および建築設計図面(5)があり、建築の設計着手の時点が分かる。これらの記録を下に、ヴォーリズ建築事務所によるICUの建築履歴を纏めると表1・1のようになる。

現下では、建築図面に関する調査は断片的であり、概要を閲覧したに留まるため全体を把握するには至っていないため、設計内容の明らかでないものもあるが、概ね建設に至る年月が分かる。この建築記録より、一九四九年の本館（既存建築の改修）設計に始まる建築過程を改めて記すと、一九五四年に礼拝堂、その翌年に食堂が建

表1.1　ICUにおける、ヴォーリズ建築事務所の設計と建築

	設計年月	建築名称	竣工記録など
1	1947.7	A~H. House	内容不詳
2	1949.7	Univ. Hall	1953.2竣工
3	1949.8	Museum Building	内容不詳
4	1952	A. Residence	1953年頃？
5	1953.3	Dining Hall	1955.2竣工
6	1953.4	Chapel	1954.5竣工
7	1953	H. Residence	内容不詳
8	1954.2	Fac. Residence	1955竣工
9	1954.2	Men's Dormi. , Women's Dormi.	1955.2竣工
10	1955	Mr. Hakett Resi.	1956.1竣工
11	1956	Dormitory	1956.10竣工
12	1956	Diffendorfer Memorial Building	1958.3竣工
13	1956	Dining Hall, extension	1957竣工
14	1957	Psychological Lab.	内容不詳
15	1958	Memorial Chapel	1959.3竣工

ち、一九五五年より一九五六年にかけて教員住宅、学生寮がつづき、一九五七年に食堂の増築、そして学生会館ディフェンドルファー記念館が一九五八年に竣工、その年にシーベリー記念礼拝堂の設計に着手し一九五九年に竣工している。

なお一九五三年の礼拝堂の実施設計においては建設位置が、東の正門の正面に位置する現在地に変更されていたことが分かる。このキャンパス計画の転換経緯は明らかでないが、学生寮、住宅地区の計画も改められており、それに従って一九五三年の食堂および教員住宅の設計に着手されたとみられる。つまり、本館正面より南に延びる軸線は一九四九年において設定されていたものであるが、本館東側より礼拝堂に向かって南に延びる軸線、そしてキャンパス西より、泰山荘として保持される歴史的邸宅を挟んで南東に延び、南の裏門に至る道が一

九五一年より一九五二年に計画されたものと思われるのであり、そうした計画図面の確認を望みたい。

　こうした一九五〇年代にかけて、ヴォーリズ建築事務所は初期には寺島啓剛、小川清ら、つづいて片桐泉、稲冨昭ら新世代の青年技師を迎えていた。一方、戦後に復帰したベテラン技師の豊田清次、川野徳恵らが去るなど、世代交代が急速に進行した時期であった。そのため伝承されてきた設計手法にも変化があり、ディフェンドルファー記念館の設計はモダニズムを目指す世代に託されたものである。つまり、ＩＣＵの建築の流れのなかに、新しい世代によるヴォーリズ建築事務所の時が映じているのである。

　ヴォーリズの病気療養による突然の引退後、一九五九年に至りＩＣＵの建築はＡ・レーモンドに引き継がれ、一九六〇年には図書館と現礼拝堂が竣工する。さらに一九六四年に顧問建築家となった稲冨昭により第四女子寮（一九六四年）、理学館（一九六六年）が建ち、開学より約二〇年にわたるキャンパス建設の初期段階が整ったといわれている。

［注］
（1）　ヴォーリズの履歴を伝える基礎的史料には次のものがある。
・『*The Omi Mustard-Seed*』近江ミッション、一九〇七年〜一九三七年。
米国の支援者に向けられた英文による伝道報告誌で、最初はヴォーリズの個人出版物、一九一一年六月以降は近江ミッションの出版物となる。
・『湖畔之声』近江ミッション（近江兄弟社）、一九一二年〜現在。
近江ミッションの伝道報告誌で、誌名は『湖畔ノ声』等に改められ一九三四年より『湖畔の声』となり現在に至る。
・一柳米来留『失敗者の自叙伝』近江兄弟社湖声社、一九七〇年。

ヴォーリズの半生を伝えるもので、氏が一九四一年の帰化に伴い一柳米来留と改名した後の戦後に起筆された遺稿をもとに夫人の満喜子らによって出版された。
・奥村直彦『W・メレル・ヴォーリズ――近江に「神の国」を』近江兄弟社湖声社、一九八六年。
・奥村直彦『ヴォーリズ評伝』港の人、二〇〇五年。
(2) ヴォーリズの教員時代の教え子の一人で、一九〇七年に建った近江八幡YMCA会館にヴォーリズと共に転居して以来、生涯にわたりヴォーリズの協力者として活躍した。著書の『近江の兄弟ヴォーリズ等』(一九二三年)はヴォーリズと共に歩んだ記録書。
(3) 当初「基督教教育同盟会」と称し、一九一〇(明治四三)年四月に我国のプロテスタントキリスト教主義に基づく学校が組織したもの。
(4) Paul Venable Turner, *Campus-An American Planning Tradition*, The MIT Press, 1984.
(5) ヴォーリズ建築事務所の建築設計図面は、後継の一粒社ヴォーリズ建築事務所の下に伝えられており、ICUに関係する種々の建築図面も収蔵されている。

第二章　日本で最初の学生会館
――ディッフェンドルファー記念館の建設経緯

山﨑鯛介

はじめに

国際基督教大学の広大なキャンパスのほぼ中央に建つディッフェンドルファー記念館は、約五二〇席の記念講堂を併設し、数多くの部室を持つ学生会館であり、現在も在校生の多様なクラブ活動の場として利用されている。竣工は一九五八年三月で、本館や教会堂などの建物が過去に外観を改修されたことを考えると、キャンパスの中心施設のうち竣工時の外観をほぼそのまま伝える最古の建物といって良い。

この建物には当初、部室の他にも書店や郵便局、バーカウンター、床屋などの店舗が館内に併設されていた。そのモダンな雰囲気は、大学図書館の歴史資料室に保管されている古写真（図2・2〜2・5）からも充分に感じられるが、こうした施設が部室を主とする学生会館に設けられた事例は、日本では一九五〇・六〇年代はもちろん、おそらく現在でも極めて稀なのではないかと思われる。この建物には「日本で最初の学生会館」という呼称を与えられることがしばしばある[1]が、それはこうした先進的な、そして戦後民主主義の理想を込めた「学生のための学生会館」という点において、そうした呼び方がふさわしいと思われる。

このような先進的な学生会館は、いったいどのような経緯で誕生したのであろうか。国際基督教大学は、「戦後日本における本格的なキリスト教大学の建設」という使命を背負って誕生したことが知られている。この建学の理念との関係において、この建物の設計意図を理解することを本章の第一の目的とする。

この建物はまた、その建築デザインにおいてもモダンである。水平・垂直線を基調とする抽象的なデザインに、コンクリート打放し仕上げの外壁とガラス張りの外観意匠は、いわゆるモダン・アーキテクチャーの典型であり、現在でもそのシャープなデザインは魅力的である。また、内部空間も透明感があり、どの階からも中庭を共有して空間の連続性を感じ取ることができる。

設計者はウィリアム・メレル・ヴォーリズ（一八八〇—一九六四）（図2・1）である。ヴォーリズは、国際基督教大学の最初の顧問建築家として、全体計画および初期の主要施設のデザインを手掛けた。ヴォーリズは、戦前から数多くのミッション・スクールの建設を手掛けてきたが、おそらくディッフェンドルファー記念館のような先進的な施設は、ヴォーリズにとっても未知の新しい課題であったはずである。ヴォーリズは建築家として、この先進的な施設の設計をどのように進め、現在のような建物にまとめあげたのか、この点について明らかにすることを本章の第二の目的とする。

優れた建築作品が生まれるには、発注者（施主）側の大きな理想と期待、そして受注者（建築家）側の慎

図2.1　W. M. ヴォーリズ

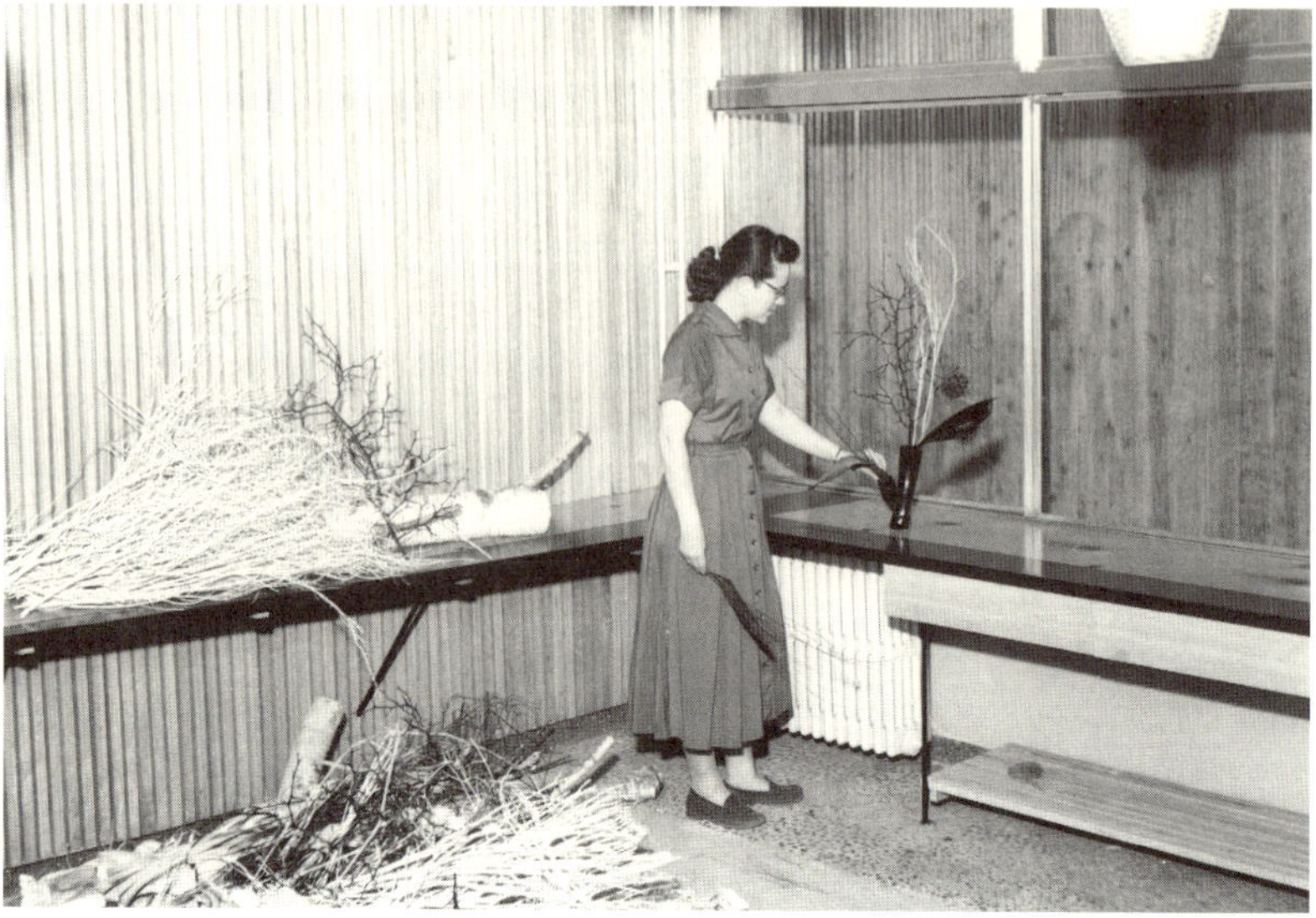

図2.2　竣工当時の様子（生花室）

図2.3　竣工当時の様子（書店）

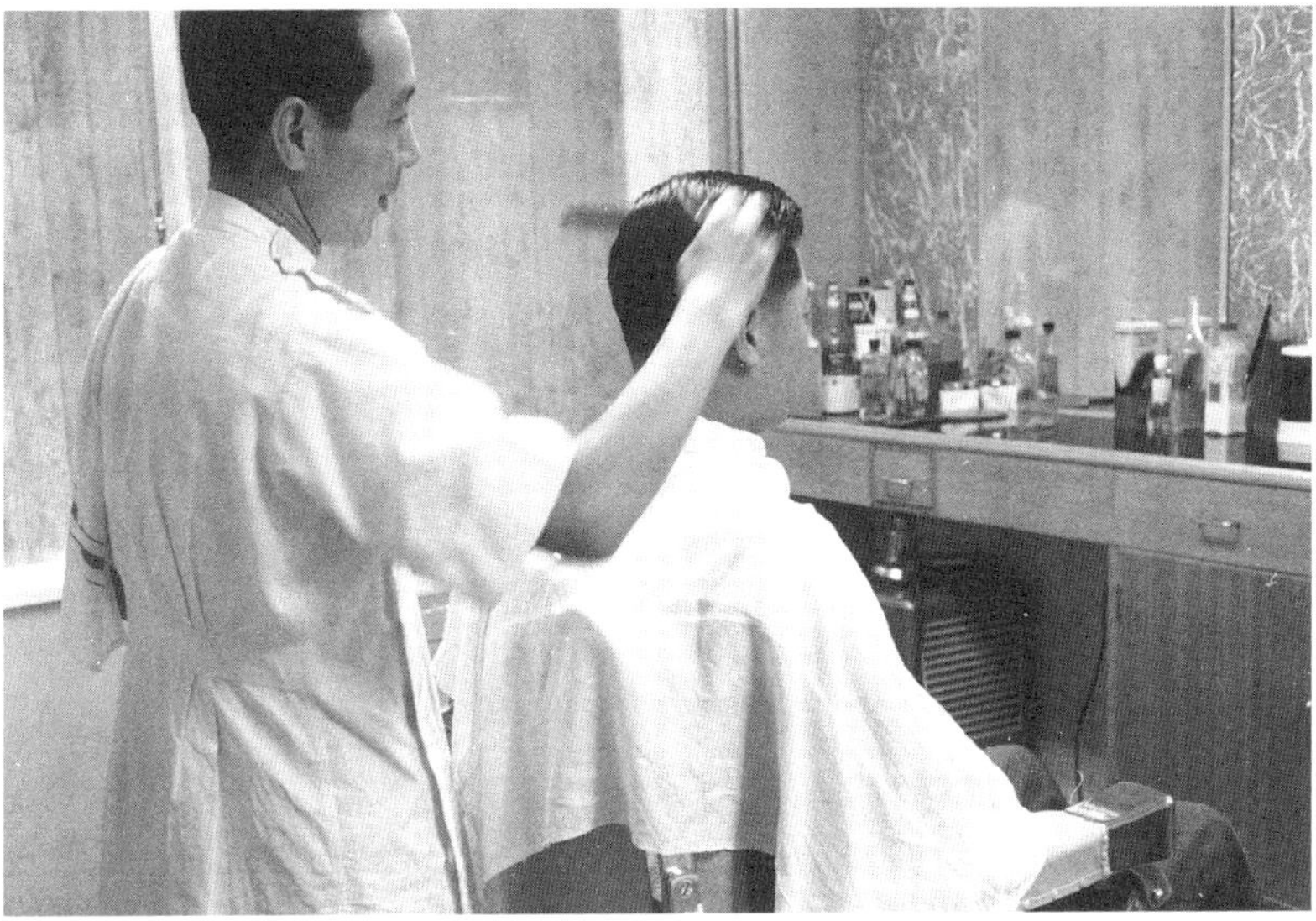

図2.4　竣工当時の様子（床屋）

図2.5　竣工当時の様子（礼拝室）

図2.6　R. E. ディッフェンドルファー

重かつ大胆な判断が不可欠である。ディッフェンドルファー記念館の場合、前者の中心人物はラルフ・E・ディッフェンドルファー博士（一八七〇—一九五一）（図2・6）であり、後者はヴォーリズである。どちらもそれまでの人生で積み重ねてきたキリスト教大学に関する深い知見と大きな理想をこの作品に注ぎ込み、そしてこれを遺作として亡くなった。この二人の巨人が、まだ見ぬ「日本で最初の学生会館」に対して一体どのようなイメージを抱いていたのか、国際基督教大学図書館の歴史資料室など残された当時の資料[2]を読み解き、その中からこの建物に込められた彼らの理想を明らかにすることが本章の目的である。

（二）マスタープランと教会堂に込められたヴォーリズの意図

二種類のマスタープラン

（i）ヴォーリズへの設計依頼

ヴォーリズが国際基督教大学の建設計画にいつ頃から関わり始めたかについては、不明な点が多い。国際基督教大学の設立計画は、日米のキリスト教関係者が長年抱いてきた「日本に一流のキリスト教大学をつくる」という夢を戦後復興の中で具体化するために動き出したものであり、日本では一九四五年九月二二日に開かれた東京女子大学理事会に端を発し、一九四六年六月に改組された「国際基督教大学建設委員会」において活動を開始する。米国においては、日本の活動を受けて一九四八年一一月二三日にニューヨークに「日本国際基督教大学財団（ＪＩＣＵＦ）」が設立され、初代会長ディッフェンドルファーを中心に募金活動が始められた。戦前から日本で数多くのミッションスクールの建設に関わってきた米国人のヴォーリズであるから、日米どちらのキリスト教関係者にも多くの知人がいたであろう。非公式に相談を受けていた可能性も充分に考えられるが、その辺りは定かでない。公式にヴォーリズが国際基督教大学と関わり始めるのは、一九四九年七月一日に開催された国際基督教大学の第二回理事会において、正式に大学の建築設計者として承認され、マスタープランの作成が委嘱されてからである。

現在、大学図書館の歴史資料室には、国際基督教大学の初期に作成されたと見られる全体計画図が複数残されている。それらはその内容から二つのまとまりに分けられ、一つは総合大学としての理想的な姿を描いた当初計画に関するグループと、もう一つは現在のキャンパス計画につながる実施を前提とした計画案のグループに大別できる。

（ⅱ）当初計画のマスタープラン

まず、当初計画のマスタープランと見られるものには、スケッチ状のものと製図されたものの二種類がある。スケッチ状のもの（図1・6-1（24頁）参照）は、『国際基督教大学建設通信』一九四九年一〇月号に「学園設計図（第一案）」として紹介されたことで既に知られているが、後者の製図されたものは、同時期に作成されたとみられる主要建物の設計図（青焼き陰画）とともに一括して歴史資料室で保管されてきたもので、これまではほとんど紹介されていない。おそらく前者のスケッチを基に、具体的な建物の設計も反映させつつ修正を加えたものが後

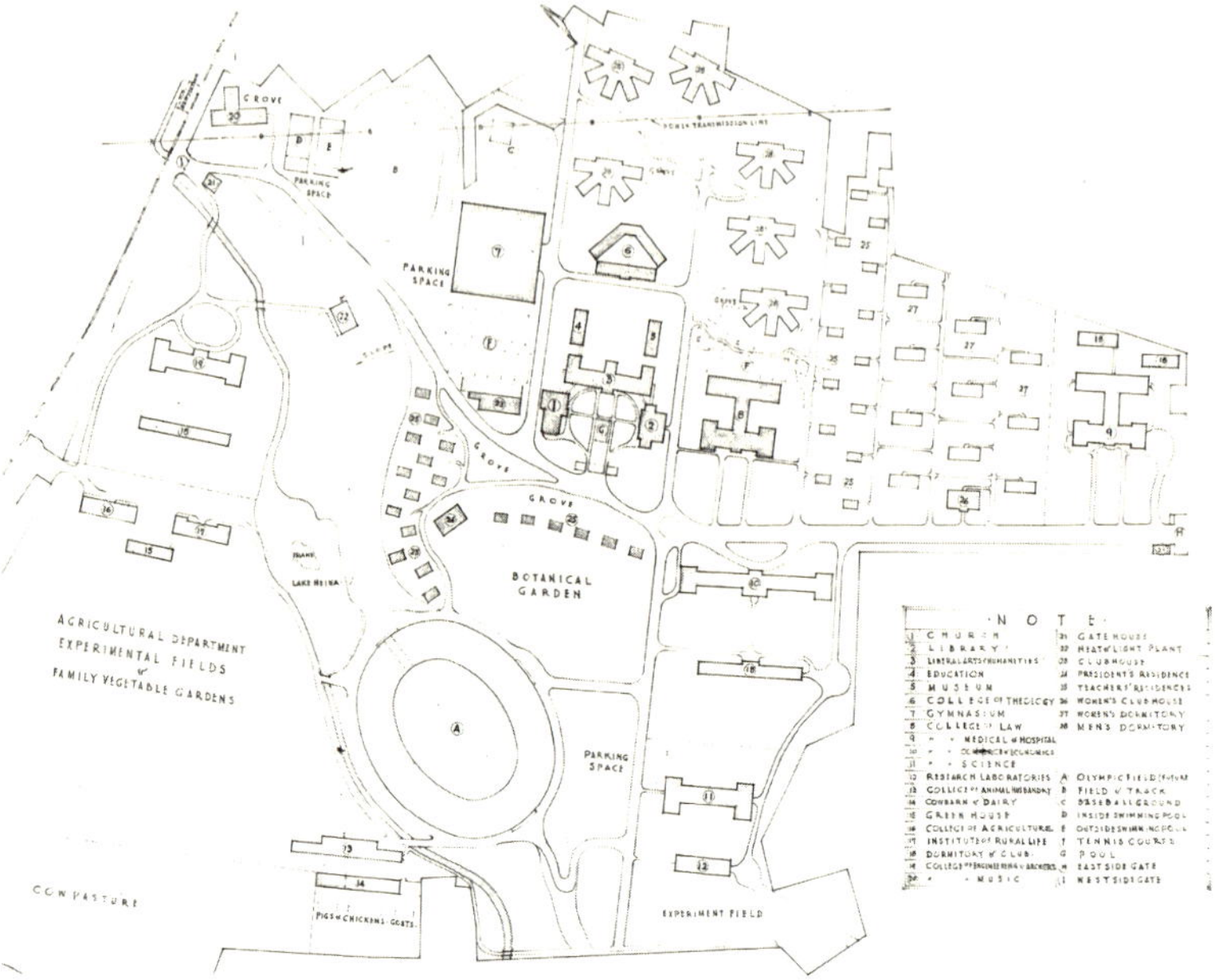

図2.7　当初計画マスタープラン（製図図面・白黒反転）

者の製図図面（図2・7）であろうと予想されるが、まずこの二つの当初計画のマスタープランの内容を比較分析し、当初計画の意図を探ることにする。

まず、スケッチ状の図面の内容を検討すると、以下のような計画内容であることがわかる。

・自然の地形、中島飛行機研究所時代の既存の道路・建物を活かした全体計画
・一〇学部（文理学部、神学部、工学部、音楽部、農学部、法学部、医学部、商学・経済学部、理学部、畜産学部）の施設を敷地全体に分散配置した、総合大学としての計画
・居住地区（男子寮・女子寮・教員住宅）は敷地の北東ブロックに集約配置
・既存の旧研究所棟（のちの本館）を文理学部（リベラルアーツ）に充て、新築の教会堂、図書館とともにシンボルゾーンを形成

次に、製図された図面の内容をこのスケッチ

と比較すると、建物の形状や配置はよく似ているが、建物に想定されている用途が一部変更されていることに気づく。すなわち、シンボルゾーンを構成する三つの建物（文理学部、教会堂、図書館）とその背後の神学部棟、北東ブロックの居住施設（男子・女子寮、教員住宅）、西門附近に設けられた音楽部棟と工学部棟はスケッチと同じであるが、それ以外の学部（農学部、法学部、医学部・病院、商学・経済学部、理学部、畜産学部）については、建物の平面・配置はほぼそのまま、用途が玉突き的に入れ替わっている。これは、おそらく前者のスケッチがランドスケープを重視して建物の配置を検討したものであったのに対し、後者ではそれを継承しつつ、農学部と畜産学部を敷地西南部に集約して農場・牧場との一体的な利用を計画するなど、実際の土地利用も見据えた形に修正されたためと考えられる。

前者のスケッチが作成された時期は、ヴォーリズが正式に建築家としての設計依頼を受けた七月一日より前、おそらく開学の基本方針を定めた「御殿場会議」（六月一三日〜一六日）に参加するためにディッフェンドルファーとモーリス・E・トロイヤー（一九〇三—一九九七）が来日していた一九四九年五月一三日から六月三〇日までの期間中であったと考えられる。それは、御殿場会議の前後にあたる五月二八日（土）と六月二六日（日）の二度、ディッフェンドルファーとトロイヤーが三鷹の建設予定地を訪問しており、そのどちらかの機会にヴォーリズも同行していたことが、ディッフェンドルファーからヴォーリズへの書簡に記されていることからわかる（3）。おそらくヴォーリズの起用は、二人の来日前にはほぼ決まっていたのであろう。

後者の製図図面は（4）、おそらく一九四九年九月二四日にヴォーリズから国際基督教大学理事長の東ケ崎潔（日本タイムズ社長）に提出されたもので、そこからニューヨーク財団のディッフェンドルファーへと転送され、一〇月一八日に開催されたニューヨーク財団の会議に提出された設計説明書と設計図面である可能性が高い。本館と教会堂、図書館からなるシンボルゾーンを描いた有名な「正面グループ」の透視図（図1・6-2（24頁）、口絵1参照）

もまた、この時に一緒にニューヨークへ送られたと考えられる(5)。

注目すべきは、既に御殿場会議の段階でこの当初計画の前提となる総合大学構想は見送られ、開学に際して当面は学部教育に重点を置いたリベラルアーツカレッジとしてスタートすることに変更されていたことである。つまり、これら当初計画のマスタープランは、既に実施計画としての見込みはなくなった時期に、おそらくは米国で動き始めた募金活動のために、大学の「長期構想」を描いた全体計画図として仕上げられたと考えられるのである。

(iii)　実施計画のマスタープラン

もう一つのマスタープラン、すなわち実施計画のマスタープランは『国際基督教大学建設通信』一九五〇年八月号に「国際基督教大学建設計画図」として掲載された（図2・8）。おそらく一九五〇年九月六日に開催された第二回評議員会での説明に向けてまとめられた全体計画の修正案と考えられる(6)が、前述の当初計画との違いは、以下の点に認めることができる。

・既存の建物・道路の位置関係がより正確に描かれている(7)。
・敷地北側の高圧線を避ける位置に運動場（トラック、野球場）が移動した(8)。
・本館の西隣に科学館が計画され、教会堂が本館の正面の位置に移動した。
・当初計画で敷地全体に配置されていた各学部の講義棟は、「各部教室建物」として北東ブロックに集約配置された。
・当初計画で北東ブロックに集約配置されていた居住関係施設は、教会堂より南側の森の附近に集約配置された。

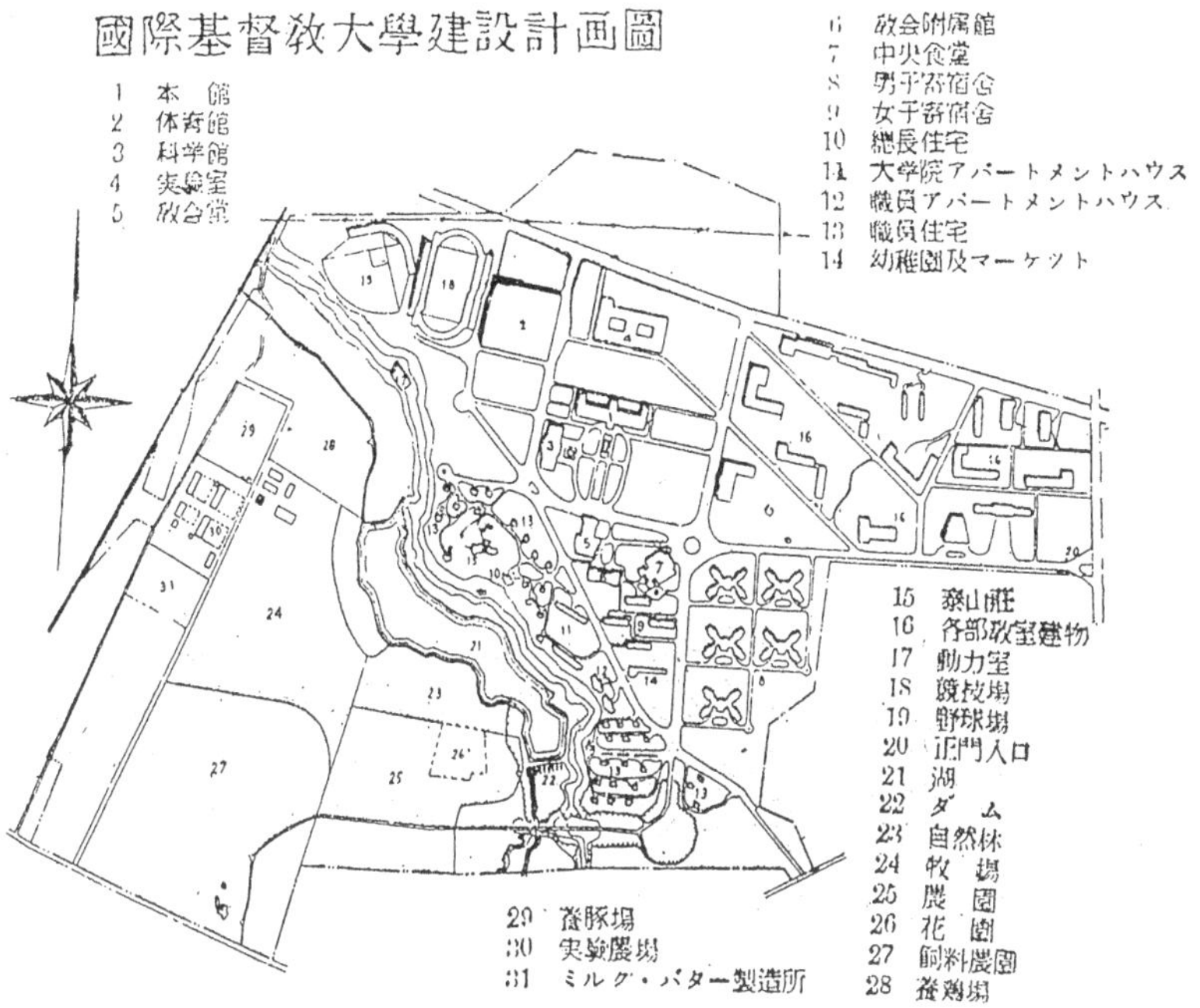

図2.8　実施計画マスタープラン
本館①正面に教会堂⑤、その背後に教会附属館⑥が計画されている。

・当初計画で計画されていなかった牧場、農園、花園、飼料農園、養鶏場、養豚場、実験農場、ミルク・バター製造所などの農場関係の施設が新規計画され、南西エリアに集約された。

こうした全体計画変更の背景としては、大学構想全体の規模縮小による研究分野の縮小、「本館」への機能集約（図書館を含む機能複合化）（一九五〇年二月）[9]、土地の取得後に実施された敷地の再測量（六月）、生産的土地利用計画に基づく農場経営への着手（七月）があったと考えられる。この計画変更は、大学の土地建物委員会と土地利用計画委員会によって主導され、それをヴォーリズがとりまとめる形で進められたと考えられる。

ところで国際基督教大学の総務・管財グループには、この実施計画の初期段階を描

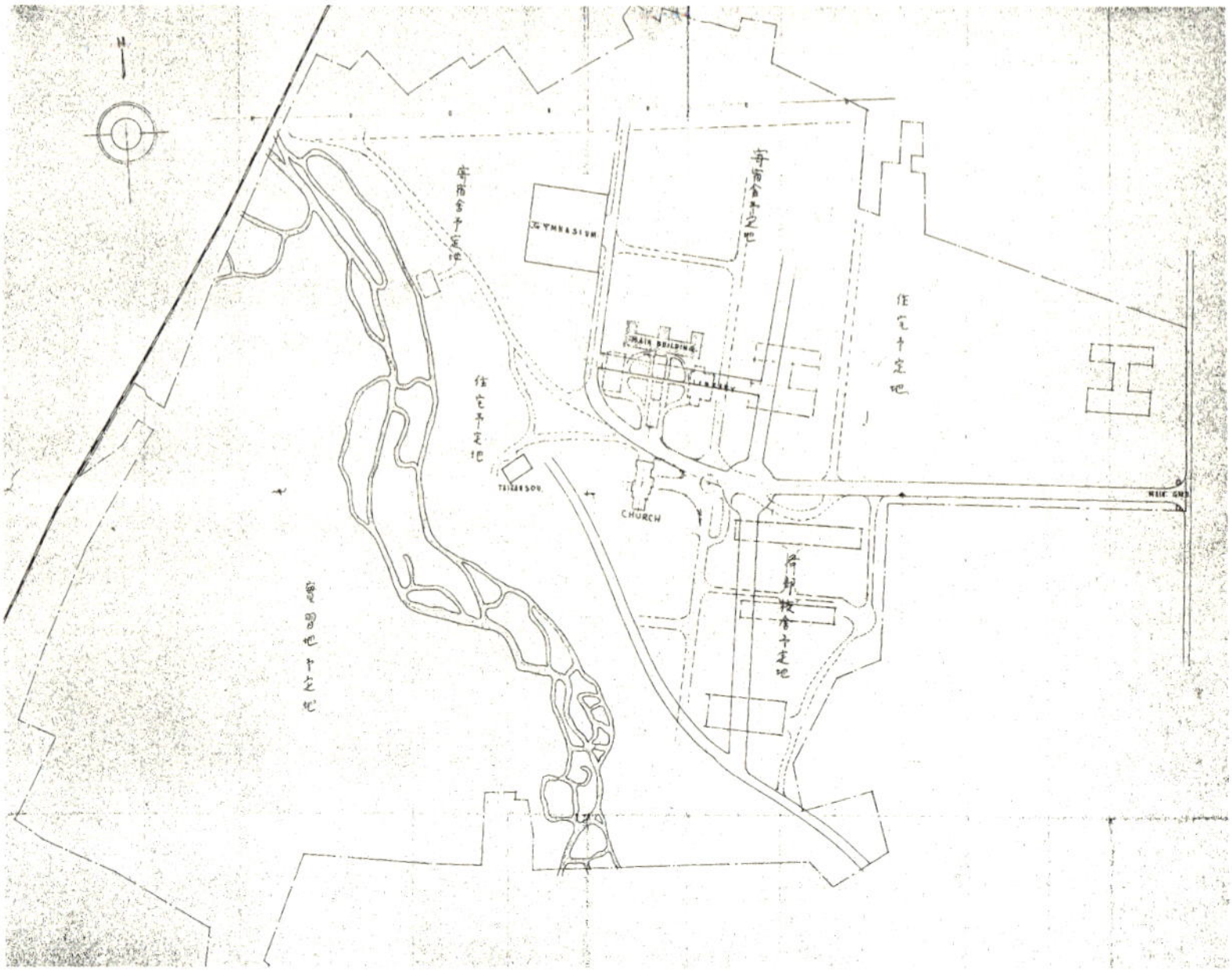

図2.9　実施計画マスタープラン初期図面（1949年11月28日案）

いたと思われる配置図（図2・9）がある。当初計画で描かれた道路位置と既存建物を点線で、修正後の道路位置を実線で重ねて描いた図であるが、注目されるのは新規建物として唯一描かれた教会堂の位置である。教会堂は実施案と同じく本館の正面にお互いに向き合うように配置されたが、この図を注意深く見ると、この教会堂の配置は本館との対面軸を構成すると同時に、正門から伸びる軸線上のアイストップとしても計画されていることがわかる。すなわち、実施計画のマスタープランにおいて、ヴォーリズは本館と正門が潜在的に持っていた軸線を教会堂の配置によって顕在化させ、それによって広大なキャンパスに秩序を与えようとしたと考えられるのである。実施計画は、この図面の日付から一九四九年一一月二八日には既に着手されたと考えられる。

　ヴォーリズはマスタープランの作成において、当初計画では敷地の地形を手がかりに広大な

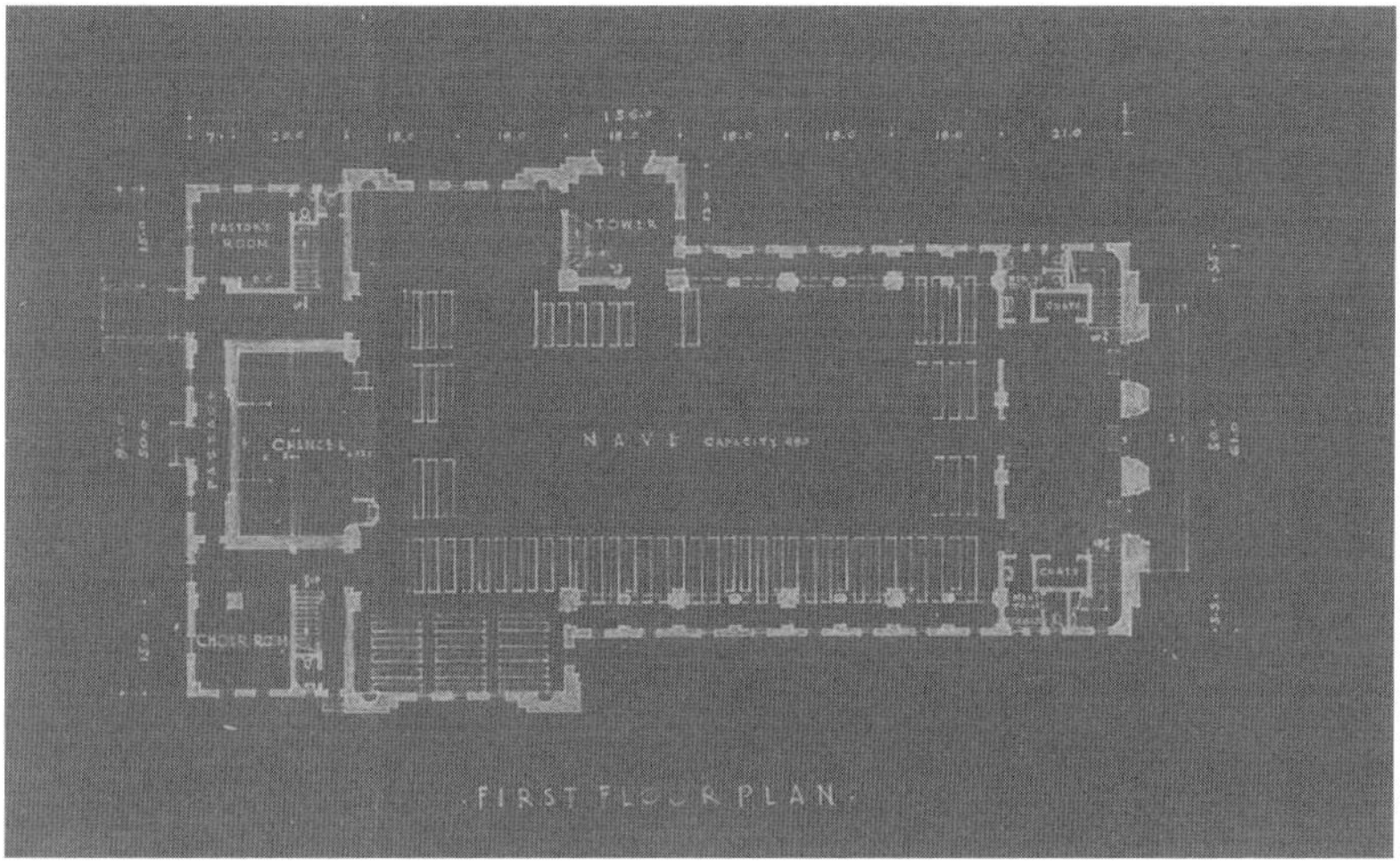

図2.10　教会堂平面図（1949年8月1日案）

キャンパス全体を建物で埋め尽くすように計画し、また実施計画では最小限の要素から導き出した二つの直交する軸線によってキャンパス全体を秩序づけるという、二つの異なるアプローチを提出してみせた。その柔軟さは、過去にいくつものミッションスクールを設計してきた建築家としての豊富な経験から来るのであろう。

ヴォーリズの計画した教会堂に見られる特徴

こうした二種類のマスタープランをまとめる作業の中で、ヴォーリズは個々の建築についても具体的な設計を行っている。中でも教会堂のデザインは、ミッション建築家としてのヴォーリズの主要な関心事の一つであったろう。上述したマスタープランの変遷を教会堂に注目して見直すと、ヴォーリズの関心は特にその「塔」の表現にあったように思われる。

まず、「正面グループ」の透視図でよく知られる当初計画では、塔は祭壇に向かって右手に計画された（図2・10）。これは、本館と同じく南向きに配置された教会堂の外観において、塔を本館前広場に面して置くことで、その偉容を最大限に強調するためであったと考えられる。

図2.11　教会堂スケッチ

一方、本館前広場を挟んだ反対側に場所を移した実施計画では、教会堂の向きも一八〇度回転して置かれた。この時、塔の位置は祭壇に向かって左側、すなわち当初計画とは反対側に変更されており、それはおそらく教会堂の塔を正門からの軸線上のアイストップとして強調するためであったと考えられる。『国際基督教大学建設通信』一九五〇年一〇月号に「ＩＣＵ構内に設けられる教会堂」と題して掲載されたスケッチ（図2・11）は、その様子を描いたものであろう。

大学との往復書簡の中には、ヴォーリズが教会堂の建設資金を集めることになったオハイオ州のキリスト教信者たちに対して行った一九五二年四月二九日の講演メモが残されており、次のように述べていたことがわかる。そこには以上見てきたようなヴォーリズのキャンパスに対するイメージがはっきりと示されている。

この大変な事業を効果的なものにするために最初に必要とされるのは、真に印象的な教会堂を広大なキャンパスの中央に建てることのように思われます。正門からキャンパスの中心へと至る長い並木道の突き当たりに印象的な塔が立ち現れるような、そのような中心的な位置にこの建物を計画しています。そうすることで、あなた方の教会堂は頂点に立ち、正門をくぐる人全てに、あるいは正門の外から中を熱心に覗く人々にさえも、この偉大な大学がキリストを中心とするという事実を強く訴えることになるでしょう。この大学計画の建築家として、私は最初の建物が教会堂になるべきだと大変強く感じています。すべての計画はこの春に始まったばかりです。これまでに計画が完了した建物は偉大なる本館（二エーカーを超える床面積を持つ）だけです。我々の計画は、この本館の中央部と正対する位置、中央広場の向かい側にこの教会堂を置くことを必要としています。そしてその位置はまた（既に述べたように）その塔が正門からキャンパスを眺めた時の第一印象を決定づける位置でもあるのです。[10]

（二）ディッフェンドルファーが求めた「現代の教会」

教会会館（Church House）の重要性

こうしたヴォーリズのマスタープランに対し、発注者側のディッフェンドルファーはそれをどのように受け止めていたのだろうか。

ディッフェンドルファーは、一九四九年一〇月一〇日付けでヴォーリズに書簡を送って当初計画（製図）に関する図面一式を受け取った事を伝え、計画案に対するディッフェンドルファーとトロイヤーの第一印象を伝えている。そこでは、まずシンボルゾーンの三棟を描いた透視図について、無骨な既存建物を大学本館としてやわらかくまとめた改修デザインであると高く評価する一方、教会に隣接して「Church House 教会会館」が計画されていないことについて、強い不満を述べている。

我々はあなたの計画に教会附属の教会会館が含まれていないことに気がついた。これは我々の最初の計画であり、トロイヤー博士と私はともにそれを大変重要だと感じている。あなたがどのような全体計画をたてる

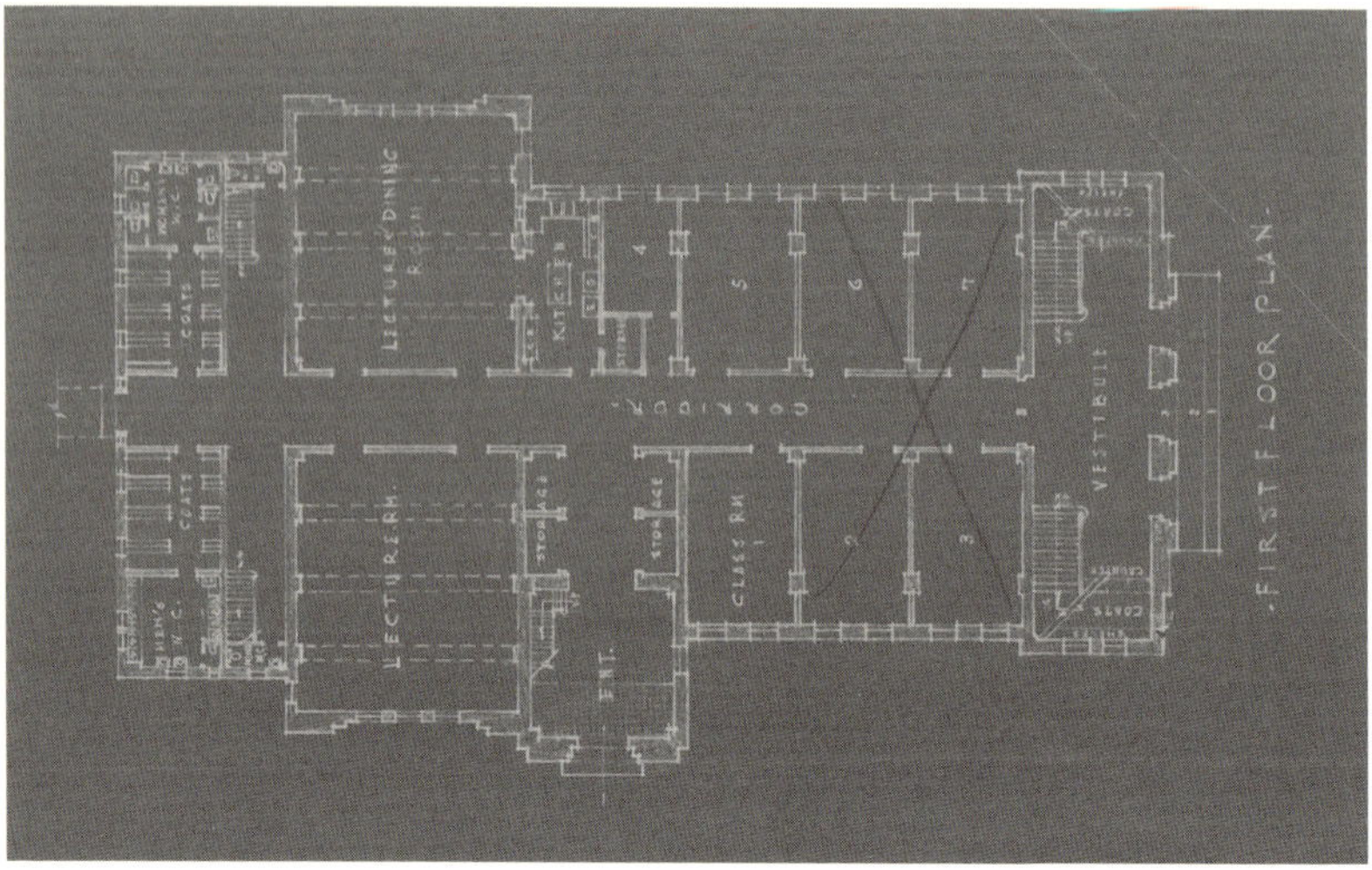

図2.12　教会堂地下平面図（1949年10月18日変更案）

にしても、我々はどの地域社会でもそうであるように教会と教会会館を一つながりのものとして建てたいと考えている。教会の活動は、日曜学校であっても平日の学生向けの活動であっても、男子・女子のどちらであっても、すべて教会会館に集約されるであろうから、我々は教会会館が教会と繋がっていないことを望まない。

この返事を受けたヴォーリズ事務所は、すぐに一〇月一九日付けの書簡でディッフェンドルファーに返信し、ちょうど手紙が届く数日前に湯浅学長と教会の活動と建物のあり方について打合せを行い、そこで透視図で描いた建物外観のイメージを損ねず、かつ建設コストを抑制する方法として、教会会館の機能を教会堂の下に設ける「別案」を検討したことを伝えている[11]。そこでは建物の外形をほぼ維持したまま、教会の主階を二階レベルに上げ、地階に講義室、講義室兼食堂と八つの教室が新設されている（図2・12）。

「都市の中の現代的な教会」というイメージ

こうしたヴォーリズの提案、すなわち教会の下に居室を設けて教会会館として活用する提案に対して、ディッフェンドルファーは一〇月二六日付けの書簡において、彼の“Church House”に対する考えを詳しく述べている。まず彼は、ヴォーリズが本館の裏に計画した独立建物の「博物館」について、現地視察の際に同意した建物ではないと拒否し、それよりもより重要な施設であるのは「教会会館」であり、それが計画されていないことに、このプロジェクトに対するお互いの認識の違いを伝えている。

見積表を見てあなたが博物館を含めていることに気づいた。これは我々が最初に考えた建物群には含まれていない。もっと重要かつ必要な施設は教会会館である。あなたは我々に教会堂の平面図や配置図を送ってくれたが、私が教会の裏側に当然あるべきだと考えている教会会館が計画されていない。我々はこの教会会館を最も重要な施設とみなしている。ところであなたは私から多様なデザインの教会建築を掲載したパンフレットを受け取っただろうか。もしあなたが現代の教会会館について不慣れであるならば、ここから選んで教会堂に附属させることもできる。

そして、教会会館を教会の下に設けるというヴォーリズの提案に対し、教会会館は教会堂に連結し、二、三階の規模を持つ堂々とした独立建物であるべきこと、そこが学内生のみに限らず、少年少女から成人までを含めた多様な人々の利用する宗教施設であるべきことを述べている。

教会会館について言えば、我々は教会堂の地下にいくつかの部屋があることは気にしないが、それを以て教会会館の代わりとはしたくない。我々は教会堂に連結され、子どもたちや少年少女、学生や成人までも含めた教会の宗教活動を支えるための二階か三階建ての建物を求めている。

そして以下の文章は、ディッフェンドルファーのこのプロジェクトに対する基本的なスタンスを最も良く示したものとして注目される。ここでディッフェンドルファーは、大学の教会堂を学生にキリストを布教するための礼拝堂としてではなく、より社会活動と密接に関係した、戦後社会に必要とされるであろう「現代的な教会堂」として位置づけており、そしてその活動には「教会会館」という施設が不可欠であると述べている。

我々はこの建物をまさに都市の中の現代的な教会と関係づけられた教会会館として建設したい。このことがかなり高額な出費を伴うことを我々ははっきりと理解しているが、この基金は、大学コミュニティの中にキリスト教の教えを表現するためだけの礼拝堂を持つことには興味がない。我々がこれを礼拝堂ではなく「教会」と強調する目的の一つはこの点にある。我々は、第一級の現代都市の教会がどうあるべきかを宣伝することで、大学を卒業していくすべての学生たちに偉大なる教会の可能性に触れる機会を与えたい。

「日本で最初の本格的なキリスト教大学」としての国際基督教大学に期待されたのは、戦後の日本が最も必要とする道義性と国際性を併せ持ち、世界に信頼され尊敬される平和的な日本人を輩出することであった(12)。ディッフェンドルファーの頭の中には、そうした人材が備えるべきは現代社会に対するアクティブな姿勢であり、それを可能にするには大学が従来型のキリスト教教育に閉じこもるのではなく、大学自体が社会または都市の縮図としての役割を果たす必要があり、そのためには、それを可能にするような「教会」と「教会会館」がキャンパスの中になければならないと考えていたのである。

おそらく、戦前期の日本で古典的なミッションスクールを数多く設計してきたヴォーリズにとって、ディッフェンドルファーの考えていたこの斬新な「現代的なキリスト教大学」というコンセプトとイメージは、この時期にはまだ充分に共有できていなかったのではないかと思われる。そして、ディッフェンドルファーもまた、自らのイメージをいかにして伝統的なスタイルのミッション建築家であるヴォーリズに共有させるかに悩んでいたと考えられ、そのことが現代的な教会建築のカタログをヴォーリズに送ろうとしたり、またヴォーリズにはあくまでスーパーバイザーとしての役割を期待し、図書館などの施設の設計者にアメリカの建築家を指名するなどの行為をとらせたのではないかと思われる。[13]

（三）「ディッフェンドルファー記念館」建設に至る経緯

教会会館から学生会館、そしてディッフェンドルファー記念館へ

ディッフェンドルファーが強く要望した教会会館の建設は、一九四九年一一月頃から検討され始めた実施計画のマスタープランにおいて、教会堂に隣接する「教会附属館」として計画された（図2・8）。そして、この施設は一九五〇年に入ると、それまでの教会会館（Church House）から「学生会館」（Student Union）へと名称を変え、より具体的なイメージを伴った建物として構想されていくようになる。その予兆は、一九五〇年一月一二日、一三日にオハイオ州シンシナティのオランダプラザホテルで開催された会議で既に見られ、[14]そこでは「教会会館」について、教会会館は宗教活動を行うだけでなく、地域活動、レクリエーション活動を行う場でもあり、学内を超えた地域の「コミュニティセンター」であることが期待された。また、そこでは演劇など多目的に使える広い

オーディトリアムの併設もイメージされていた。

教会と教会会館には、内陣や小さい礼拝堂に加え、宗教教育の科目や地域活動、レクリエーション活動を行うのに充分な広さと施設が必要だと感じられる。この教会会館は、書店や郵便局、軽食堂を備えたコミュニティセンターになって行くべきである。また、バンケットや演劇、グループミーティングやレクリエーションに使えるステージ付きの広い部屋が必要であろう。

そして、ディッフェンドルファーは一九五〇年一〇月二六日のハケットへの書簡の中で、ヴォーリズの当初計画に教会会館が計画されていないことに対する不満を述べた自らの見解を振り返り、そのイメージが教会会館であるとともに「学生会館」でもあるということを述べている。

我々が詳細な平面図を必要とするもう一つのものが教会会館である。少し前、一九四九年一〇月だったと思うが、オガワ氏は私に送った手紙の中で、彼が教会における平日の活動と教会建築の関係について湯浅学長と議論し、教会の地下室と若干の教会後背部の増築部を使えば、独立した建物を建設するよりも安く済むと考えていることを伝えてきた。このオガワ氏の手紙は、おそらく我々が教会会館を学生会館としても扱うことで学生の社会活動のためのセンターにしようというアイディアを持つよりも前に書かれたのであろう。私はそれを当然と考えており、それゆえ、私はこの教会会館を独立建物として計画し、そのためにおよそ一五万ドルが必要になると見積もっている。

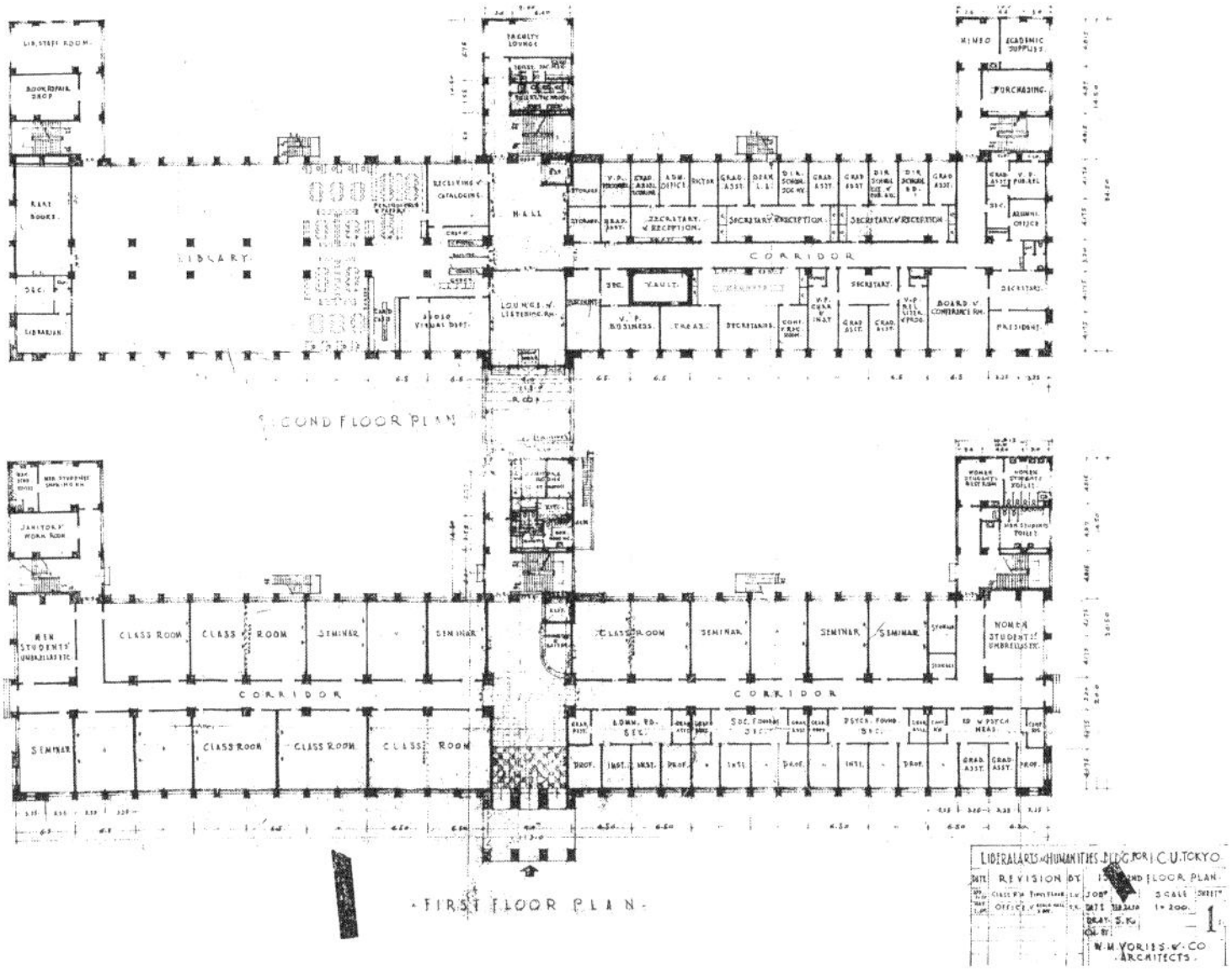

図2.13　本館実施案1、2階平面図（1950年2月）

一九五一年一月三一日、湯浅一郎学長とともにいたニューヨークのエレベーターの中で体調を崩したディッフェンドルファーは、そのまま帰らぬ人となった。

その後まもなく、ディッフェンドルファーが構想したこの教会会館でもあり学生会館でもあるという施設は、残された人々によって「ディッフェンドルファー記念館」として建設することが決議され、募金が始められていく。

キャンパスの整備

ディッフェンドルファーの死と前後して、三鷹の建設用地では、既に大枠が決められた実施計画に基づき、第一期建設予定の施設の工事が始められていた。最初の工事は、中島飛行機研究所時代の巨大な鉄筋コンクリート造三階建ての研究所棟から大学本館への改修であった。本館は、一九五〇年二月には当初から予定されていたリベラルアーツ関係の講義室や教授室だけでなく、大学の事務機能や独立建物としての建設を先送りされた図書館なども含めた総合的な建物へと設計変更され（図2・13）、一九五一年二月に改修工事に着手、同年の一二月には「目下外装工事と二階の内部設備は全く了り、クリーム色の美しい姿を武蔵野の原頭に現している」状態となり、(15)竣工したのは再延期された開学直前の一九五三年二月一七日であった。

開学二年度目にあたる一九五四年度には、オハイオ州のキリスト教信者からの寄附で前年の秋に着工した教会堂が竣工し、五月九日には献堂式が行われ、同年の一一月二三日には、晴れて第一回のＩＣＵ祭が開催された。学内の居住関係施設も並行して建設が進められ、第一男子寮、第一女子寮と大学食堂の一部が年度末の一九五五年二月八日に竣工し、開学三年目に向けて学生の生活環境が次第に整えられていった。これら三つの施設については、一九五五年五月二六日にまとめて献堂式が執行された。

こうしてキャンパスの整備が進められていく中で、ディッフェンドルファーの構想した学生会館は、ヴォーリズ事務所によってその配置や用途、外観イメージが繰り返し検討されていく。そこには、先行して建設されたこれらの建物をいかに有機的に結びつけ、大学内の学生生活を理想的なものに近づけるかという試行錯誤の跡が見て取れる。

第一男子寮、第一女子寮と大学食堂の最終案を描いた配置図（一九五三年一〇月二六日）(16)（図2・14）を見ると、マスタープランで本館と対峙する位置に計画されていた教会堂は、実施設計では正門からの軸線上はそのままに、場所をやや正門側に移動し、建物の向きは塔に代わって正面エントランスが正門側（東側）へと向けられた。そして、本館と広場越しに対峙する位置には、やや南側に寄せて学生食堂が計画され、その両脇にマスタープランより規模が縮小された第一男子寮と第一女子寮が計画された。マスタープランよりもコンパクトにはなったが、施設間のより緊密な関係性が感じられる配置になったといえる。この時点での学生会館の位置（点線⑤）を見ると、マスタープランと同様に教会堂の南側にひっそりと計画されており、まだその重要性にふさわしいイメージ

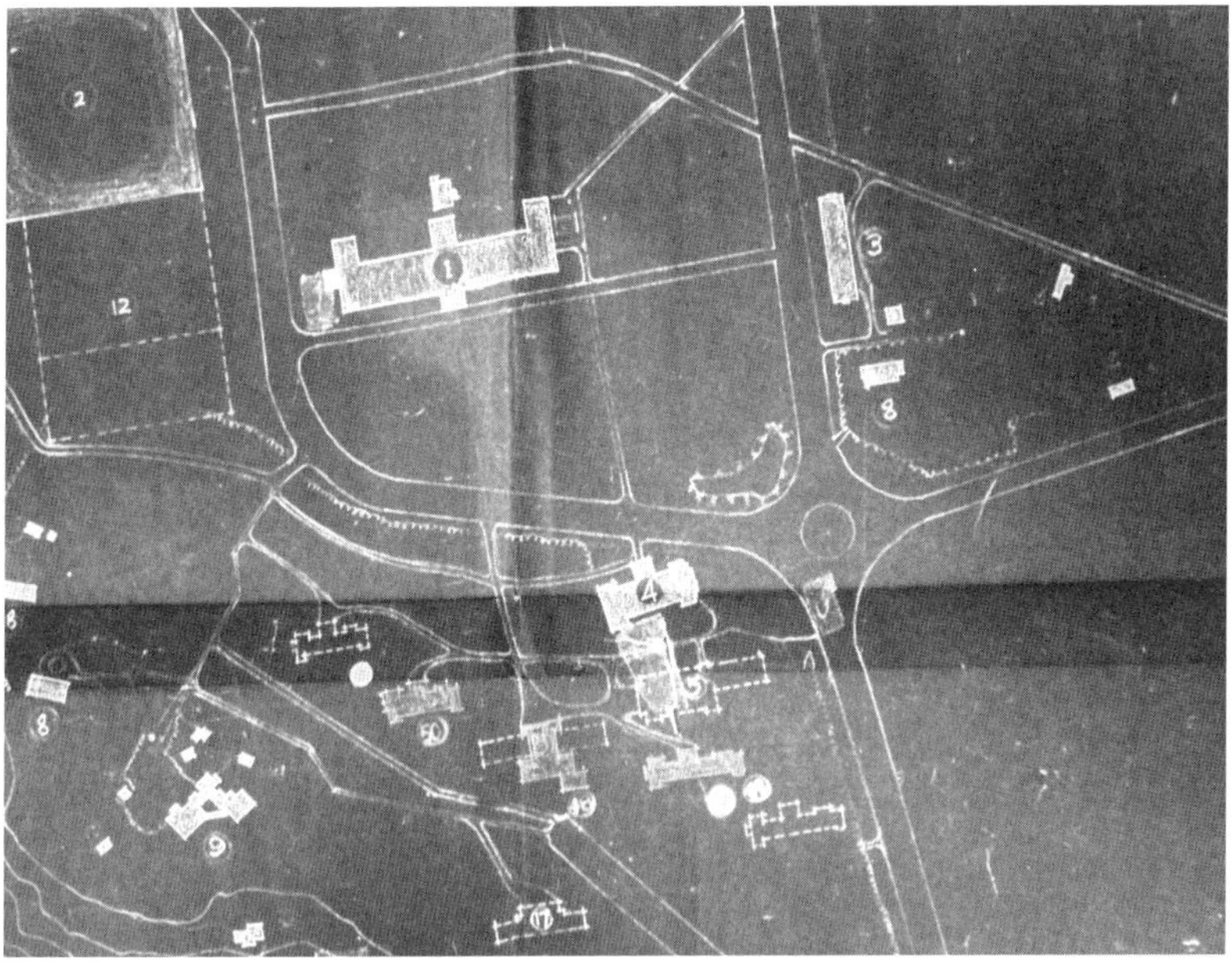

図2.14　第一男子寮、第一女子寮、大学食堂の確認申請書に添付された配置図（1953年11月26日）
教会堂④の右下に点線で学生会館⑤が計画されている。

を見いだしかねているようである。

また、これらの施設は、渡り廊下によって空間的に連続するだけでなく、大学食堂に設けられたボイラー室の熱源装置を共有することで、暖房設備によっても一体化するように計画された。一九五五年五月二六日の献堂式では、湯浅学長から以下のように説明された。

> 中央食堂の最初の部分（一九二席）は、ディッフェンドルファー記念館という呼称で計画中の学生会館の一部である。中央食堂や台所とつながっている熱源装置は、教会や計画中の学生会館、同一のエリアにある現在そして将来の寮、新築される独身の女性教員向けアパートメントにも熱を供給するように設計されている。台所には、食堂の増築が完了した時のより大きなキャパシティ

（八〇〇名）に食事を供給するために、充分かつ一級品の用具が整えられている。寮やアパートから食堂へ、食堂から学生会館へ、そして教会堂へとつながる空間全体に対して近代的な暖房設備を完備するというこの方針には、授業だけではない学生の日常生活全般のあり方に対する彼らの期待がいかに高かったかがはっきりと示されている。

学生会および学生教員連絡協議会（ＳＦＣ）の設置

施設としての学生会館のイメージがなかなか固まらないこの時期、その利用主体となる「学生会」は先行してすでに活動を始めていた。一九五三年の開学初年度には学生総数が二〇〇名となり、学生たちは全学生が加入する学生会を組織・発足させた。そして、大学側も行政部、教員、学生の三者を結ぶ機関として、それぞれの代表からなる学生教授連絡協議会（ＳＦＣ、Student-Faculty-Council）を設立し、特に教務副学長のトロイヤーはこれを歓迎した。数多くのクラブ活動も始まり、次年度には一五五名の新入生が入り、学生総数は三三七名となった。学生会は活動を活発化し、学生集会を開催し、また行政者や教員も加えた学生教授連絡協議会も開かれた。時代は日米安保条約や原水爆反対運動をめぐり、社会が騒然としていた時代であった。

（四）計画案の変遷

ヴォーリズによる四階建て計画案（一九五五年一一月案）

学生会館の設計が具体化した時期は、第一男子寮、第一女子寮、中央食堂の設計が終了し、それらが工事に

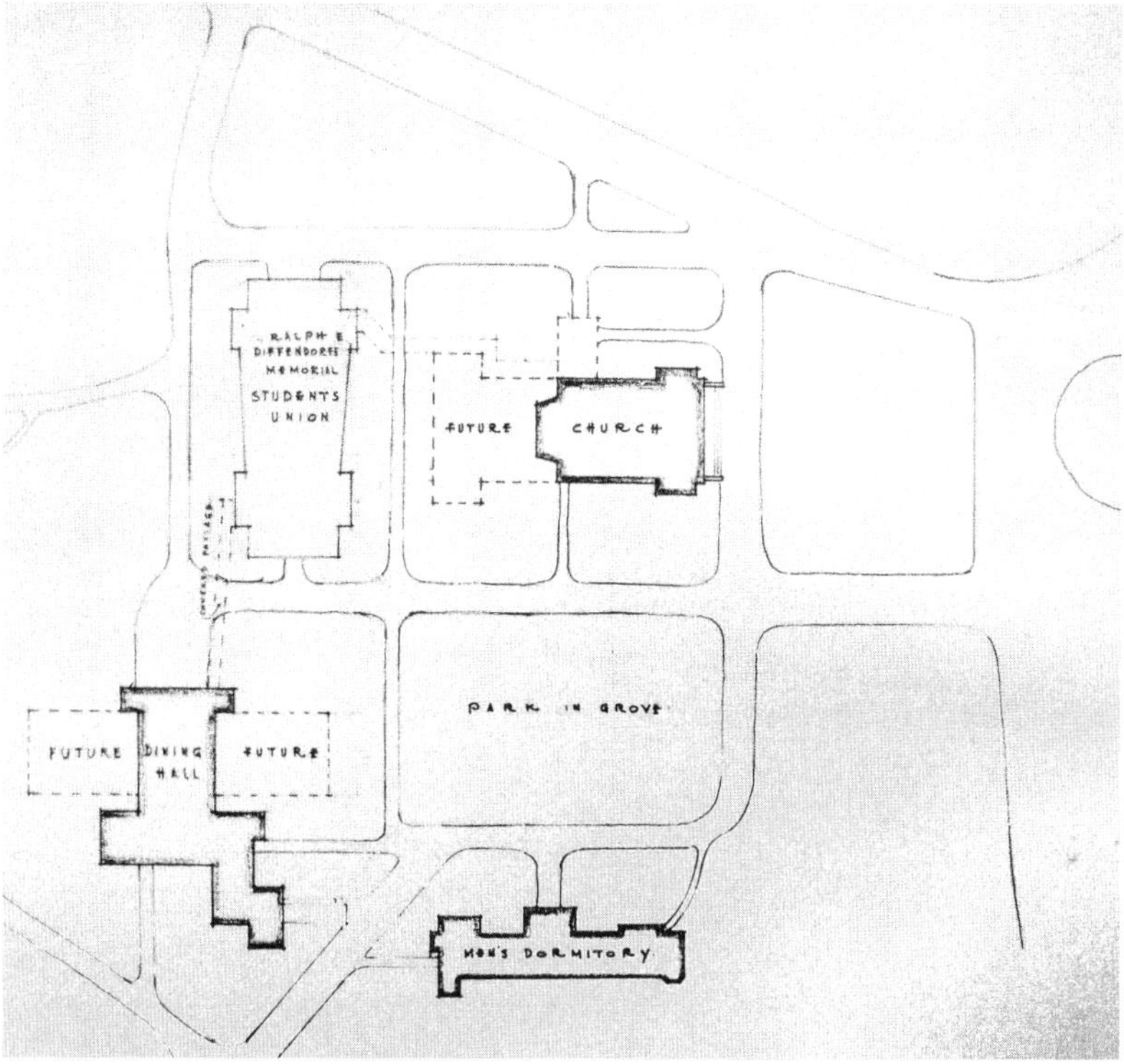

図2.15　1955年10月計画案（配置図）

向けて動き出した一九五四年の春と考えられる。歴史資料室には、五月一二日にヴォーリズ事務所が作成した見積書が残されており、そこでは延床面積が六九二・八坪、鉄筋コンクリート造四階建て、屋根は陸屋根、外壁は明るいクリーム色のスタッコ仕上げ、といった設計内容であった。先に竣工した教会堂と同系統のデザインを想定していたと思われるが、図面がないためその平面や配置、建物のデザインについては不明である。

資料室にはまた、一九五五年一〇月から一一月にかけてまとめられた計画案の配置図（図2・15、一〇月二四日）と外観パース（図2・16、日付なし）も残されている。規模、建物形状、外観イメージなどから、前年の四階建て計画案を継承したものと

図2.16　1954年から1955年にかけて作成された計画案の透視図

考えられる。ここでまず注目されるのは、その配置が現在のディッフェンドルファー記念館と同じく本館の正面に位置し、かつ教会堂や食堂と連絡するように計画されている点である。実施計画のマスタープランでは教会堂が担っていたこの二つの軸の交点という重要な位置を、これ以降は学生会館が受け継いで行くことになる。

一一月一一日付けの計画案の説明書には、この建物には多くのクラブ室とともに、コンヴォケーションを開催するための大規模な講堂が計画されたと説明されている。平面図がないので間取りの詳細は不明であるが、地上四階建てで大講堂を備える割には平面のプロポーションが細長く、おそらくこの計画案では建物の中央部を大講堂が占め。部室はその前後または上下に分散して計画されたと考えられる。外観の細長いプロポーションについてヴォーリズは、「そこでは建物の幅が狭く、建物の軸も九〇度変えてあるので、一度に両方の建物を観た時にお互いがそれぞれ邪魔にならない」と、隣接して建つ同規模の教会堂にも配慮して計画したと説明している。

全体として、部室よりも講堂を優先し、複合建築としての合理性よりはピクチャレスクな外観意匠に重点を置いて設計された計画案と考えられる。

二階建て計画案への変更（一九五六年三月案）と学内新聞への発表

一九五六年二月に入ると、この建物の設計環境に大きな転機が訪れた。ヴォーリズ事務所における国際基督教大学の担当者が一新され、それまでの原仙太郎を中心とした体制から、東京事務所の柿元栄蔵と稲冨昭の二人が新たに担当者となった。教会堂の音響不良などが原因の一つであったようで、(17) 担当者の変更には施工会社（大成建設）との意思疎通を改善することも期待された。この時期には、学生会館の設計に関しても、大学から建築家の村野藤吾に宛ててスケッチの作成依頼が出されるなど、(18) 大学当局と設計事務所の関係は微妙な状態にあったようである。

新体制になって最初の計画案は、一九五六年三月三〇日にスケッチが、四月三日に説明書が提出された。この計画案では建物は二階建てに変更され、延床面積は八〇三坪に増加した。八〇〇坪の内訳は、講堂、部室ともに四〇〇坪ずつで見積もられていた。四月三〇日には、部室面積を六〇〇坪まで増加した三階建ての計画案が二種類検討されたが、九月一〇日の再見積では、延床面積は七三四坪（講堂三三〇坪、部室その他四〇〇坪）に縮小され、地下一階、地上二階建ての一部に三、四階を設けた計画に修正された。

おそらくこの修正案とみられる計画案が、大学新聞部の発行する『国際基督教大学新聞』（一九五六年一〇月一八日発行）に「学生会館建設計画進む――来年中には完成か――」と題した記事で紹介された計画案であろう。ここでは建物の概要が以下のように紹介されている。

建築位置は本館向いの林の中で、食道への通路にそった所にほぼ確定している。建物は、ヴォーリズ氏設計による二階建ての近代建築の粋を集めたものである。この記念館の中央には、一、二階にまたがった五四〇人収容出来る、山葉ホールとほぼ同じ大きさのホールができ、将来はコンボケイション等は、ここで行われる。ホールの回りには、廊下をへだてて、学生のクラブ活動、及びグループ活動、日曜学校等宗教活動などにあてられる部屋が廿七室作られるが、各室の造作は、その用途に適するよう作られる。スナック・バーも考慮されているが細かい事は現在未決定である。なお記念館建築着工と同時に会堂の拡張工事も始められる予定である。この記念館は、学生活動のみならず、対内対外的にも本大学の中心として用いるために、現在の位置に建てるようになったものである。

翌月の同新聞（一一月二日発行）には、「明日の大学——数年後のＩＣＵ——」と題した続報記事が紹介され、周囲の建物も含めたキャンパス全体のイメージや記念館内部の透視図スケッチなどが掲載された。ここでは以下のように紹介されている。

ディッフェンドルファー・メモリアルホール（学生会館）は、チャペルの西側に本館と面して建てられる。中央のホールのまわりにクラブ活動のために二十七の部室ができる。ホールは、暖冷房が利き、イギリスのフェステバルホールに比肩される音響効果を備えたものが計画されている。

挿図のスケッチ（図2・17〜19）を見ると、計画案はほぼ方形に近い平面形状の二階建てであり、その中心部に本館と対峙する向きで講堂が配置された（エントランスは南側の大学食堂側）こと、北面ファサードの中央に湾曲した壁面（その屋上部分は講堂舞台のフライタワーを隠すための目隠しとなる）を置き、その中央に噴水を据えて記念性の

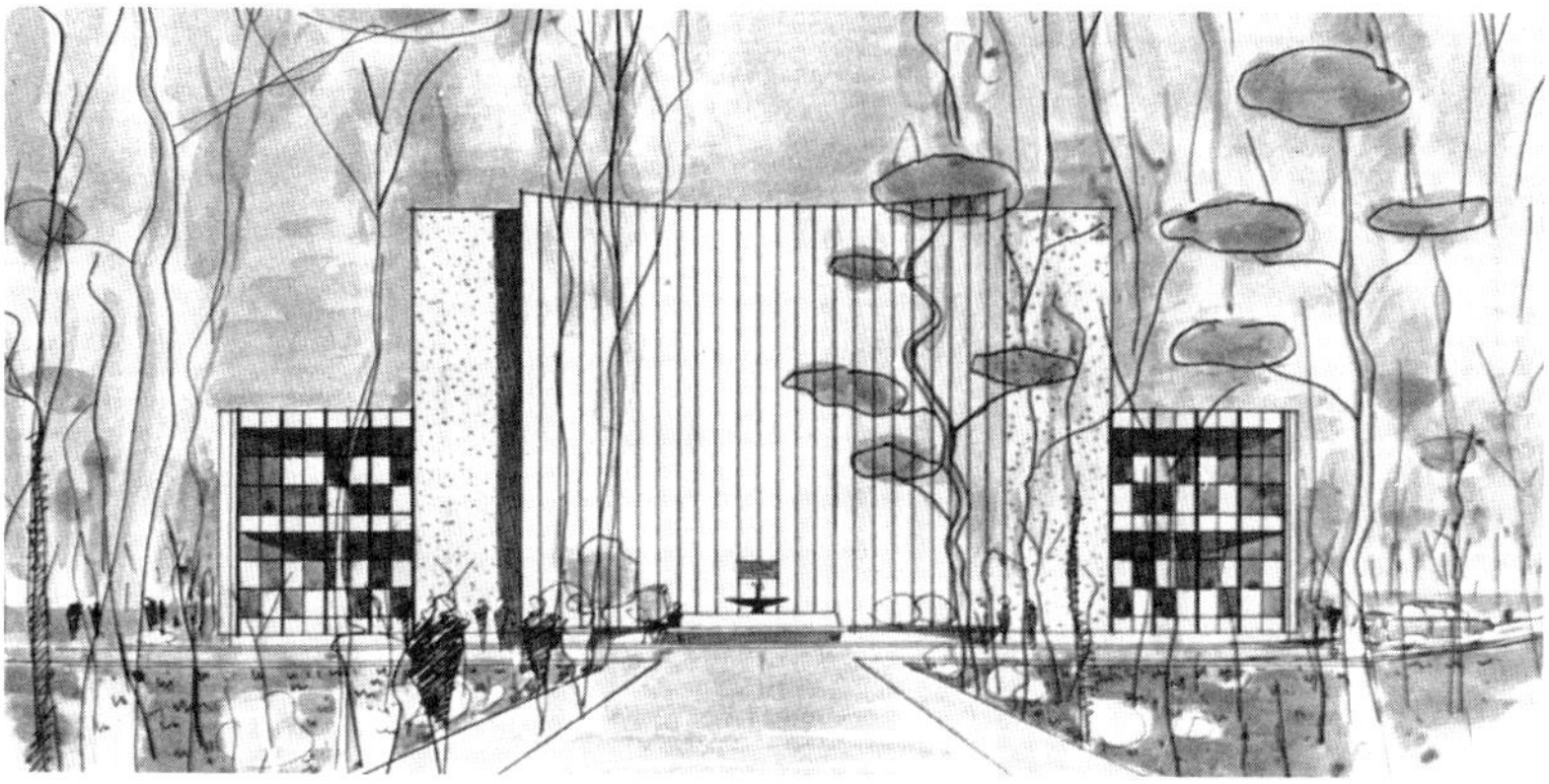

図2.17 『国際基督教大学新聞』1956年10月1日号挿図（口絵22参照）

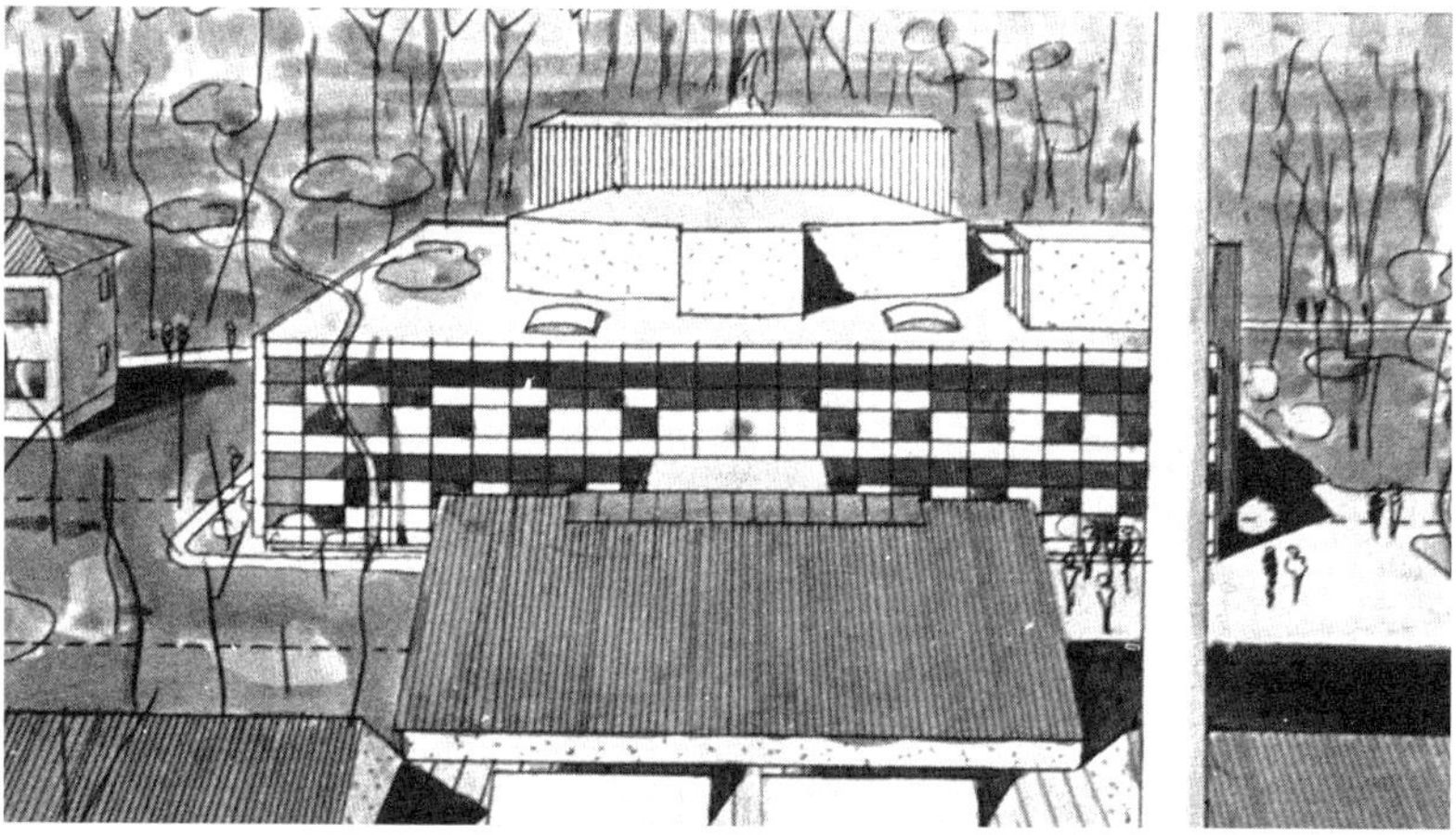

図2.18 『国際基督教大学新聞』1956年11月1日号挿図（口絵21参照）

強いファサードデザインとしていること、そしておそらく部室が計画されたと見られる北面以外の三面については、外観がシンプルなガラス張りの箱として計画されたことなどがわかる。

現在のディッフェンドルファー記念館と大変良く似ており、ここでその前の四階建ての計画案から大きくイメージチェンジがなされたことがわかる。

図2.19　『国際基督教大学新聞』1956年11月1日号挿図

三階建ての実施案への設計変更（一九五七年一月）

こうして一九五六年一〇月には計画案が学内新聞に発表されたが、その裏で設計案は引き続き検討されていた。この時期には、教務副学長のトロイヤーと財務副学長のハロルド・W・ハケット（一八九四—一九五八）が書簡で計画案（三月三〇日案、すなわち新聞発表案）の問題点を議論し、またその検討をヴォーリズに要請していたことが歴史資料室所蔵の資料からわかる。発注者としてのディッフェンドルファーの役割は、その死後、主にこの二人によって引き継がれていた。

トロイヤーがハケットに送った一九五六年九月六日の書簡を読むと、トロイヤーはヴォーリズの計画案に対し、講堂のホワイエが学生ラウンジにも兼用されることになっている点について懸念を示している。つまり、ラウンジでの学生の活動や移動は、講堂で同時に行われる会議に対して騒音となる可能性が高いが、現時点で学生にラウンジの自主管理を期待するのは時期尚早と考えられること、かといって学生会館に専属の生活指導員を雇用するのも難しいことを述べている。また、建物の中央に講堂が位置し、廊下を挟んでその周囲に部室が配置される平面形式について、映画やスライドショーなどの際には自然光が容易にコントロールできて良いが、事務室や会議室から他の部屋に移動する際には中央の講堂によって動線が邪魔され効率的ではないと指摘している。

これに対し、ヴォーリズは九月二一日のハケットに宛てた回答書の中で、ホワイエを各階に計画することで、

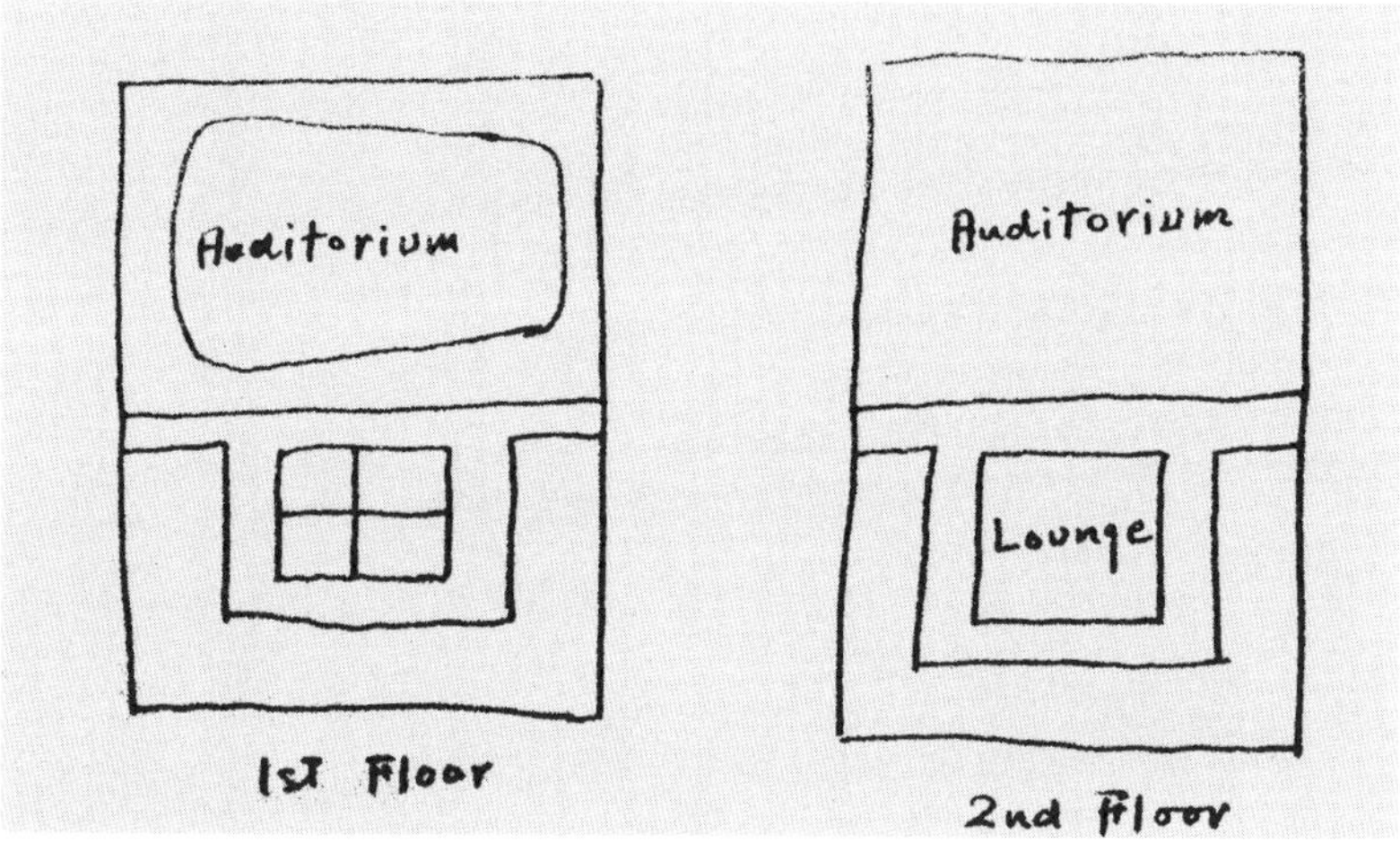

図2.20　別府一郎が提案したディッフェンドルファー記念館の設計変更案

行事中は二階ホワイエのみを学生ラウンジにして対応すること、諸室の配置については事前に調整を行って効率的なまとまりのある配置とし、またパーティションを多用することで用途の変更に柔軟に対応することなどを説明している。

トロイヤーはまたハケットに対し、九月一四日（金）午後に開催予定の学生教授連絡協議会（ＳＦＣ）に同席し、学生会館の計画案をプレゼンテーションしてはどうかと提案した。この提案は実現し、上述の問題点はそこでも議論されたらしく、その会議に学生会副会長として参加していた別府一郎[19]からトロイヤーに対し、九月二〇日付けでその具体的な解決方法が提案された。ここで別府は、「もし平面が変更可能な場合」とした上で、舞台が西側に来るように講堂の向きを九〇度回転させ、全体が正方形の建物の北側半分を講堂、南側半分を学生会館と分けることで同時使用に際しての騒音問題が解決できるとし、さらに学生会館の平面では部室を外周に沿ってコの字型に配置することで、二階の中央に出来た共有スペースをラウンジとして使用できる、と提案している。個々の部室だけでなく、学生同士が自由に相互交流することができる共有スペースとしてのラウンジが欲しいという、学生側の提案がここで示されたわけである。提案を受けたトロイヤーは、別府からの提案書とスケッチ（図2・20）を添付してハケットに送り、以下のように書き添えている。

「講堂を中央に置かない」という彼の提案は、私から彼に言ったこととは全く関係ない。しかし、私は現在のプランを真剣に再考したいという意思と衝動にかられています。

以上のような経緯を経て、一九五七年一月二二日に修正案がまとめられた。延床面積は八七三坪で、九月一〇日案（七八二坪）と比べて九〇坪ほど増加したが、その内訳を見ると、講堂の床面積が二三〇坪から一二八坪へと大幅に縮小され、[20]それに対して部室その他の床面積が四〇〇坪から七四五坪へと大幅に増加している。各階の床面積を見ると、一階が三五一坪、二階が二二六・五坪、三階が一九四坪、塔屋四坪となっており、これは一九五七年六月に提出された建築確認申請の書類と一致している。つまり、この修正案において、現在のディッフェンドルファー記念館、すなわち正方形平面の中央に中庭を設け、そこに面するようにラウンジやテラスが置かれた空間構成の学生会館が誕生したのである。

トロイヤーが学生会の代表者である別府一郎から出された設計変更の提案に刺激を受けたように、おそらくトロイヤーからそれを伝えられたヴォーリズもまた、建物の中央に学生ラウンジを置くという学生の大胆な提案を前向きに受け止めたのであろう。ヴォーリズはさらにそこへ「中庭の挿入」という、より建築的な解決策を加えることで、計画案が抱えていた音響問題や部室の採光・通風条件を一気に解決し、同時に光にあふれた学生ラウンジを生み出すことに成功したのである。

着工、そして竣工へ

一九五七年一月にまとめられた最終案はその後、建設費を予算の範囲内におさめるためにコストダウンの工夫がなされていく。鉄材の単価上昇が建設費増加の大きな要因と考えられるが、一方で記念館の予算は学生食堂の拡張工事と併せて三五万ドル（一億二六〇〇万円、一米ドル＝三六〇円）が絶対であったらしく、これは寄付金の額とも関係していると思われる。

コストダウンの工夫の大きなものとして、講堂の空調設備の見直しが行われ、当初計画されていたエアコンの導入が中止され、冬期の暖房設備のみに変更された（六七七万円減）。そして、三階部分の部室および廊下一二〇坪分について、床・壁の仕上げ工事を省略することでさらに二〇〇万円が減額された。外周部の大半を占める引き違いアルミサッシについても一部を嵌め殺しにすることで減額が検討されたが、さほど減額にならない上に通風性能が落ちるという理由で、ヴォーリズ事務所はこれを拒否した。設計変更による減額がこれ以上は無理となったところで、ヴォーリズは設計料からその四割以上にあたる一五〇万円の寄附を申し出、これによりなんとか予算の範囲内に納めることができた[21]。

六月に提出した建築確認申請は八月に許可が下り、六月一日の地形工事で始まった工事は、工事中も中庭のデザイン変更[22]などを経ながら、年度末の一九五八年三月末に無事に竣工を迎えることとなり（図2・21）、三月二一日には卒業式に合わせて盛大な献堂式が行われた。その様子は、「ディ記念館きょう献堂式――秩父宮妃殿下も臨席――」と題され、『国際基督教大学新聞』第二〇号（一九五八年三月二一日発行）に報告された。以下はその全文である。

全学生待望のディッフェンドルファー記念館は、一部を残してここに竣工、本二十一日、午前十時より卒

図2.21　ディッフェンドルファー記念館竣工写真、左はヴォーリズ設計の教会堂

業式が行われ、午後三時より一面所報の通り献堂式が行われることになった。献堂式には贈り主の米メソジスト教会代表グレン・ブルーナー氏はじめ、秩父の宮妃殿下、ブル、カナダ大使夫妻、張中国公使、松岡駒吉氏などが参列する。（中略）また今後の催し物としては四月十日にポウル・バウムガルテン夫妻によるヴァイオリンとピアノのリサイタルが予想されている。演劇研究会では五月三、四、五日にディッフェンドルファー記念館のこけら落として、ジャン・ジロドウの戯曲アンフィトリオン三八を公演することになった。この戯曲はジロドウの第二作に当り、古来多くの劇作家が取り上げてきたギリシャ神話の一つに題材を求めた機智に溢れた作品。

（五）竣工建物のデザイン

湾曲した壁面の中央に噴水を据え、左右対称にガラス張りの壁面が両脇にならぶディッフェンドルファー記念館のファサードデザインは、規模は小さいながらも巨大な本館と対峙するにふさわしい威厳と記念性を備えている。そのファサー

図2.22　ディッフェンドルファー記念館竣工写真

ドの裏側には、光にあふれた学生ラウンジを中心に持つ「学生のための学生会館」が、学生食堂や学生寮とゆるやかにつながりながら、半世紀にわたり学生の日常活動を支えてきた。左右対象に見える北側のファサードは、実は西側のガラス窓が飾りであり（舞台の位置にあたる）、内部の機能とは一致していない（図2・22）。この理由については、これまでの設計経緯で見てきた通りである。しかし、このことに気づいても、この建物のデザインに不満を感じる人は少ないのではないだろうか。それくらいにこの建物のデザインは良くまとまっているのである。

ディッフェンドルファーが大学キャンパスの未来を象徴する建物として夢想した「日本で最初の学生会館」は、ヴォーリズが初期のマスタープランで構想した「二つの直交する軸線」をその象徴的なファサードに残しながら、設計の最終段階で学生会から提案された要望を柔軟に取り入れ、そこに「光にあふれた学生ラウンジ」という象徴的な空間を加えて完成した。長い設計過程で検討された様々なアイディアは、すべてこの建物のどこかに残されているように感じられる。

筆者には、半世紀を経ても当初の姿を今日まで伝えているこの建物が持つ持続力の源泉は、最晩年のヴォーリズが示したベテラン建築家としての柔軟さとに包容力に由来するように思われるのである。

[注]

(1) C・W・アイグルハート『国際基督教大学創立史――明日の大学へのヴィジョン(一九四五―六三年)――』(国際基督教大学、一九九〇年)には学生会館の計画について、「これが実現すると、この種の大学の建物としては日本で最初のものとなるはずであり、さっそく任意の寄付金募集が始まった。」(一四〇頁)とあり、これがこの説の由来と考えられる。戦後早い時期の学生会館としては、小規模なものとして一九五一年に木造二階建ての慶応義塾大学学生ホール(谷口吉郎設計)が建設されているが、その主な用途は学生食堂と集会室、研究室であり、部室は含まれていない。

(2) 本章で用いた主な資料は、国際基督教大学図書館歴史資料室所蔵のディッフェンドルファー記念館関係書類と、一粒社ヴォーリズ建築事務所所蔵のヴォーリズと国際基督教大学との往復書簡である。前者の一部は、岸佑「ディッフェンドルファー記念館に関する資料について」(『アジア文化研究』四三号、国際基督教大学、二〇一七年三月、一三五―一五四頁)として発表されている。本章で引用する「書簡」は特記なき限りこの往復書簡を指す。後者は、樺島榮一郎氏所蔵の複写版を用いた。本書第八章参照。

(3) ディッフェンドルファーからヴォーリズへの書簡(一九四九年八月八日)には、「我々はいま、我々が以前敷地を訪れた際に仮に同意したキャンパスの建物配置に関するあなたの建築家としてのスケッチを必要としている」という記述が見られる。

(4) 資料室に保存されている図面の内容は以下の通りで、作成時期は一九四九年八月三一日から九月二四日である。全体配置図(日付なし)、全体アクソメ図(一九四九年八月三一日)、本館平面図(九月五日)、同立面図(九月二四日)、体育館平面図(九月一六日)、同断面図(九月一六日)、礼拝堂平・立・断面図(八月一日)、図書館平・立面図(七月二九日)、博物館平・立面図(八月一〇日)、男子寮平・立面図(扇形:九月一四日)女子寮平・立面図（九月一二日）、教員住宅二種類（日付なし）、住宅二種類（九月八日、九月九日）。図面には説明書も添付され、その日本語訳は『国際基督教大学建設通信』第八号（一九四九年一一月一日）の二面に「一粒社ボーリス米来留『國際基督教大学の設計について』」として掲載された。

（5）大学（ディッフェンドルファー）からヴォーリズへの書簡、一九四九年一〇月一〇日。

（6）「昭和廿五年度評議員会開く」（『国際基督教大学通信』一九五〇年九月一日、一面）には「午後の会は午前中の報告を補足して土地利用委員長笹森博士、建築設計主任ヴォーリズ博士からの報告があり、以上の詳細なる報告と印象も鮮やかな実地視察とに基いて評議員各位から活発なる質疑応答が展開された」との記述が見られる。

（7）特にロータリーの位置とそこから伸びる道路と既存建物との距離が修正された。

（8）ハケットからディッフェンドルファー、湯浅一郎、トロイヤーへの書簡、一九五〇年五月二日。

（9）国際基督教大学総務・管財グループ所蔵の本館平面図（一九五〇年二月）より。

（10）本章に引用する手紙はすべて山﨑訳である。

（11）近江兄弟社からディッフェンドルファーへの書簡、一九四九年一〇月一九日。

（12）湯浅一郎「ICUの理念」『国際基督教大学通信』一九五〇年一〇月一日。一面には「ICUはかくして現代の日本が最も必要とする道義性と国際性とを高揚し涵養して、世界に信頼せられ尊敬せられ愛せられる平和日本人をつくらんとするものである。人類を友とし世界を吾家とする國際日本人を育てたいのである」と書かれている。

（13）ディッフェンドルファーからヴォーリズへの書簡（一九四九年八月八日）において、ディッフェンドルファーはヴォーリズを“supervisory architect”と位置づけ、特に図書館については米国の大学建築の専門家の助けを受けるべきだと述べている。

（14）ハケットからヴォーリズへの書簡（一九五〇年三月二四日）には、オランダプラザホテルでの会議の議事録が添付されており、その内容が後の実施計画とほぼ対応していることから、一九四九年一一月頃に始まったと見られる実施計画の骨格は、この頃にはほぼまとまっていたと考えられる。

（15）「学園建設の現状」『国際基督教大学通信』一九五一年一二月一日、二面。

（16）第一男子寮、第一女子寮、大学食堂の確認申請書類に添付された配置図（総務・管財グループ所蔵）。

(17) ヴォーリズから湯浅一郎への書簡、一九五五年二月一一日。

(18) 歴史資料室所蔵資料から、一九五六年三月には財務副学長のハケットから関係者を通じて建築家の村野藤吾に学生会館のスケッチ作成依頼が出されていたことがわかる。依頼は常議員会で決定し、事前にヴォーリズ事務所の承諾を得て行われたようであるが、作成期間も短く、多忙な村野に唐突に発注したことが文面からうかがえる。床面積は約七〇〇坪であり、一九五四年から一九五五年にかけてヴォーリズがまとめた計画案と同じ設計条件であったと考えられる。設計説明書によれば、この計画案は「学校より提出されたる要求書に基き計画したるものにして成可く還《ママ》境の風致を保存し、又既存建物に調和する様工夫したものである」と説明されているが、特に実施計画に影響をあたえた形跡はなく、八月には一〇万円の謝金が支払われている。京都工芸繊維大学所蔵の村野藤吾資料には、この依頼に対応する二通りの計画案があり、いずれも大学食堂の拡張部分と新築の学生会館のヴォリュームを低く抑え、周囲への調和を意識して赤瓦の勾配屋根が架けられた。

(19) 名簿によれば、一九五四年入学の二期生であり、この時期には3回生にあたる。

(20) ここでは各階のホワイエは講堂の床面積一二八坪から除外され、部室その他に含まれている。

(21) ヴォーリズ事務所からハケットへの書簡、一九五七年四月一〇日。

(22) ヴォーリズ事務所からハケットへの書簡（一九五七年五月一四日）には、中庭の工事で二〇万円の減額が可能と伝えている。確認申請の添付図面では中庭中央に切石で囲まれた噴水のようなものが描かれているが、竣工時には石庭に変更された。

第三章　空間・時代・社会

——ヴォーリズのいる場所

村上陽一郎

はじめに

時間と空間をどのように考えるか、人間は古くから頭を悩ませてきた。時間については、誰もが口にする、アウグスティヌスのあの有名な一節がある。「時間とは、と訊ねられなければ、誰でも判っている。しかし、一旦その答えを探そうとすると、皆目判らなくなる」[1]（ただし、原文の通りではない）。空間も同じだろう。どちらも、これほど身近なものはない。だが、それを説明しようとした瞬間、たちまち大きな困難にぶつかることを思い知らされる。

しかし、ヨーロッパの歴史のなかでは、この難問に多くの人々が挑戦してきた。代表的な例はニュートン（Isaac Newton, 1642-1727）である。ニュートンはその主著『自然哲学の数学的原理』の最後のページで、これまた誰もが引用する有名な哲学上の原則を宣言している。曰く〈hypotheses non fingo〉[2]。すなわち「私は仮設を設けない」である。この原則は、「経験に依らないものは、自説から排除する」という経験論の最も基礎的な教義を述べたものとして、ひろく解されている。しかし、そのニュートンは、同じ書物の冒頭で、いともあっさりと「絶対時間（tempus absolutum）」と「絶対空間（spatium absolutum）」の存在を認め、それについて、次のように語っている。[3] 絶対時間も絶対空間も、どちらも「真正」であり「外部とは一切関わりの無い」、そのもの自体の「本性」として存在するもので、「相対時間」や「相対空間」と対比される、とされているのである。外部とは一切関わらない以上、その存在は、私たちの経験に先だって措定されている、としか考えられない。つまりそれを措くことによって、色々な事象が理解できる、と見なされていることになろう。

だとすれば、経験論の原則に照らす限り、絶対時間も絶対空間も、立派な「仮設」、つまり、それを置くことによって事の説明が容易になる、あるいは判りやすくなるので、仮に設けておくべき何ものか、に他ならない。経験論に依拠しようとしたニュートンにとっても、時間と空間だけは、アプリオリな存在として認めるほかなかったことになる。いや、むしろその二つは、「仮に設けておく」べきものどころではなく、すべてに優先して認めなければならない概念であったのだろう。いずれにしても、経験論の原則から言えば、明白な矛盾であることは間違いがない。しかし、ここでニュートンの矛盾をあげつらったところで、何も益はない。

時間や空間を、経験とは関わりなく認めようとする立場を、その後最も包括的な議論のなかで明らかにしたのが、近代哲学におけるカントであった。カントは、その著『純粋理性批判』（第二版）の本論の最初の項「先験的原理論」の冒頭に「空間について」と「時間について」を置いているが、[4]「空間は（時間も）経験の積み重ねから抽象されてできた概念」ではないと明言されている。そこでの議論を煎じ詰めれば、時間と空間は、私たちの認識を成り立たせるための「形式」として、私たちに先験的に（経験抜きで）与えられた概念ということになる。

つまり、こうした考え方に従えば、外界の事物も、私たちの内観的な経験も、時間と空間という形式のなかで、初めて成立するわけである。面倒だから、話を空間に限るが、従って空間とは、事物が存在し、生起し、また人間の経験が成立するための、普遍的な「場」のようなもので、全てに優先する中立的な性格を持っている、と見なされることになる。

一方、人間の経験が存在しなかったら、時間も空間も存在しない、という考え方も当然あり得る。時間について言えば、人間が時計の針が十時を指すという事象を「今」経験する、その経験は、次の「今」には、もはや「過去」になって、「記憶」として残される。また、十時一分前の「今」にあっては、その事象は「未だ実現されざるもの」、つまり「未来」であったはずである。こうして、時間の根本的三態である「過去」、「現在」、「未来」は、出来事（この場合は時計の針が十時を指す、という出来事）についての、人間の経験と記憶とを介して初めて成り立つ、とも考えられる。

同様に空間でも、私の頭上方向が「上」であり、重力を感じる足下方向が「下」であり、視覚を働かせ得る方向が「前」であり、背中の側が「後ろ」である。こうした身体感覚の経験があって初めて、私たちは、三次元的な空間のもつ、構造的な側面を構成することができる、と考えることができる。この経験的な感覚こそ、空間概念の最も基礎に横たわるものである、と言えよう。

余計なことのようだが、このような空間概念を表す言葉は、そのまま時間にも使われることに気付くのも、興味深い。「風呂の前に食事にする」とか、「後で後悔するよ」などというわけである。もっとも「前」という言葉が時間に適用されたとき、それは両面的な意味を持つ。つまり「時点」を基準にして、より「過去」の時間を表すにも「前」が使われるし、より「未来」を表そうとする際にも「前」が使われる。「後」についても同様の現象が見られる。「前に遡って」というような表現は、時間を「過去」に向かって考えることを意味しているし、「試験を前にして」などの表現は、時間の「未来」への方向を前提にしているからである。こうした表現は、時間という極めて抽象的な概念を、空間という、より体感的な概念で置き換えて考えていることであり、「時間の空間化」と呼ばれることがある。

いずれにせよ、このように考えれば、時間も空間も、経験から構成された経験的構成概念（empirical construction）である、という解釈にも十分な説得力があるだろう。

こういうわけで、時空の先験主義も、経験主義も、どちらも、もっともな側面を持っており、かくして、時空論は、論ずれば論ずるほど、八幡の藪しらずへと迷い込むことになる。

（二）空間は歪んでいないか

さて、経験主義、先験主義のどちらをとるにしても、それが暗々裏に前提にしているのは、時間も空間も「一様に」伸びている、あるいは広がっている、という点だろう。この一様性は「中立性」と言い換えてもよいかもしれない。だが、時間についての議論はここでは措くとして、実際に私たちが生きて、経験を積み重ねる「場」としての空間は、本当に「一様」で、「中立的」なものであろうか。明らかにそうではない。ニュートンは絶対空間を説明するために、「数学的」という言葉も使っているが、私たちの生きる空間は、決して「数学的」空間ではない。そもそも、ニュートン自身が運動論の場面で提唱したように、現実の空間は、物体同士の間に「重力」が働き合っている空間である。この地上の空間は、感官に直接は感じられない、いや、宇宙飛行士ならずとも、走り高跳びや棒高跳びの選手なら、むしろ、いやというほど日々感じているのかもしれないが、地球の重力が漲り亘って働いている空間である。だからこそ、手に持った物体を放せば、下に落ちるのである。無重力空間では、決して起こらない現象である。

さらに、これも私たちの感官に直接は訴えてこないけれども、様々な波長の電磁波が隅々まで機能している空間でもある。だから，しかるべき装置を準備すれば、放送も聞こえれば、テレヴィジョンも見られるのである。つまり、現実世界では、空間自身が様々な傾斜、傾き、歪みをもっていて、そのなかにある事物に、様々な影響を与えている。

こうした傾斜、歪みは、上に挙げたような「物理的」な性質ばかりではない。よく「コックピット」が典型とされるが、人間にとって、社会には色々な形での「権威勾配」がある。航空機のコックピットは、機長、副操縦士、機関士などによって構成されるが、その現場には、それぞれの社会的な序列に基づいて、目に見えないひずみがあって、そのひずみに従って、それぞれが行動している。当該の現場でこの勾配を破ることは、基本的に許されない。例えば、コックピットで、唯一機長以外の判断が優先されるのは、機内に病人が出て、居合わせた医師が、病状について判断し、次にとるべき行動を指示する場合である。しかし、その医師の指示に従って、機の操作を行う最終責任は、やはり機長にある。権威勾配の頂点に立つものは、その空間内に起こるすべての事態に、責任を持つことになる。この点も、こうした権威勾配のある空間における決まり事の一つである。これは人間の差別ではない。もっとも一種の慣性によって、コックピットを離れて、飲み屋に出かけたときにも、暗々裏にこの序列的歪みが尾を引くことは、よくあることだろうが。

こうした権威勾配は、軍隊や医療や教育の現場には、必ず見られるものであり、それなくしては、その現場は成り立たないのでもある。それほど特別の場でなくとも、目映いような美しい女性が座っていれば、若い男性なら、その席に近づくのも躊躇われるだろう。広い公園のベンチに一人だけ腰をかけている人がいる。他にも空いたベンチはいくらもある。そんなときに、わざわざ見知らぬ人の腰掛けているベンチに座ろうとする人間はいまい。しかし毎日の通勤電車なら、見知らぬ人が隣に座っていても、躊躇なく空席があれば人は座るはずである。宴会で、社長の隣の席には坐り難いだろうし、予め気になっていた女性の隣が空いていれば、率先してその席を占めることもあろう。

このような空間の歪み、傾斜は、社会空間だけでなく、個人同士のようなミクロな空間でも見られる。文化人類学者は、文化によって、日常的に話し合う場面での、相対する人間同士の距離がまちまちであることを指摘する。例えば、ある文化空間のなかでは、二人の人間が初めて出会った時の挨拶でさえ、顔と顔とを近づけて、目を見合いながら、交わすのでないと失礼に当たるとされる。また別の文化では、相当の距離を置いて、目を伏せながら行うべきである、とされる。

個人の身体空間でさえ、それが置かれた空間に左右されて変化する。相手に威圧されるような状況下には、個人の身体自身が竦み、縮まる。相手に優位に立つときには、尊大に広がる。自分の支配する空間は、全体の空間の性格によって、膨らんだり、縮んだりするのである。

さらに、現代には、空間は、量子力学の解釈によれば、素粒子が生起する場であり、あるいは、相対論力学によれば、重力を除いても、ユークリッド＝デカルト的な三次元空間ではなく、自然な歪みを持つミンコフスキ空間であることにもなる。その上、空間に三次元以上の次元を措定する「多次元理論」も考えられている。もっとも、この論考では、そうした現代物理学の空間論にまで、論述の幅を広げる余裕はない。

しかし、とにかく、私たちが実際に経験する生活空間は、実に多くの意味で、歪んでおり、傾斜を備えていて、決して一様で、中立的で、抽象的な、「数学的」空間ではないのである。

それを少し歴史的に調べてみよう。

（二）数学的空間と物理的空間

ニュートンが「絶対空間」を提唱したことは已に述べた。それには前史とも言うべきエピソードがある。ガリレオとデカルトがその当事者である。ニュートンの運動学の第一法則が、慣性の法則であることは誰でも知っている。念のために書いておけば、慣性とは、外から力が加わらない限り、物体は今ある運動状態（静止の状態もしくは等速度運動）を続ける性質を持つ、というものである。しかし、この法則に辿り着くまでには、実に長い年月と、考え方の変遷があった。そもそも、運動の問題を、統一的な法則で整理しようとした最初の人物は、古代ギリシャのアリストテレスであった。彼は、地上の運動に関しては、自然運動と強制運動とを区別し、さらに天体の運動は、これらとは別個に、等速円運動の組み合わせで記述するモデルに従っていた。地上の自然運動の基本は、落体の運動で、外から何ら力が加わっていない（ように見える）のにもかかわらず、生起する運動である。強制運動は、文字通り、物体に何らかの力が加わることによって起こるもので、そのときの「速さ」は、物体の重さに反比例し、加えられた力の大きさに比例する形で生じる、と考えられた。エンジンの出力が大きい車は、より大きい速さが得られるし、より重い物体を動かすにはより大きな力が必要であるのは、日常の経験の教えるところであるから、この考え方は、一応常識に合致している。しかし、ここには二つの問題が残る。一つは、例えば石を投げたとき、石に手がかかっている間は、手の力が石に働いているから、そこに「速さ」が生じるのは当然だろう。しかし、手から離れて、力を加える何ものもなくなってからも、石が暫くは飛び続ける（つまり「速さ」がある）のは、どう説明したよいか。

強制運動の際に立てられた説明を、現代の読者のために数式で書くと、以下のようになるが（sは「速さ」、pは「物体に加えられた力」、wは「物体の重さ」である）、

$$p \propto ws \qquad (1)$$

この式で、pがゼロになれば、sも同時にゼロにならなければならない（つまり運動は終わらなければならない）のに、なお運動がある程度は続くのは何故か、というわけである。因みにニュートンの第二法則（運動法則）を数式で示すと（fは「力」、mは「質量」、αは「速度の変化」つまり「加速度」である）

$$f \propto m\alpha \qquad (2)$$

となるが、（1）式と（2）式の間の根本的な違いは、「速さ」が問題になっているか、「加速度」が問題になっているか、の違いであることが見て取れる。文字にすれば「加」が僅か一字加えられるか否かで、とてつもない大きな違いが生じる、印象的な場面である。念のためだが、（2）式では、力fがゼロになっても、ゼロになるのは「速度の変化」であって、「速さ」ではない。つまり、加えられた力がなくなっても、物体はそのときにある速度をもっていれば、そのまま、同じ速度を維持することになる（これは、慣性法則そのものである）。

話を戻そう。もう一つの問題は、自然落下する物体の運動の原因は「重さ」だが、その原因としての重さは、どの場所にあっても変わらないはずなのに、だんだん「速さ」が増すのは何故か、という問題が生じる。古代ギリシャ・ローマの知的世界は、この二つの難問を巡って色々な説が試みられた。

その結果を詳細に説明するのは、ここでの論点ではないので、省略するが、第一の問題が、「慣性」という概念の成立で、初めて整合的に解決をみたことは、周知のことだろう。

では「慣性」の概念の定式化は誰の手によって行われたか。結論から言うとガリレオ説とデカルト説に分かれる。ガリレオ説から見てみよう。

ガリレオは、ピサの斜塔実験で知られるように、最初、第二の問題である自然落下運動に強い関心を示した。そして、当初の重さが異なっていても、落下現象そのものに変わりが無いという自説を主張するためのデモンストレーションとして、斜面の実験を立案し、実施した。垂直に落ちる落体の「速さ」の変化を調べるのは難しいが、緩やかな斜面を転がり落ちる球体の「速さ」の変化なら、実際に調べ易い、つまり瞬時に落ちてしまう垂直落下現象を斜面の上に言わばスローモーション化することになるからである。ところが、この実験から、思いがけない副産物が得られた。下り斜面を転がり落ちる球体の「速さ」は、自然落下のスローモーション版だから、自然落下と同じで、だんだん大きくなる。では、斜面の先に転換点があって、そこから先は上り斜面になっていたらどうなるか。上り斜面であるから、「速さ」はだんだん小さくなるはずである。理想的には、落ち始めの高さまで上って止まるであろう。では転換点から先が、上りでも下りでもない平面（水平面）であったら、転がり落ちてきた球体の「速さ」はどうなるか。実験しなくとも、誰でも推測できるように、大きくも小さくもならない、つまり「同じ速さ」で転がり続けるに違いない。つまり一旦獲得された「速さ」は、水平方向では、増しも減りもしないのである。これこそ「慣性」でなくて何であろう。

この説明で、納得する人も多いかもしれない。「慣性」の定義は、外から力が加わらない限り、物体は今の運動状態を続けるという性質を備えている、というものであった。ある速度で運動していれば、その速度を保つのであり、静止していれば（速度がゼロであれば）、静止の状態を保つ。読者は、この段落で言葉遣いが使い分けられていることに留意して欲しい。アリストテレスの運動論の説明では「速さ」が使われてきたが、ニュートン運動論の中では「速度」が使われている。ペダンティックに映るかもしれないが、この違いは重要である。「速度」とは大きさとともに、方向も含めた概念（いわゆるヴェクトル）である。そしてニュートンの第一法則である「慣性の法則」では、その言葉こそ使われてはいないが、運動の速さはヴェクトル量として扱われているのである。つまり「等速度運動」とは、同じ大きさの速さで、同じ方向に（直線的に）行われる運動なのである。その見地からさきほどのガリレオの「慣性」を眺めてみると、明らかに慣性概念としては致命的な不備が見えてくる。何故か。

「上り斜面でも下り斜面でもない」水平面というのは、少しマクロにみたら、どんな方向を示しているだろうか。上り斜面の方向は、重力に対して逆らう方向である。下り斜面の方向は当然重力と同じ方向に近い。とすれば、ここでの水平面の方向は、重力に対して直角の方向に違いない。さて、この地球上で、重力に対して直角の方向にある面とは、何であろうか。それは地球の表面、すなわち「球面」に平行な面でなければなるまい。つまり「水平面」上の運動とは、「円（球）運動」なのである。そして「円運動」とは、時々刻々、運動の方向が変化する（現代風に言えば「速度変化」をしている、もう一度言い換えれば「加速度」）運動にほかならない。「慣性」は先に見たように、「速度」の変化がない状態を言う。してみれば、ガリレオの「慣性」は明らかに慣性ではない。実際ガリレオは、等速円運動（このときの「等速」は厳密に言えば「等速度」ではない）を終生特別視していたのであり、余計なことかもしれないが、ケプラーが惑星の運動に「非等速円運動」である「楕円運動」を当てはめたことを受け入れなかったのである。結局ガリレオは、私たちが生きている、この地球上の重力空間、つまり物理的空間から離脱することが出来ない人間であったことが、以上の点から判る。

これに反してデカルトは、いとも簡単に、実際に私たちが逃れることの出来ないはずの、この物理的空間を脱して、数学的な空間を考えることが出来た人物であった。実際彼は、数学的な空間を整理するための「座標系」という考え方の原点を造った人でもあった（現在私たちは、直交三軸からなる座標空間を「デカルト座標系（Cartesian Coordinate）」と名付けている。

このような数学的な空間のなかで、上のような思考実験を行ってみれば、慣性的運動が、「円運動」ではなく、「直線運動」であることは、見易い道理であろう。

問題を物理空間（私たちが生きる現実の空間）の中でのみ考えた、あるいは、その中でしか考えられなかったガリレオと、それを離れて、物理的な問題を、抽象的な数学的空間、つまり一切の歪みや傾斜のない、一様で、中立的な空間へ移し替えて考えることができたデカルトとの違いが、鮮やかに現れたポイントである。そしてニュートンはその二つの空間を、見事に重ね合わせることに成功したのであった（彼の主著のタイトル『自然哲学の数学的原理』を思い出そう）。

（三）デカルトの数学的空間

デカルト座標系、つまり直交三軸からなる数学的な座標系は、各軸に関して、原理的には、マイナス無限大から原点（ゼロ）を通ってプラス無限大まで、一様な実数無限の連続体をなしていると考えられる。それこそが、抽象的、かつ数学的な空間の特徴と言うことができる。ちなみに現代物理学でも、物理空間としての宇宙は、一様でない（例えば、素粒子論では、空間は、素粒子を成り立たせる「場」として捉えられる）ばかりでなく、無限の空間でもない、とされている。というのも、観測者から見て、宇宙空間は、観測者からの距離に比例する速度で、膨張を続けていると考えられるため、その速度が光速度に達したところで、もはや物理的に意味のある場所ではなくなる。それより先では、一切の情報を私たちが受け取ることができない、言い換えれば「無」以外の何ものでもないから、つまり、そこが宇宙の「果て」ということになるのである。しかし、デカルト的な数学的空間に「果て」はない。このような無限の空間概念の発想が可能になるためには、乗り越えなければならない大きな壁があった。

というのも古代ギリシャ以来、宇宙は球形（象徴的には「円」）の閉じた空間であって、つまりは「有限」であった。そうした構造こそ、ギリシャでは「コスモス」つまり「調和的な美しい秩序」であり、中世以降のヨー

図3.1　R.フラッドの宇宙図

ロッパでは、神が被造世界に与えた秩序であった。図3・1はルネサンス期のR・フラッドの著作からの宇宙図であるが、典型的に、球の多層構造に基づく、閉じた（有限の）空間のイメージで描かれている。これは地球中心モデルであるが、太陽中心モデルに転換したコペルニクスにおいても、図3・2のように、宇宙は、有限で、円形の多層構造というイメージは全く変わりがない。

したがって、実際に私たちが住む生活空間も、そうしたイメージで造られるのが常であった。図3・3は、ヴュルツブルクからフュッセンまでを繋ぐ、いわゆる「ロマンチック街道」沿いの有名な小都市ネルトリンゲンの鳥瞰図であるが、視点が斜めに設定されているために、楕円に見える街の形状は、真上から見れば実は完全な円形である。これは、一つの都市が、宇宙というコスモスのモデルとなっている、あるいは逆にそれをモデルとしていることを示している。

この象徴が崩れるきっかけは、上述のケプラー（J. Kepler, 1571-1630）の仕事にあった。周知のようにケプラーは、惑星の軌道が、円ではなく、楕円であることを、史上初めて主張した人物である。もっとも楕円といっても、その離心率は極めて小さく、最も大きな離心率の軌道を持つ水星の場合でさえ、その数値は〈0.2〉であって、これは、ちょっと見では、正円であると言われても納得してしまう程度のものである（一見して楕円に見えるものの離心率は、〈0.3〉程度以上である）。しかし、この結論の与えた影響は極めて大きかった。例えば図3・4は、一七世紀半ばにバロックの天才ベルニーニ（J. Bernini, 1598-1680）の設計で造られたヴァティカンのサン・ピエトロ広場の、初期の図だが、これは視点が斜めだからではなくて、真正の「長円」（正確には、楕円ではなく、二つの円の間を短い直線で繋いだ形）をなしている。

つまりこの時代は、まさしくバロック

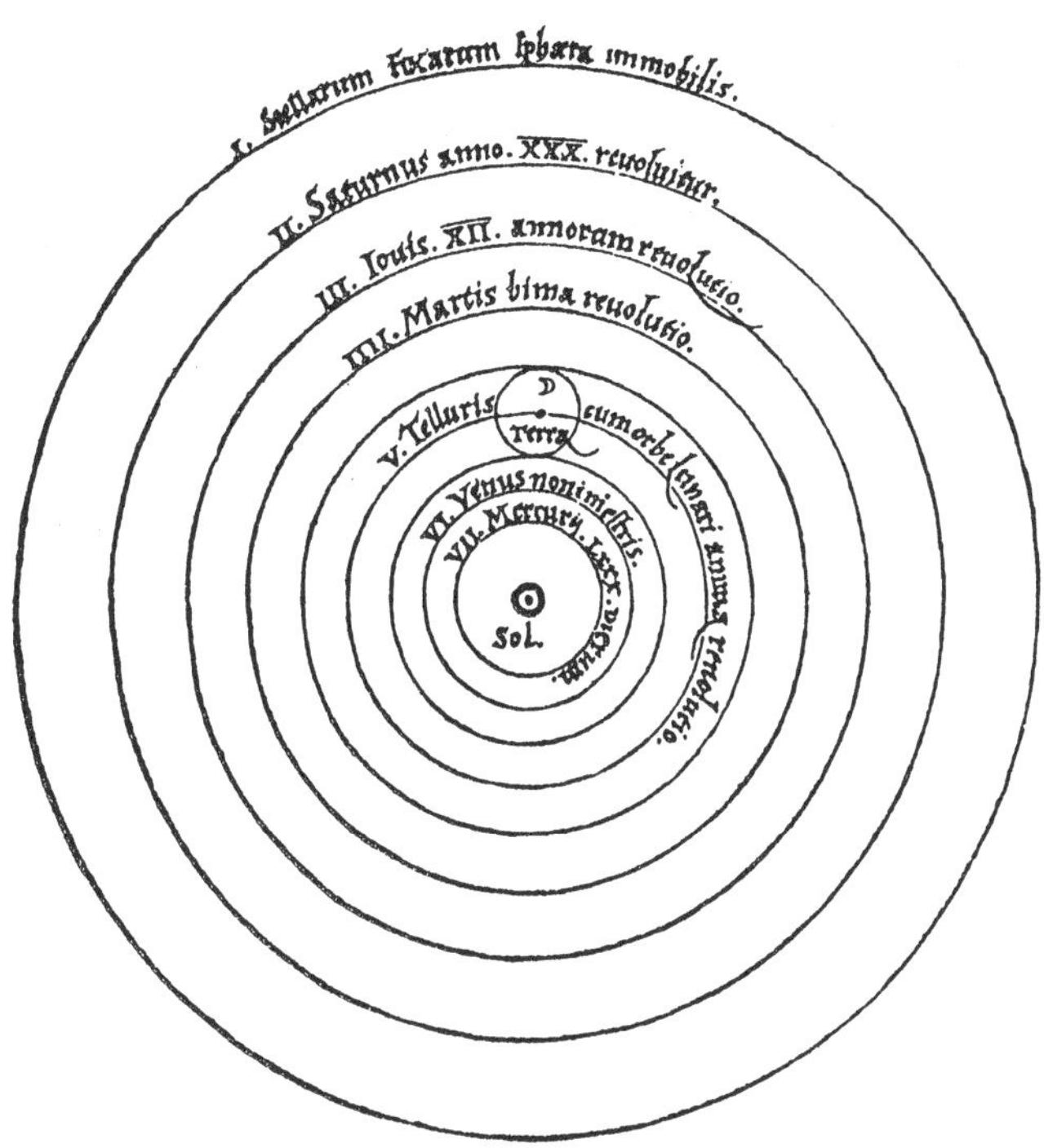

図3.2　コペルニクスの宇宙図

図3.3　ネルトリンゲンの鳥瞰図

図3.4　ヴァティカンのサン・ピエトロ広場

図3.5　ローマのサン・カルロ・アッレ・クワトロ・フォンターネ教会の天井

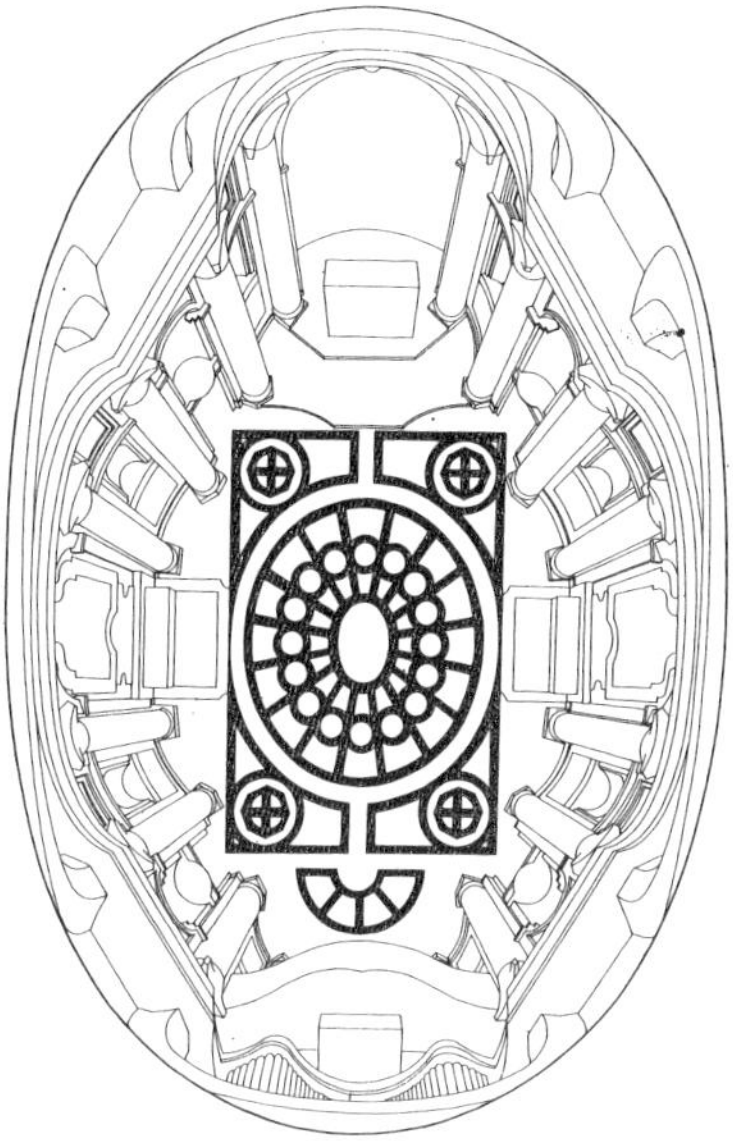

図3.6　ローマのサン・カルロ・アッレ・クワトロ・フォンターネ教会の床

なのだが、「バロック」の語源は、真正の球形をした真珠ではなく、歪んだりでこぼこしたりする真珠にあると言われるように、そうした異形のものを珍重する価値観が生まれてきていたこと、別の言い方をすれば、古代以来の球のイメージによるコスモスの理念が崩れ始めたことを示している。

　この影響は、建築にも及んでいる。バロックのスター、ベルニーニの最大のライヴァルだったボッロミーニ（F. Borromini, 1599-1667）の設計になるローマのサン・カルロ・アッレ・クワトロ・フォンターネ教会の天井と床の図（図3・5、3・6）を見れば一目瞭然だが、教会の天蓋が半球であり、内側から見れば円形がシンボルであった過去の伝統から離れて、空間構造のイメージが完全に非円形になっていることが判ろう。

　こうして、球＝円形のコスモス像が崩壊していく過程で、閉じた形で構造化された空間概念もまた、失われていくことになる。デカルトが、数学的空間として、閉じた形で構造化された空間イ

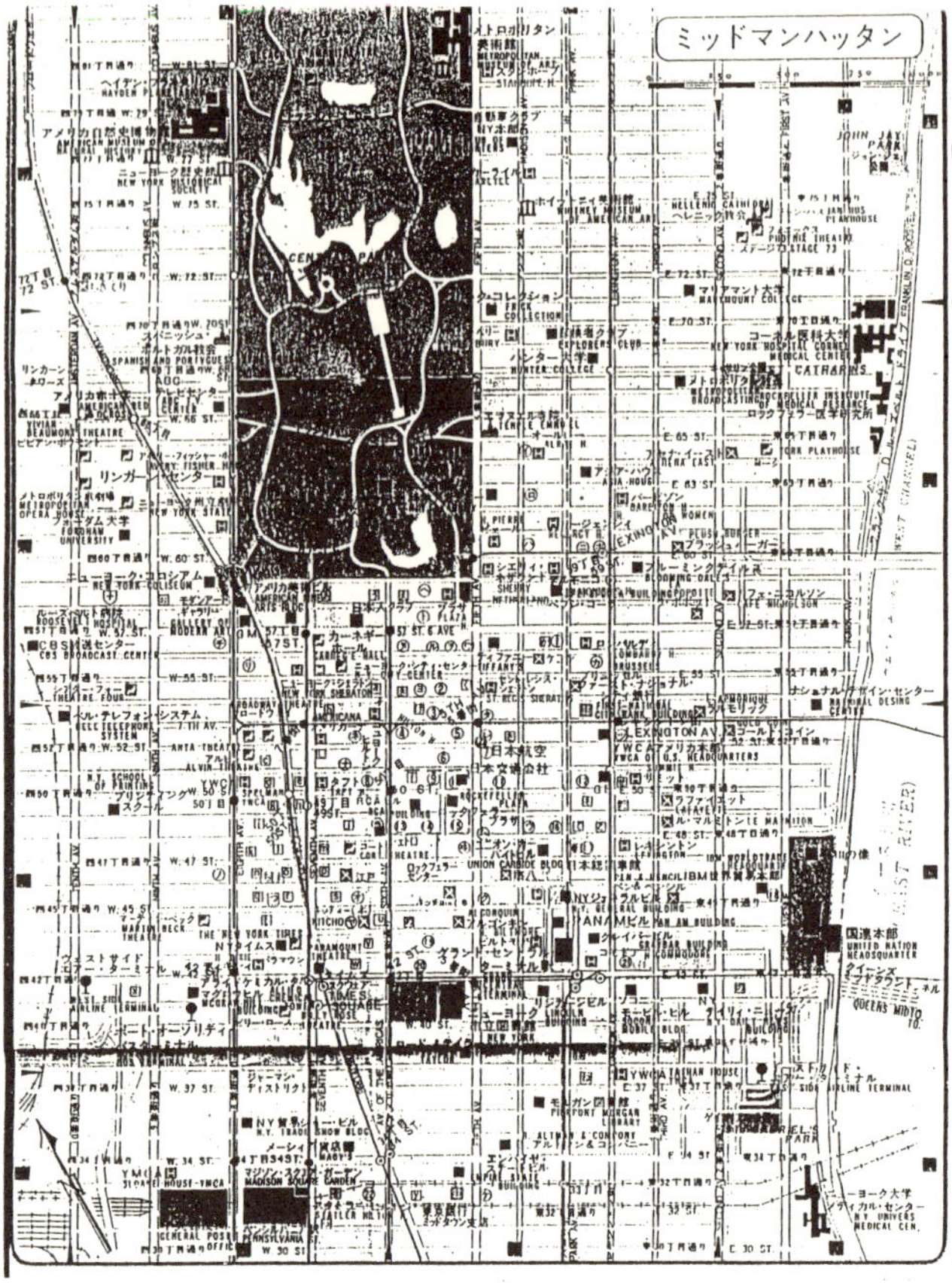

図3.7　ニューヨークの都市空間

メージから解放されたのは、まさしくこの同じ時期であった。

　こうした伝統から切り離された新しい都市、例えばニューヨークの都市空間が、もはや楕円でさえなく、完全なグリッド構造、つまりデカルト座標系で造られているのを見るのも、興味深いではないか（図3・7）。ニューヨークは、周知のように、幾つかの島を含んだ、非常に複雑な地形をしているが、それを人工的にきれいな碁盤目に割り振った有様がよく判る。唯一、碁盤目から外れて、斜めに走っているのが、ブロードウェイに他ならない。

（四）コスモスの崩壊と空間の意味構造の中性化

このように、生活空間が、古典的なコスモス的価値観から離れて、人工的なグリッド空間へと変貌する過程は、空間の意味構造の否定にも繋がると思われる。円形の閉じたコスモスでは、中心へ向かう方向と、中心から離れる方向とが、価値的に截然と区別されていた。ネルトリンゲンのような都市空間では、円形の中心に領主の館や、主教会などがあり、そこから放射状に道路が延びて、コスモスの限界である城壁に達する。その途中には幾つか、やはり円形のサブ中心（小コスモス）があり、日本語でいうロータリー（英語では〈roundabout〉もしくは〈traffic circle〉、フランス語では〈rond-point〉、ドイツ語では〈Kreisel〉で、いずれも「円」という概念を含んだ言葉である）があって、そこにも放射状に道路が集まる。そのサブ中心は多くの場合、マーケット（ドイツ語では「プラッツ」と呼ばれる）を構成し、城壁の外で農業を営む人々が、農産物を持ち寄って売買する場所になる。したがって、この空間には、価値的な勾配があって、それが秩序を作り出す。それは宇宙という神の被造世界、すなわち「自然」の秩序の再現であり、その秩序は自然法に基づくと考えられる。

ところが、ニューヨークのような人工的なグリッド空間では、価値的な勾配は、本来は存在しない。今でこそ、セントラル・パーク近辺、あるいはソーホー（South Houston）近辺、あるいはハーレム地区などを象徴として、空間としての暗黙の価値勾配が生まれていることは確かだが、本来はどの方向にも特段の意味はないと考えられている。

こうした空間の中性化は、空間の「民主化」と呼んでも差し支えないような事態である。それが近代の特色でもある。

日本の場合、過去には、やはり空間の価値秩序が認められる。例えば古都京都のかつての町並みは、中国の都長安を模したものではあるが、確かに、ニューヨークにも似た、整然としたグリッド空間に見える。しかし内実は違う。もともと内裏があって、朱雀大路がそこからまっすぐ南下する。これを東西に横切る街路は、一条、二条と、番号が振られている。脱線するが、ニューヨークのマンハッタン地区では、南北に走る街路、つまり数学的座標系の常識で言えば y 軸がアヴェニューで、東西の街路（x軸）をストリートと呼んで、使い分けている。京都に話を戻すと、地名や街路名に「上ル」、「下ル」が多用されているように、空間には明確な方向性（勾配、歪み）があることが読み取れる。勿論、内裏に向かう方向が「上ル」であり、「下ル」は逆方向になる。今ＪＲ京都駅の新幹線口を「八条口」と呼んでいるが、七条、八条近辺は、昔は言わば「場末」であった。つまりグリッド空間でも、一様で中立的でない空間構造が可能であったことが判るだろう。もっとも、家康が新しく築いた名古屋の、城直下の町並みは、見事な碁盤目であって、それ自体に価値的な歪みは与えられなかったかもしれない。ただ、家康は、その町並みを、町人（商人）のために設定しており、武士の居住区とは区別されていたから、より広い見地から見れば、やはり身分制度に基づく空間の価値勾配はあったとも考えられる。

日本では、全体としてみると、ヨーロッパのコスモスほど明確な空間の秩序構造は、もともと存在しなかったと言えるだろう。それでも農村地帯などでは、村落の空間自体に、緩やかな価値勾配があったし、今も残っている。庄屋の館、八幡神社、用水路、墓場、里山、入会地などが、暗々裏に空間の歪みを作り出し、タブーの場所なども定められていた。そうした価値空間の近代化による崩壊の実例で、極めて印象的な場所が、東京都内にある。千駄ヶ谷から南に下がったあたり、仙寿院という寺院がある。寺院だから当然墓場もある。その墓場の下を東西に道路（都道・補助二四号線）が貫通しているのだ。この道路を通っていると、下り坂の頭上に、ブリッジのようなものがあって、卒塔婆が林立しているのが見える。歩行者も車も、死者が埋葬されている場所の直下を通行していることになる。これは、ある意味ではとんでもないことで、近代においては、生きている人間の便宜のためには、死者の安らかな眠りをも無視できるという意味で、空間にタブーがなくなっていることの証左の一つだろう。

あるいは、新幹線で車窓から見える景色のところどころに、新しく改葬された墓地が、何となく寒々とした姿をさらしている。これも、鉄道が通る、ということの前に、本来は不入の場所であったはずの墓地が、席を譲った結果であり、空間の勾配の喪失とも見ることができる。

要するに、近代化においては、その価値観の一角に「平等」があって、その価値観は空間そのものにまで及んだ、ということだろう。

(五) 建物の場合

同じことが、建物の構造についても言えるのではないか。例えば、日本で、戦後のブームにのって建てられた多くの団地は、一号棟も二号棟もすべて同じ、階数も同じ、棟割りも同じ、まあ、建物の角地だけは、部屋の設計が変わらざるを得ないが、それ以外は、部屋の設計はもちろん、内装まで同じ。つまり、建物全体がそのままグリッド空間になっていて、出来る限り平等な空間を作り出すことを主眼にデザインされている。これほど徹底した空間の「民主化」もないと言えるほどである。深夜酔っ払った亭主が隣の住まいの扉を叩く、とか、別の階や、別の棟の、自分の住まいと同じ場所の部屋を、自宅と間違える、というようなことが頻発したのも、故なきことではない。

家の中で起こっていることも、それに近い。かつては、客間と居間とは峻別され、客間には床の間があり、客の座る場所、主人の座る場所などが、自ずから定まっていた（今、それが残っているのは茶席くらいのものだろう）。居

図3.8　ニューヨークのシーグラム・ビルディング

間でも、家長の座る場所は厳然と犯すべからざる意味を放っており。空間にははっきりした歪みがあったが、現在は、全くそうした秩序は失われていると言ってよい。歪みがあるとすれば、テレヴィジョンが見られる場所、見難い場所くらいのものだろう。このような状況からすれば、一見奇妙な「空間の民主化」という言葉が、素直に納得出来るのではないか。

このような、「民主的な」建物設計のきっかけは、世界的に見れば、建築の歴史に詳しくない素人目だが、ミース・ファン・デル・ローエ（Ludwig Mies van der Rohe, 1886-1969）ではなかったか。ミースは、ドイツにあるころは、いわゆるバウハウス運動の中心的存在だったが、バウハウスがナチスの手で閉鎖された後、アメリカに亡命して、後半生はアメリカでの活動となった。彼のアメリカでの代表作の一つ、一九五八年に建てられたニューヨークのシーグラム・ビルディング（図3・8）がそうであるように、アメリカでの多くの彼の設計になる建物が、その如何なる場所にも特権的な場所が出来ないような配慮が行き届いた、典型的なグリッド空間として設計されている。

（六）平等という価値

こうした空間設計は、「民主化」という一見奇妙な言葉遣いがはっきりさせてくれるように。近代市民社会の台頭とともに、平等という価値が、至上のものとして求められるようになったことと無関係ではない。

余計なことだが、アメリカにおけるデモクラシーの様態を描いたトクヴィル（Alexis de Tocqueville, 1805-59）は、平等についてこんな風に語っている。人は自由の過剰な要求がもたらす弊害については、比較的敏感であるが、平等への過度な要求がもたらす弊害に関しては、なかなか気付かない。しかも人々は、自由と平等とを天秤にかけたとき、自由を犠牲にしても（つまり隷従を甘受してでも）、平等を求める方に傾きがちだ。全く日本の現状をみると、その通りと頷かざるを得ない気分になる。

過度な自由は、直ちに放縦に繋がるし、人間としての義務の遂行の妨げにもなることは、誰にも判り易い。しかし、平等への過度な要求が何を導くのだろうか。直ぐに答えられる人は多くはないかもしれない。一つだけ実例を示しておこう。熊本大地震のとき、被災地の施設に自衛隊がいち早く到着して、持ち合わせた携行食料を提供した。ところが、その施設に収容されているすべての人々に、平等に行き渡るに十分な量の食料がなかった。施設の責任者は食料を梱包し直して自衛隊に返却した、というのである。勿論、いくら何でも、もっと食料不足が切迫して、人々が飢えきっていたら、責任者もそうは振る舞わなかったろうが、それにしても、驚き入った話である。

面白いのは、こうした平等至上主義的価値観の影響は、音楽の世界にまで及んでいる。

音楽の世界でも、過去においては、「自然」倍音を基調にした「協和音」という概念が、極めて明確な秩序を示すものとして存在した。ヨーロッパの中世以来の自由七科では、まさしく、神が自然に与えた調和的秩序へアプローチする一つの手段として、音楽が挙げられていたし、近代になっても、音楽の世界は基調となる価値意識の改革が、他のジャンルに比べて遅れがちであったこともあって、ロマン派までは、主和音に支配された音組織が、基本となる秩序を構成していた。それが崩れるのは一九世紀も末以降で、主和音を軸とする調性という考え方が、シェーンベルク、ベルク、ウェーベルンらの手で崩され始め、やがて十二音音楽という、音組織の「平等化」が起こった。当然、それは、メロディの進行にも及び、音の継続を偶然に任せる、という「偶然音楽」へと進んだ。偶然性を保証するために、乱数表を利用したり、マンモス楽譜（巨大な一枚の楽譜）に、島譜が点在し、演奏者は、どの島譜から始めて、どの島譜へ移り、どの島譜で終わるかを、完全にその場の思いつきで決める、というような方法さえ採用された。ヴァイオリニストが、途中で新聞紙をくしゃくしゃに丸める音をさせることを命じられたり、ピアノの弦の間にゴムを挟んで、奇妙な音を出させたり（プリペアード・ピアノ）、極めつけは、J・ケージの「四分三十三秒」で、ピアノ（初演の時はピアノだったが、楽譜には、楽器の指定はないから、実は何の楽器でもよい）が舞台に置かれ、蓋が開けられ、ピアニストらしき人が、ピアノの前の椅子に座り、第一楽章、第二楽章、第三楽章まで、総計で四分三十三秒間、何もしない、という「作品」となった。楽譜では、三つの楽章の全てに、ただ〈tacet〉（音楽用語では「お休み」という意味）と書かれている。秩序の破壊としては、これ以上のものはなかなか考えつかない。

絵画でも、アクション・ペインティングのように、紙の上に空中から絵の具に浸した刷毛を振って、含ませた絵の具を滴らせた結果や、体に絵の具を塗りたくって、紙の上を転げ回った結果などを作品とする、というような（ポロック Jackson Pollock, 1912-56、らが実例となるだろう）活動が、二〇世紀の前半には「前衛」としてもてはやされた。

建築の世界では、音楽や絵画などのように、純粋芸術とは一線を画し、人が住んだり、利用したりする、実用面を完全には無視できないがゆえに、「前衛」活動は、他のジャンルほど過激にはならない、あるいはなれないが、それでも、三鷹市のランドマークにもなっている荒川修作（一九三六―二〇一〇）が妻のマデリン・ギンズ（Madelin Gins, 1941-2014）と協力して設計した「天命反転住宅」（ヘレン・ケラーの思い出のために）と称する集合住宅は、実際に売り出されて、店子が入っているものだが、床が傾いていたり、居住単位毎に奇抜な彩色が、施されていたりで、世界中から見学者が絶えない、一種の前衛的実験住宅である。どう考えても「住みよい」住宅とは見えないものである。

もっとも、建築家に私が与えた定義の一つは、「クライアントの提供する資金で、自分の好き勝手な建物を建てる人」なのだが、私と生年月日が全く同じH氏をはじめ、建築家の友人は決して少なくないのだから、これは、建築家を誹謗しているのではない。建築家とはそういうものだ、と理解しておかなければならない、という思いからの発言である。

話を戻そう。こうして、自然な秩序として、伝統的に重んじられてきたものを、次々に破壊していくことが「前衛」の定義となった。このような傾向のすべてを、近代以降の「コスモスの崩壊」という観点だけで理解しようとすることには、無理があるかもしれないが、少なくとも、空間的秩序としてのコスモスが、なし崩しに破壊されていく現象に、牽引されたことだけは確実であろう。

（七）ヴォーリズの建築

漸く、私たちは、本書の主題としてあげられているヴォーリズの建築に触れる場所を得たことになる。ヴォーリズの経歴については、本書の他の箇所で詳述されることと思うので、ここでは立ち入らないが、アメリカでの学歴を見ると、当初は建築家志望で、MITを目指したらしいが、先ず入学したコロラド大学在学中に、キリスト教の海外伝道に強い関心を抱き、その夢を達成するために、建築志望を諦めたという。卒業の際の学士号は「哲学」だから、当時のリベラル・アーツを万遍なく修めたのだろう。しかし、伝道を将来の途としたにもかかわらず、牧師になるために神学校に進むことはしなかった。

結局、日本におけるヴォーリズの足跡は、キリスト教伝道と、建築の設計、それに会社経営（メンソレータムを主眼とし、医療に関わるもの等を扱う）の三本柱を中心に展開される。そうだとすると、それらの活動は、専門職としての牧師でも、やはり専門職としての建築家でも、ない立場で行われたことになる。この事実を否定的にとる必要はない。その点は、むしろ彼の偉大さを示すポイントというべきなのではとも考えられるからだ。

キリスト教伝道に関しては、別の機会に譲るとして、日本における建築設計の分野でのヴォーリズは、こうしてみると、少なくとも当初は完全にアマチュアの立場であった。アマチュアという言葉の本来の意味は「愛する人」だから、学生時代に「愛して」いた建築設計という仕事を、日本で実現できたことは、彼にとっても幸せであったと言えよう。そして、その事実は、彼には、設計家でありながら、已に本章で述べてきたような、空間構造を巡る、欧米での大きな歴史的変遷の先端に生きる芸術家として、「前衛」へと走る可能性も必然性も、およそ存在しなかったことを意味している。別の言い方をすれば、時代の流行からは取り残されている、という批評もあり得ることになろう。

ただ、先に私は、建築家の定義の一つとして、「他人の金で、自分の好き勝手なことをする職業である」という意味のことを述べたが、ヴォーリズの、驚くべき膨大な建築物（の少なくとも一部）を知れば、彼がそうした時代の流行とは全く対極にある設計理念を持っていたことが判るのである。恐らく、彼が建築設計上理想としたのは、クライアントが誰であろうと、その求めるところ（コスト面も含めて）を、最上の形で満たすことのみを中心におくことであったと思われる。

ここでお断りするが、私は、例えば山形政昭氏（第一章参照）のような、専門の研究者として、書物の喩えで言えば断簡零墨にいたるまで、その作品を調べ尽くした人間ではなく、それどころか、ごくごく一部のヴォーリズ作品のある（あるいは、その片鱗が残されている）学校に勤務したり、あるいはそうした学校を訪れたりしただけの人間である。従って、たかだか巨象の尻尾に触った程度の経験で、もっともらしいことをここに書くのは、かなり面はゆいが、その点は読者の寛大さを願うばかりである。

話を戻すと、上の私の推測には、一応の裏付けがある。ヴォーリズの次の言葉がそれである。自分たちが三十年間守ってきた設計理念は「最小限度の経費を以て、最高の満足を与え得る建築物を、人々に提供する」ことであり、そのためにひたすら努力してきたのだ。(5)

したがって、別の見方をすれば、ヴォーリズの設計する建築物には、一貫した個性に乏しい、という評言も生まれてくる。たしかに、彼の設計は、学校、教会、会社ビル、レストラン、郵便局、銀行から個人住宅に至るまで、現代のような、地域の大規模開発を総合的に扱うものではないが、驚くほど広範囲なクライアントを対象にしたもので、しかも、已に触れたように、クライアントの利益を最優先にするという理念に基づけば、それらの間に、形式上の一貫性や、芸術的独自性を求めること自体が、本来間違っていることにもなろう。

建築上の表現を支配する様式という点でも、一九世紀アメリカに広く採用されていた、いわゆるコロニアル様式が基本となっていると思われるが、それを自在に活かしながら、様々な様式を部分的に取り込んだものが多く、立地の自然的条件などを十分に加味したことも加わって、折衷的な印象を与えることが、「没個性」の批判が生まれる理由の一つかもしれない。

もちろん、もう一つ、彼の主張する「健康な建築」は、現代に同じ主張を行った内井昭蔵のそれとは違って、彼が建築設計に携わった黄金期は、日本の一般の人々に、ようやく欧米風の建築が普及するころに当たっており、その基準から見れば、当時の日本の伝統的な家屋が、如何にも、「不健康」かつ「不合理」に見えたことと、深く関わっているように思われる。

例えば、ヴォーリズが、新しい建築を請け負った際に、結局はすでに廃屋になりかけていた古屋を改築して、この注文に応えた事例によく表れている。(6) 彼は古屋が、どうしようもなく「不健康・不合理」であることを次のように述べている（原文通りではない）。

最も日光の入るはずの東・南には大きな土間兼玄関があって、しかも台所が続いている。竈があるが煙突はなく、煙は屋根のてっぺんに開いた小さな窓以外に出口はなく、家中に充満する。井戸は遙か彼方、便所も居住区から最も遠いところにある。南は全て壁。日光が豊に入るのは玄関だけ。客間は一応立派だが、寝室に相当する、幾つかある三畳間や六畳間には、押し入れがなく、一体布団はどうするのだろう。

こんな具合で、この設計にみとめるべきところは皆無だ、と判断している（実際、貸家にしてもほとんど人は入らなかったらしい）。こうした家屋をみるにつけ、ヴォーリズは、いてもたってもいられないほどの、焦燥感を抱いたようで、自分がひと肌脱げば、これでも、それほど費用をかけずに、利用価値の高い、優れた家屋に転換させてみせることができる。そう思うことがたびたびであったようである。実際のこの例では、それを実行している（図3・9参照(7)）。

勿論、ここでヴォーリズが依拠している「合理性」は、当時勃興する西欧的近代市民社会の抱える価値基準に照らしたものである。例えばヴォーリズは、通常の民家における設計において。子供部屋の独立を強く主張する。

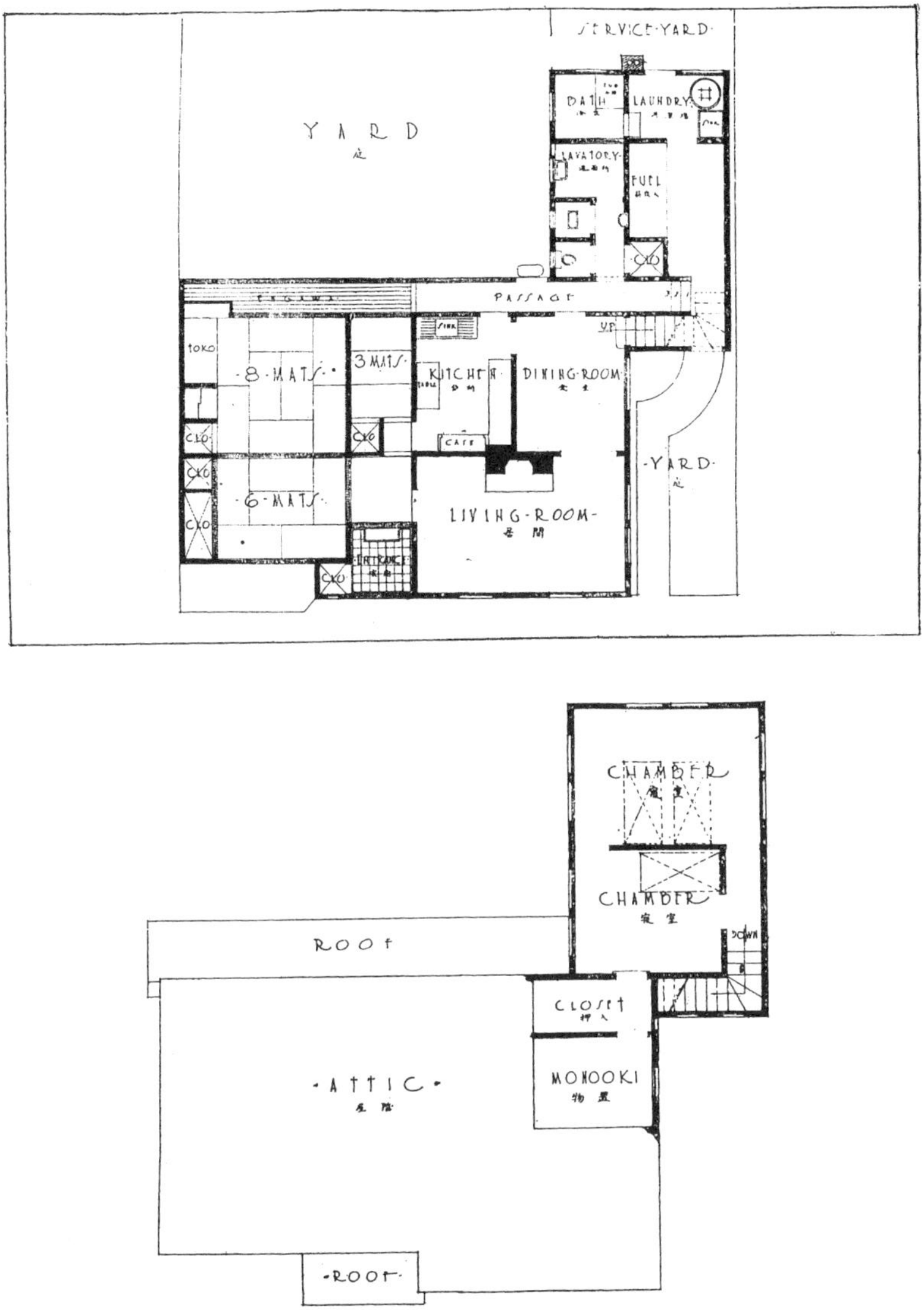

図3.9　古屋より改造されたる一住宅

しかし、日本古来の伝統から言えば、子供たちは家族との「和み」のなかで生活することこそ、自然な姿と見なされてきたわけで、そうした価値観からすれば、その伝統的な基準に従った設計理念もまた、もう一つの「合理性」であるかもしれない。したがって、ヴォーリズが感覚的な苛立ちさえ覚える日本の古民家の「非合理性」を、一概に批判はできないのではないか、という立場もあるだろう。

その意味では、ヴォーリズもまた、大きな意味では「時代の子」であり、西欧文化の「子」であったことは確かである。しかし、ヴォーリズが活動した時代の日本は、まさしくそうした西欧近代市民社会の価値基準の取り込みに腐心していたのであり、その日本社会の努力や苦闘を支援し、その一端を担うことができる喜びがヴォーリズにはあったに違いない。また、日本の近代化の歴史のなかで、ヴォーリズが果たした役割は、決して小さくないことも確かである。

今、その足跡を振り返り、その事績に思いを寄せるとき、近代日本がヴォーリズに負っているものの大きさに打たれると同時に、その後にポストモダンを経験し、その後始末も付かないまま、混迷した状態にある現代において、また、前衛が行き着いてしまって、もはや破壊すべき秩序も見当たらない状態に立ち至った時代の空間理念として、どのような可能性があり得るのか、その探索の必要性を強く感じるのである。

［注］

（1）アウグスティヌス『告白録 *Confessiones*』第一一巻、一四章。

（2）I・ニュートン『自然哲学の数学的原理 *Philosophiae Naturalis Principia Mathematica*』原著第二版、一七一三年、四八三頁。

（3）同上、四―五頁。

（4）Ｉ・カント『純粋理性批判 *Kritik der reinen Vernunft*』原著第二版、一七八七年、S.37以下。
（5）中村勝哉編『ヴォーリズ設計事務所作品集』城南書院、一九三七年、「序言」。
（6）Ｗ・Ｍ・ヴォーリズ『新版　吾家の設計』創元社、二〇一七年、一三五頁以下。
（7）同上、一三七、一四二、一四三頁。

第Ⅱ部　大学と戦争——時代を読む

旧中島飛行機三鷹研究所本館外観

旧中島飛行機三鷹研究所本館は、奇しくも真珠湾攻撃と同日の1941年12月8日に地鎮祭が行われた。建物の設計主任は、当時大倉土木にいた加倉井昭夫である（俳人「加倉井秋を」としても知られる）。敷地内では、ジェット戦闘機「火龍」などの研究開発が行われており、2015年6月には、キャンパス内で「火龍」に搭載予定だったジェットエンジンの部品が発見されている。

第四章　明日の大学　明日の都市
――コミュニティとしての大学＝都市

吉見俊哉

「戦後の日本は実に大学の多い国になった。文化国をもって自他ともに許すフランスでさえ国立大学は二〇くらいしかないのに、日本には七一もある。これに公立、私立の新制大、短大を加えると、およそ『大学という名の学校』は三八〇にもなる。……各地にできる短大はどれもこれも似たり寄ったりで、この大学インフレ時代にまたしても不換紙幣を濫発するような感なしとしない」(1)

はじめに

一九五三年に創立された国際基督教大学（以下、ＩＣＵ）の初代学長湯浅八郎が、同大学を永遠に未完であり続けるプロジェクトとして捉え、これを「明日の大学」という一言に要約したことはよく知られている。いうまでもなく、この言い回しはルイス・マンフォードの古典『歴史の都市　明日の都市』(2)を想起させる。マンフォードがこの本を実際に書いたのは一九六一年で、湯浅の言明よりも後だ。だが、彼の都市に対する思想の骨格は、すでに三八年の『都市の文化』(3)に顕著で、その都市論における「明日の都市」という観点は、戦前にまで遡ることができる。そして、これとほぼ同じ言い回しは、一九三九年から四〇年にかけて開催されたニューヨーク世界博のテーマ「明日の世界の建設と平和」にも表れていた。現実の歴史はこのテーマとは正反対の展開をたどるが、悲惨な戦争を経て再び人々がかつて目指されていたもう一つの世界に目を向けていったとき、「明日の大学」や「明日の都市」といった理念が再登場したのである。このように戦後、再浮上した「明日の大学」「明日の都市」「明日の世界」といった理念は、どのような内的結びつきを持ち得たのだろうか。

本章では、草創期のＩＣＵと戦後、帝国大学からの転換期の東京大学が、それぞれその大学キャンパスと都市の関係についてどのような挑戦をしていたかを振り返ることで、この時期に特有の両校の共通性を浮かび上がらせてみたい。たしかに東京大学とＩＣＵは、極めて対照的な二つの大学である。一方は明治国家の建設以来の帝国大学としての歴史を背負った官学、他方は戦後、本格的なアメリカ型のリベラルアーツ・カレッジとして設立された私学であり、歴史的背景といい規模といいまったく異なる。しかし戦後、占領期とポスト占領期に絞るなら、通念に反して両者の方向には共通性があったと考えられる。この類似性は、リベラルアーツ教育の積極的な導入とその指導者（南原繁・矢内原忠雄と湯浅八郎）のキリスト教との結びつきに明瞭だが、ＩＣＵの創立期、及び東京大学の東京帝大からの転換期において、大学キャンパスと都市コミュニティの関係がどのように構想されていたかという点にも重要な共通性があったというのが以下での議論の趣旨である。そして、これら三つの共通性、すなわちキリスト教とリベラルアーツ、それに都市コミュニティとしての大学キャンパス構想という三つは、相互に内的な結びつきも持っていたと私は考えている。

（一）中島飛行機三鷹研究所――軍都としての東京

やがてＩＣＵのキャンパスがその一部となる三鷹西の約六〇万坪の広大な土地は、戦中期に絶頂を極めた中島飛行機が先端技術を開発していくために設置した三鷹研究所の敷地だった。中央線の北には同じ中島飛行機（現スバル）の陸軍用のエンジンを製作していた武蔵野製作所と海軍用のエンジンを製作していた多摩製作所が並んでいた。これらの製作所はやがて統合され、約二〇万坪の中島飛行機武蔵製作所となる。中島飛行機は当時、ライバルの三菱重工や川崎航空機を凌ぎ、日本最大の航空機メーカーだった。同社の主要工場は、群馬県太田、大泉など北関東に集中し、太田にあった太田製作所は従業員四万五千人を擁して中国戦線の陸軍のための軍用機を生産し、大泉にあった小泉製作所は従業員六万八千人を擁して太平洋戦線の海軍のための軍用機を生産していた。そうした中で東京西郊の三鷹一帯では、陸軍と海軍の双方の航空機エンジンの生産を引き受ける武蔵製作所が従業員五万人以上を擁し、もう一つの戦闘機生産の拠点をなしていたのである。

この中島飛行機三鷹研究所が三鷹に建設されていく経緯については、高橋昌久による聞き取り調査に基づく詳細な研究がある。(4) それによれば、それまで純然たる農村だった三鷹一帯も、一九二〇年代に入ると徐々に東京の西への拡大の中で都市施設が増えつつあった。まず、一九二四年に東京天文台が移転してくる。これと並行して、付近の国分寺崖線には富裕層の別荘が建ち始めた。国分寺崖線は、東は二子玉川・成城から西は三鷹・国分寺まで続く野川沿いの崖線で、豊かな湧水や富士山までを見渡す眺望で人気があり、大正以降、別荘地がどんどん西に伸びていた。他方、それまで土木工事用の多摩川の砂利を都心に運んでいた多摩川線や南武線にも客車が付けられるようになり、徐々に都心でサラリーマンのための分譲地も形成されつつあった。

そのような中で、一九三八年、当時の帝都東京では最大規模の調布飛行場が計画される。すでに前年、日中

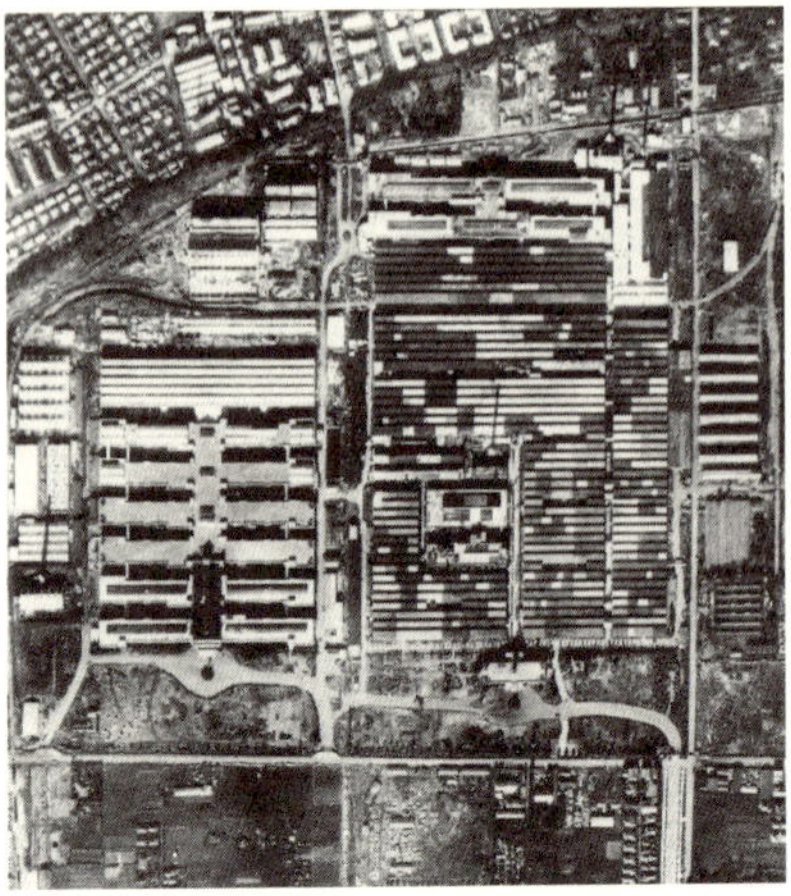
空爆前。11月7日の作戦任務4M4で撮影された製作所

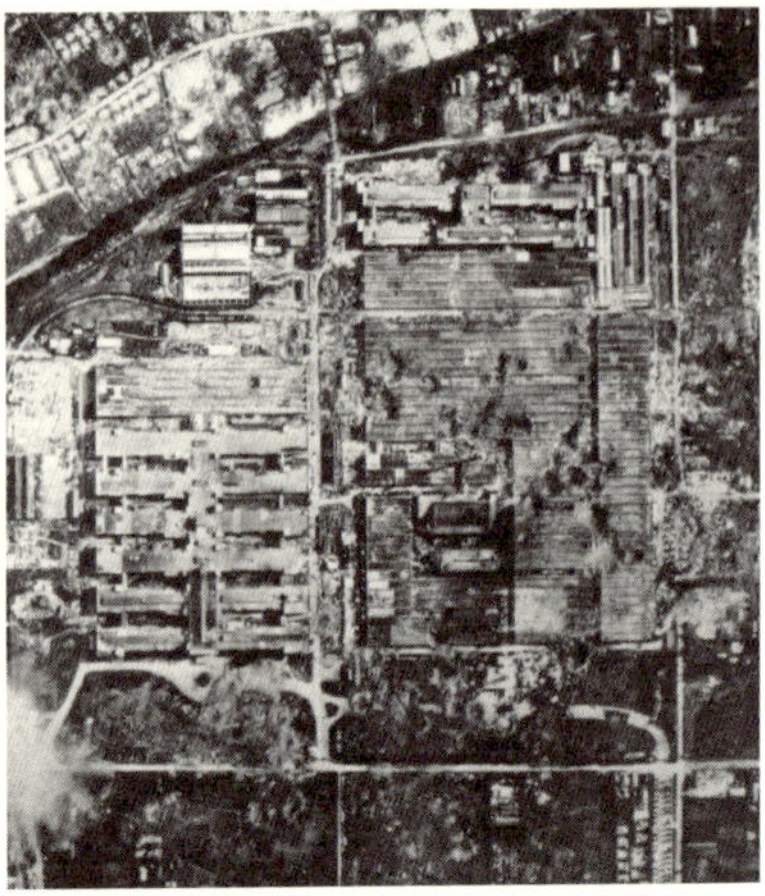
空爆後。徹底的に破壊され廃墟となった製作所

図4.1　空爆前後の中島飛行機武蔵製作所

戦争が本格化しており、陸軍は軍事的関心から調布飛行場建設計画を強力に後押しした。調布飛行場は、調布、三鷹、多摩にまたがる五〇万坪が用地選定され、全国から集められた千人にも及ぶ囚人たちの労働によって一九四一年四月に完成した。日米開戦の直前である。当初は「東洋一の民間飛行場」と謳われたが、実際には陸軍管理下の軍事施設となっていった。そしてこの飛行場建設と並行して、三鷹から調布にかけての三二万坪の敷地に内閣中央航空研究所が建設される。さらに三鷹一帯には、民間でも正田飛行機、三鷹航空工業、中島飛行機武蔵製作所など一九三九年までに二一もの軍需工場が集中していった。三鷹はこの時期、航空関連の軍需の街として発展するのである。

こうした状況を背景に、中島飛行機の総帥中島知久平は、太田にあった陸軍機の機体開発部門、小泉にあった海軍機の機体開発部門、三鷹のエンジン開発部門を統合する中島飛行機全社の横断的技術開発部門として、広大な敷地を擁する三鷹研究所の設立をリードした。当然ながら、この研究所の立地にとって調布飛行場との隣接は決定的に重要で、試作機を専用道路で調布飛行場まで移動させ、そこで飛行実験をする目論見だった。土地の買収は一九四〇年から四一年にかけて行われ、地鎮祭が執り行われたのは、一九四一年一二月八日、つまり日本軍による真珠湾奇襲作戦が実行されたのと同じ日だった。こうして同研究所の建設は日米戦争の激化と並行して進み、同所は一九四三年から四四年にかけて、研究所というよりも武蔵野製作所をバックアップする戦闘機エンジンの工場として稼働していたようである(5)。

したがって、一九四四年末から激しくなる米軍による本土空爆において、中島飛行機傘下の戦闘機工場が主要な爆撃目標となるのは当然の成り行きだった。実際、米軍は新型の大型爆撃機B29、一一一機による本格的な日本本土爆撃を四四年一一月二四日に始めるが、その際に標的となったのは同社武蔵製作所であった。彼らは爆撃の効果を検証するため、空爆の前と後の製作所を上空から撮影しているが、それを比較すれば空爆がどれほど徹底的なものであったかは一目瞭然である（図4・1）。この空爆と、同じ頃に行われた太田や小泉の主要工場への空爆により、同社の航空機生産体制は壊滅する。やがて翌年二月には三鷹研究所も空襲に見舞われるようになり、四五年春、同研究所全体が岩手県に疎開するのである。前年末の時点で、もはや日本に戦闘をまともに継続する能力はなくなっていた。すでに明らかに無条件降伏をすべき潮時だった。実際、ここで降伏をしていれば、東京大空襲も沖縄戦も広島・長崎の原爆もなく、六〇万とも、七〇万とも考えられる市民の命が救われたのである。四五年八月一五日の終戦宣言は、実にあまりにも遅すぎる決定だった。

（二）　軍都から大学と公園の東京へ――ICUキャンパスの誕生

そして敗戦後、米軍占領下で中島飛行機三鷹研究所の敷地の大部分がICUキャンパスへの転身を遂げる。この転換についてもすでに多くの調査と研究がなされている。大まかに言えば、三鷹研究所六〇万坪の敷地の内、

ＩＣＵキャンパスとなったのは約四六万坪で、全体の約四分の三に当たる。他は中島飛行機の後身となった富士重工三鷹事業所などの敷地に残された。このキャンパス用地には、三鷹研究所の主要な建物だった本館、機械工場、格納庫等が含まれており、本館はそのまま大学本館に、格納庫は体育館に転換される計画となった。この本館は今もＩＣＵ本館として使われているが、キャンパスのメインストリートと本館がちょうど直交するような位置関係になっており、今日、ＩＣＵキャンパスを訪れても本館のある位置はあまり目立たない。ミッション系大学のキャンパスとしては、礼拝堂と図書館が重要だが、当初の予定で本館の左右に建設されることになっていたこれらの建物は、最終的にはメインストリートの終点近くに置かれている。つまり結果として、中島飛行機三鷹研究所の主要施設は、泰山荘を含め現ＩＣＵの主要施設の脇に少し隠れるような形になっている。

この軍需から大学への転換において、中島飛行機の主要な建物をそのまま引き継ぐことを主導したのはウィリアム・メレル・ヴォーリズであった。これらの建物はまだ新しく、巨大だった。本館の場合、仕切り壁もなかったので、大学の用途に合わせて自由に空間を分割することができた。格納庫も巨大な建物であり、ヴォーリズはここに、三つの体育館や室内プール、室内サッカー場等々を設けていくことができると考えていた。彼からすれば、これらの全学の中枢とスポーツ施設の他に、礼拝堂と図書館が新たに建設されることで、カレッジの骨格が出来上がるはずであった。ヴォーリズはさらに、学生寮と教員家族用住宅をキャンパス内に建設することに強い意欲を示していた。

しかし、ヴォーリズのキャンパス計画で最も注目されるのは、彼がここに狭義の高等教育施設というにとどまらず、小都市コミュニティの実現を目指していた点である。彼は、大学キャンパスの中心には、シビック・センターを設置しなければならないと主張していた。このシビック・センターでは、市場の取引から、郵便局、旅館、床屋、修理屋、銀行、各種商店の経営を大学院生たちが担うことで、大学は彼らが社会で活躍する準備となる実習機会を提供するのだとされた。さらに農学部は、学生寮や教員住宅で必要となる食料品を自ら生産し、工学部はキャンパス内に計画された施設の設計と建設を担う。音楽学部は近隣に文化を広めるためにコンサートやリサイタルを開催していくべきだとされていた。(6) ここに示されているのは、高等教育機関としての大学という以上に、三鷹から小金井にかけての地域全体を、大学を中核とする文化的コミュニティとして発展させていく都市計画的な発想である。ICUのその後の歴史では、このシビック・センターの計画が、形を変えてディッフェンドルファー記念館になっていったのではないかと想像される。だが、実現した後者はむしろ学生会館的なもので、周辺地域を含めた都市コミュニティの商業的・社会的中枢といった施設とは異なるものとなった。

ところで、ICUと同様、それまで日本軍関係の施設であった敷地が戦後、大学キャンパスに転身していった例としては、東京に限定しても、小金井市の陸軍技術研究所の跡地がキャンパスとなった東京学芸大学や、世田谷区の陸軍近衛野戦重歩兵連隊基地の跡地がキャンパスとなった昭和女子大学、同じく世田谷の陸軍機甲整備学校の跡地がキャンパスとなった東京農業大学の例などがある。東京の場合、多くは世田谷区から目黒区にかけてと三鷹市から小金井市にかけての一帯のどちらかに集中しているが、もちろんこれは、かつてこれらの地域に日本軍関係の施設が集中していたからである（高校までを含めるなら、駒場練兵場跡地が戦後、筑波大付属駒場高校や駒場東邦高校、駒場高校などの校地になった）。結果的に、明治期から大学が集中していた上野・本郷・神保町界隈（東京大学、東京藝術大学、明治大学、日本大学等）や、やや遅れるが戦前から大学が集中していった飯田橋・早稲田・目白界隈（早稲田大学、学習院大学、日本女子大学、法政大学、東京理科大学等）と並び、戦後に世田谷区・目黒区一帯（昭和女子大学、東京農業大学、国士舘大学、東京大学駒場キャンパス、駒澤大学等）、武蔵野市・三鷹市・小金井市・調布市一帯（ICU、東京女子大学、成蹊大学、亜細亜大学、東京学芸大学、東京外国語大学等）が、東京で多くの大学が集中する主要地域となっていったことになる。これらを今暫定的に、①本郷周辺、②早稲田周辺、③世田谷周辺、④三鷹周辺と呼んでおくことにしよう。

他方、日本軍施設から文化施設への転換を全体で見るならば、最も目立つのは大学ではなく、公園やスポーツ施設への移行である。その代表例は、何といっても代々木練兵場から米軍のワシントンハイツを経て一九六四年の東京オリンピックを機に誕生した代々木オリンピック競技場と代々木公園である。同じような軍事施設から公園への移行例には、駒場練兵場の一部から世田谷公園への移行、陸軍戸山学校から戸山公園への移行、さらには立川飛行場から昭和記念公園への移行なども含まれる。さらに戦前にまで遡るならば、日比谷公園は日比谷練兵場の跡地利用で、青山の神宮外苑は青山練兵場の跡地利用で誕生したものだった。したがって、日本の大規模公園は軍事施設の跡地利用から生まれていったと言っても過言ではないのである。さらに言うなら、これら軍事施設から大学や公園への転換は、全体として軍都東京の戦後的転換の一部をなしていたと要約できる。

ここで問われるべきは、大学キャンパスへの転換であれ、公園への転換であれ、それまでの軍事施設が大学や公園に転換していくことで、帝都＝軍都としての東京は、どのような戦後都市に転身していこうとしていたのかという点である。もう少し順を追って述べるなら、日本の無惨な敗戦とその結果としての日本軍解体は、それまで軍都の骨格をなしてきた東京のなかの諸軍事空間の機能を失効させ、ここに突然、広大な空白を生じさせたのである。この空白に、いかなる新たな意味を与え、その明日をどうデザインしていくかは、戦後の都市計画家や教育者、知識人の手に委ねられた。使われなくなった練兵場や軍需工場は、しばしば軍事とは対極的な文教施設やスポーツ施設への転換を遂げる。この転換が標榜していたのは、「軍事都市（軍都）」としての東京から、「文化都市（文都？）」としての東京への転身である。つまり、「文化」こそが、この転換を導く中核の観念だった。この転身は、果たしてどこまで実現され、何が実現されなかったのだろうか。

戦後東京の脱軍都化が生んだ空白を利用して生まれていった多くの大学キャンパスのなかで、ＩＣＵのキャンパスは単に既存の大学施設をそこに移設するという以上のラディカルな可能性を標榜したほとんど唯一の例である。ＩＣＵ以外の大学では、キャンパスの広さにも限界があり、それ以上に大学の概念そのものに革新があったわけではないので、ヴォーリズが夢見たような「都市コミュニティとしての大学」への展開は、想像すらされていなかった。ＩＣＵの場合、広大なキャンパスを得ていたことに加え、大学の概念が戦前からの日本の大学や専門学校とは切れて、純粋にアメリカ的なカレッジ概念の導入であったことから、少なくとも構想としては大学を中核に都市コミュニティを形成していく可能性が標榜されていた。

（三）もうひとつの大学都市構想――南原繁と上野・本郷・小石川文教地区

まさにこの点において、ＩＣＵキャンパスの構想は、南原繁総長の下で帝国大学からの転身に挑戦していた東京大学の戦後構想に通じるのである。一九四五年末、東京帝国大学総長の任に就いた南原は、敗戦国日本の文化復興を、大学こそが先導すべきであると考えた。彼は、四六年四月の大学創立記念日における講演で、「祖国の再建と新しい文化国家の建設は学問と教育のほかにはなく、そして大学はまさにその主導的地位にある」(7)と述べた。だが、大学が「文化国家」建設を主導する役割を果たすためには、戦中期までの大学のありようを自ら変革しなければならない。本来、大学人は「社会の現実から多くの真理を発見しなければならぬとともに、またそのなかにおいてこそ真理は確立されねばならぬ」。つまり、大学にとって「生ける社会の現実生活とわれわれの考究する基礎的原理との結合融和は、不断の努力の目標」(8)なのである。そのためにはまず、学生や教師が街のなかで活動すること、大学をキャンパスの壁の内側だけに閉じ込めるのではなく、新しい学寮生活の場を、都市のなかに展開していくことが必要とされた。

南原は、オックスフォードやケンブリッジを大学のモデルとして示し、「思想においてのみならず、それと生活との統一が維持」される大学と地域の関係を構想している。

「オックスフォードやケンブリッジにおける学寮生活が大学全体に統合せられ、教授もともに居住し、礼儀・道徳・宗教も含めて、ここをイギリス『紳士』の教育の場として来たことは、英国大学の強味を示すものといわねばならない。かようないわゆる『学寮生活』(Residential University)や、米国にも営まれる「ハウス・システム」「大学クラブ」などは、われわれの新たに採り容れるべき点があると思う。われわれが将来、本学を中心とする文化地区を設定し、教授学生を含めて学寮制度の創設を提唱するのも、ここに理由があるのである。要は、単に知性の啓発のみでなく、人間『性格』の形成、深く豊かな情操をも含めて『全人』の教育はまた大学教育の任務でなければならない。これによって、ただに有能な吏員・弁護士・教育者・医師・技術者をつくり出すのみでなく、善良にして高貴な人間――自由にしてよく責任を解する人士を、新しく社会の各層に向って送り出す(9)」

"Residential University"という言葉が示すように、ここでは都市に住まうこと、学習すること、研究することが、いわば三位一体をなしている。知られるように、近代の大学についてのフンボルト理念は「教育」と「研究」の一致にあったわけだが、南原は英国の大学＝ユニバーシティではさらにもう一つ、「生活」が「教育」や「研究」と融合して三位一体をなしており、そのことが大学を、単なる専門教育や研究開発だけの場でなく、全人的な人格形成の場にしているのだと考えた。そしてこの全人的な教育こそ、戦前までの日本の帝国大学に決定的に欠けていたように思われたのである。

このような関心から、帝国大学を地域に開かれたものにするために南原が構想していたのが、本郷・上野・湯島・小石川の文教地区化構想である。『東京大学百年史』によるならば、南原は総長就任から約一か月後の一九四六年一月二九日の評議会で、この文教地区構想を説明している。彼は、「人物を育成することは学問を通じて行ふこと勿論なるも、学生の共同生活、教授と学生との接触が極めて必要なるを以て、理想としては本学を中心として上野公園、植物園に及ぶ地域を文教地区たらしむべき構想を樹て、既に営繕課に仮案作成方を命ずると共に、一方関係官庁に対しても連絡中[10]」であると述べていた。

この構想は、すでに数日前の帝国大学新聞（一月二三日）にも紹介されており、そこでは彼は「敗戦を一新起原として祖国再建といふ大業の前に新日本文化の創造と文化国家建設といふ使命が大学に課せられている」として、「本学を中心とし上野公園及び小石川植物園に亙る学園文化地区を設計し、英米の大学制度を参考とし学生の寄宿及び教授住宅等を緑地の間に配設して理想的学園を実現[11]」する計画であると語っていた。

その後、一九四六年前半には東京帝大と東京都の調整が進み、「戦災を免れた本学を中心に文化、教育、芸術、厚生を総合した国民文化の中心をつくろうとする気運」が大いに盛り上がり、三月には、大学内に「文教地区計画委員会」が、南原を会長とし、「学内技術者、関係官庁委員等が委員となって[12]」設立されていった。この委員会の下で、「文教地区」の具体的な計画案を練っていったのが、岸田日出刀の指導下、丹下健三、高山英華の二人の助教授が中核を担うチームだった（口絵14、15参照）。

彼らがまとめた文教地区構想とは、およそ次のようなものである。この計画は、北東方面は上野公園と将来緑地になるとされていた谷中墓地まで、その北端から小石川植物園までを結んで、さらにそこから後楽園までの緑地帯を含んでいた。さらに、後楽園から外濠に沿う一帯と湯島聖堂から上野池之端に至るまでの緑地帯を含み、全体は本郷区、下谷区、小石川区に跨る広域的な計画だった。つまり、お茶の水駅から水道橋駅までの総武線よ

り も北、上野駅から日暮里駅までの山の手線よりも西の広い範囲が含まれていた。この中心部には市街地が広がっていたが、周縁部は上野公園から谷中墓地、六義園、小石川植物園、後楽園、湯島聖堂というように緑地が連なり、それらをつなぐ緑地帯を形成することで文教地区全体を緑で囲むことができるとされた。

このなかの本郷地区は、帝大キャンパスを整備すると共に、学生・職員会館等を新しく建設することと計画されていた。他方、上野地区には、これまでの博物館・美術館群に加え、近代美術館を新たに建設し、さらにお茶の水と本郷に挟まれた湯島地区は、「交通も便であり景勝にも恵まれているため、この地を国際学術中心地区とし、博物館、図書館、研究所、及び学術会館またはクラブを緑地的環境の中に配置する」とされた。さらに、小石川植物園から後楽園にかけての地区にはレクリエーション施設を配置し、人々は「芸術」「学術」「国際」「レクリエーション」のすべての機能を享受できるはずだった。

また、計画では四つの地区を結ぶ交通路の整備も重視された。たとえば、「お茶の水駅からは、国際学術地区の緑の中を抜けて大学に至り、或は上野公園に至ることが出来る」街路が形成されるはずだった。また、「本郷通りは車両通過交通を他の様に回避してこれを大緑道とし、本郷通りの商店街を娯しみながら緑の中をお茶の水まで遊歩することができる」ともされた。さらに、「上野公園から大学を横切って植物園、後楽園へは緑樹に覆われた散歩道路が設けられる」ことになっていた。この計画はあまりに理想的と考えたのか、岸田日出刀は、これは「どうすれば本郷台を中心に学園都市らしい環境をあますところなく展開しうるかといふ理想案であって、もしもこの計画案の何十分の一かでも実現できたら、本郷台は文教の地区として現状よりも何十倍の好ましい環境を成すことができる」と控えめに語っていた[13]。

しかし現実には、この壮大な構想は何一つ実現しなかった。本郷通りは今でも激しい交通量の大通りで、「商店街を娯しみながら緑の中を遊歩」できるような道ではまるでない。お茶の水から湯島を抜けて本郷や上野に至る道もまったく未整備だし、後楽園方面から本郷に抜ける幅の広い道路は存在するが、プロムナードとしては不十分にしか機能していない。本郷と上野は距離的に至近であるにもかかわらず、気持ちよく散策できる街路はまったく整備されず、不忍池と東京大学の間の池之端には超高層マンションが林立してしまった。さらに湯島のその後は、国際的な交流拠点となることではなく、ラブホテル街となることだった。

(四) リベラルアーツと都市コミュニティとしての大学

戦災復興のなかの文教地区計画は、南原を中心とする本郷・上野・湯島・小石川地区だけが舞台だったのではない。東京都で一連の文教地区構想を主導したのは石川栄耀だが、彼のイニシアティブによって本郷・上野以外でも主だった大学のあった四つの地区、すなわち早稲田（早稲田大学）、三田（慶應義塾大学）、神田（日大、明治、中央などの私立大学）、それに大岡山（東京工業大学）で計画が立案されていた。早稲田の計画は佐藤武夫が中心となり、吉坂隆正、武基雄などの若手建築家が加わっていた。三田の計画は、奥井復太郎を中心としていたらしい。神田の計画をまとめていたのは日大で、笠原敏郎、市川清志などの官僚出身の教授たちが関与していた。大岡山の計画を仕切ったのは、東工大の田辺平学を中心とするチームで清家清らが加わっていた。さらに、上野・本郷地区の計画は東大中心に進められたが、後に東京藝大でも独自案を作る動きが生じ、これを吉田五十八がリードした。つまり、やがて戦後を代表することになる建築家たちが大学キャンパスと地域との結びつきをどのようにデザインするかをめぐって競い合っていたのである。

ただ、そこで計画されたことがどこまで実現できたかとなると、いずれも成果は乏しいと言わざるを得ない。たとえば早稲田の場合、計画は早稲田大学を中心に、高等予科学校四校、専門学校一三校、それ以外に師範学校や芸能学校、国際学院も含んだ七四五ヘクタールの地域に対する広域計画で、交通路は山の手線の高田馬場駅から高架で主要施設間を一周する学校専用バス道路を建設し、高架の下は歩道が続くことになっていた。また、地下鉄も池袋と虎の門をつなぐ路線ができればちょうど路線が早稲田大学付近を通ることになるので地区内に二か所の地下鉄駅を設け、路面電車やバスのルートも学園地区を中心に再編成するとしていた。全体として、早稲田の計画では交通計画と土地の区画整理が強調され、緑地や文化施設への配慮は弱い。結果として、この計画は大隈講堂前のロータリー化や補助七五号線（早大通り）の拡幅、戸山ヶ原の文教地区化といった成果を部分的に残すことになったが、実現したことよりもしなかったことのほうがはるかに多い。

大岡山地区の場合、郊外住宅地の真ん中に位置しているので、ここは文教地区ではなく田園都市だという指摘は当時からあった。この計画区域は現在の東工大敷地をはるかに越え、東は洗足池、さらにその東北の昭和医大までを含み、西は自由ヶ丘、北は当時の都立高校（後の都立大学）までの四七七ヘクタールを対象としていた。ここまで広げると、たしかに小山、洗足、大岡山、緑ヶ丘、奥沢、自由ヶ丘、八雲といったポテンシャルの高い一群の地区が一纏まりの地域として見えてくる。実際、昭和医大、東工大、（移転前の）都立大は環状七号線で近接していたのだが、それが意識されることはなかった。自由ヶ丘と大岡山、それに洗足池の間は歩ける距離だがまとまった地域としては意識されていない。そこで東工大と昭和医大、都立大を中核にこの地域全体を学園都市にしていこうという計画だったわけで、実現していれば今日の自由ヶ丘の雰囲気に大学と公園緑地が加わり、一連の文教地区のなかで最もおしゃれな地区となっていただろう。特に重要なのは東工大と洗足池の関係で、計画では洗足池公園が拡張されて東工大と隣接するはずだった。

東京大学や東京藝術大学の本郷・上野界隈、早稲田大学の早稲田界隈、東京工業大学の大岡山界隈、それにＩＣＵの三鷹界隈での計画を並べてみると、一九四〇年代後半から五〇年代にかけて、「明日の大学」と「明日の都市」がまったく無関係などころか、深い結びつきを持とうとしていた可能性が浮かび上がってくる。たとえば東大と上野公園、湯島の社寺会堂と小石川植物園や後楽園が一体化し、緑のなかに開かれた大学キャンパスと美術館や博物館、神社や聖堂、植物園や庭園が街路で結ばれる地域が誕生していたら、その後の東京の文化的価値をどれほど上げることができたであろうか。あるいは東工大による計画が目指したように、洗足池と大学キャンパスが一体化し、医科大学や都立大学も含めた学園都市が誕生していた可能性は本当になかったのか。そうして戦後の東京に、いくつもの大学都市が誕生していた可能性は本当にないのか。

この問いは、戦後日本の大学にどれほどまでに深くリベラルアーツの考え方や実践が根づき得たかという問いと表裏をなしている。というのも、南原にとって、焼野原の東京にオックスフォードのような文化都心を出現させることは、単なる街づくりの問題ではなく、むしろ彼が考える新しい大学の理念と不可分だった。だからこそ彼の視点からするならば、文教地区は、大学を「中心とする文化地区を設定し、教授学生を含めて学寮制度の創設」をしていく明日の大学構想として見えていたはずである。

つまり文化、あるいはリベラルアーツこそが、敗戦を経て軍都から脱しようとしていた東京において、新しい大学と新しい都市の共通理念だった。このような理念、またそれを基軸とする大学と都市の結びつきについての考え方は、ある程度までキリスト教的な大学観を背景にしていた。ＩＣＵ初代学長湯浅八郎とヴォーリズも、東大総長南原繁や彼の方針を引き継いだ矢内原忠雄も、共にキリスト教徒である。つまり、彼らは新島譲や新渡戸稲造、内村鑑三に連なる日本のキリスト教知識人の流れの中にいた。

実際、ＩＣＵが誕生する前に構想されていたのは、新渡戸が創立した東京女子大学の大規模総合大学化であった。東京女子大を中心に、明治学院大学、青山学院大学、女子学院、フェリス女学院などのミッション系高等教育機関間の連合を強化し、神学部、文学部、法学部、経済学部、農学部、理学部、工学部、医学部を擁する第一級の総合大学を創設することが目指されていた。そしてこの計画に、南原も矢内原も推進の方向で関与してもいた。彼らが旧制一高を廃止してでも学部前期課程のリベラルアーツ教育を推進する教養学部の設立を推進した背景には、本郷を中心とした「帝国大学的なもの」は相対化されるべきだとの認識があったからだ。東京女子大が拡張され、東京帝国大学のライバルになり得るようなキリスト教系総合大学が誕生するのは、旧帝大の残滓から脱しようとしていた東大の彼らにとっても歓迎すべきことのはずであった。

明治前期、森有礼によって構想された日本の帝国大学は、「帝国」の理念に基づく大学知の総合だった。これを「リベラルアーツ」の理念に基づくものに転換させていくこと――これは東大の南原や矢内原にとっても、ICUの湯浅にとっても、共通の目標だったはずである。そして、このような大学知の転換は、単に思想上のものとしてだけでなく、大学キャンパスという空間の転換としてなされるべきだった。つまり大学キャンパスとは、教授たちの講義を学生がじっと聴いて勉学する教室の連なりだけで成り立っているのではない。それはむしろ、ヴォーリズがICUキャンパスのシビック・センターの構想で示したように、無数の都市的要素を入れ込み、大学キャンパスを理想的な明日の都市コミュニティとしていくことによってこそ実現されるはずだった。

ICUの場合、教員と学生が大学キャンパスのなかに実際に住んで大学コミュニティを生成していくことが可能であった。それが、ICUにとっての「明日の大学＝都市」である。東京大学の場合、狭義のキャンパス内にそのような土地は存在しないから、自然と教員や学生の生活の場が街のなかに出ていくことになる。いわば本郷、上野、湯島から小石川までの界隈全体が、大学キャンパスと見なされていくことになる。キャンパスの内側にコミュニティを形成するか、それともキャンパス自体が街に溶け出していくかの違いはあるが、都市と大学が不可分な関係をなすとの考え方は共通している。

翻って考えるなら、これは中世以来、欧米の大学では当り前のことであった。大学は、高等教育機関である以前に高度に知的な都市コミュニティである。この認識が、日本の大学には相対的に弱い。その結果、この国ではしばしば大きな大学は無数の専門領域に分かれた小さな村の集合体のような組織になっていく。そうした組織では、そもそも横断性に価値があるリベラルアーツは軽視されがちになる。大学が生まれてまもない一二、一三世紀のヨーロッパで、リベラルアーツを担ったのは都市から都市へと遍歴する学生や教授たちだった。彼らは村の住人ではない。彼らの居場所は最初から都市であり、そのコミュニティは常に横断性や流動性に開かれていなければならなかった。戦後日本で新しいリベラルアーツの大学を構想していった湯浅もヴォーリズも、あるいは南原や矢内原も、いずれもキリスト教徒であったのは偶然ではない。それは宗教としてのキリスト教自体に何か特別のものがあったというよりも、キリスト教もその一部とする普遍性の観念——大学、学部、学科、専門領域を閉じた世界としてしまうのではなく、それぞれの境界線を越境してリベラルアーツや大学コミュニティを営んでいく普遍的な知性として、「明日の大学」は「明日の都市」と共に進まなければならないという認識を、彼らのほうが持ちやすかったからだと思われる。

［注］
（1）「天声人語」朝日新聞、一九五三年一月八日。
（2）ルイス・マンフォード、生田勉訳『歴史の都市　明日の都市』新潮社、一九六九年。
（3）ルイス・マンフォード、生田勉訳『都市の文化』鹿島出版会、一九七四年。
（4）高柳昌久「中島飛行機と三鷹研究所——その建設まで」『アジア文化研究』三四号、国際基督教大学アジア文化研究所、二〇〇八年。
（5）高柳昌久「中島飛行機三鷹研究所——その疎開と戦後」『アジア文化研究』三七号、国際基督教大学アジア文化研究所、二〇〇八年。
（6）居住技術研究所『国際基督教大学歴史調査報告書』二〇一一年三月。
（7）南原繁「一九四六年四月　大学創立記念日講演」『祖国を興すもの』帝国大学新聞社、一九四七年、三五―五七頁。
（8）同上。
（9）同上。
（10）東京大学百年史。
（11）帝国大学新聞、一九四六年一月二十三日。
（12）帝国大学新聞、一九四七年一月一日。
（13）帝国大学新聞、一九四七年三月。

第五章　ヴォーリズの夢、そして大学の未来

――ICU本館建替え問題の向こうに

田仲康博

本章の目的は、国際基督教大学本館ビルの建替えをめぐる議論が引きよせたさまざまな問題を考えることにある。あらかじめ述べておきたいのは、ことの本質が本館の建替えという単純な問題にとどまるものではないということだ。かつて巨大軍需産業・中島飛行機の三鷹研究所本館として戦争遂行に重要な役割を担っていた建物は、本来なら取り壊されてもおかしくはなかった。戦争目的のために整備された空間が大学のキャンパスとして生まれ変わり、巨大軍需産業の研究所の建物が教室として平和利用されることになった背景には、多くの関係者の思いと建築家ウィリアム・メレル・ヴォーリズの夢、そして占領軍の思惑があった。

敗戦後、占領軍による統治の下で、日本の教育制度は改変を余儀なくされた。そんななか、キリスト教精神に基づく総合大学を設立したいという関係者の積年の思いと、時代状況がうまく重なって国際基督教大学は誕生した。一方には日本側の戦前・戦中の軍国主義教育への反省があり、他方には日本の再軍事化を防ぐためにも民主主義教育を導入したいという占領者の思惑があった。後者の意図はしかし、冷戦体制が確立される頃になると変化する。「反共の砦」としての教育機関の役割を強調するように変わっていったのである。それは、冷戦が恒常

化するなかで「民主主義」が、西側諸国とくにアメリカのイデオロギーとして作用するようになったことが直接の要因だった。

かつて軍需産業の拠点であった建物が、大学の本館ビルとして生まれ変わった経緯には、その当時の世界情勢が大きく関わっている。言うまでもなく、建物にはその歴史が刻み込まれている。その点において本館誕生の歴史を遡り、現在におけるその存在意義を検証することは、大学の過去、現在、そして未来について思いをめぐらすことにもつながる。さらに、平和と大学、大学と社会、学問の自由など、現在とみに問題となっている〈知〉の状況を考えてみる上でも、本館ビルの建替え計画をめぐる問題を歴史的・社会的文脈に置き直して検証する意義があるといえよう。

さしあたって本章では、占領期に構想され、誕生した二つの大学――国際基督教大学と琉球大学――に注目することで大学を歴史化してみたい。さらに、リベラル・アーツもまた歴史的カテゴリーであり、その都度の社会的文脈のなかで捉え返す必要があることも併せて考えてみたい。今ほど情況とどう向き合うかという実践的態度や方法の是非が問われる時代もないだろう。3・11が明らかにしたのは批判的精神を失った大学と大学人の姿であり、荒廃した大地よりもなお無惨な姿をさらけ出したのは形骸化したこの国の〈知〉の状況だった。ここでは、専門知をめぐる疑問が噴出し、大学の存在意義すら問われている3・11以降の状況も併せて考えてみたい。

（一）　戦争の記憶と大学

国際基督教大学のキャンパスは、中央線武蔵境駅から南へバスで十五分ほど下った三鷹市の林のなかにある。正門を入るとバスは桜並木の下を大学構内の終点に向かい、やがてその奥に礼拝堂が姿を現す。この礼拝堂は、大学構内に幾つか残されているウィリアム・メレル・ヴォーリズの設計による建物の一つだ。バスを降り、礼拝堂に向かってさらに歩を進めると、その後ろにディッフェンドルファー記念館が見えてくるが、これもヴォーリズの手になる現存する日本最古の学生会館だ。そこから目を右にやると梅の木が点在する芝生の向こうに大学本館が見える。かつて中島飛行機三鷹研究所の本館として建てられ、敗戦後ヴォーリズの設計による改修工事を経て大学本館として生まれ変わったものだが、国際基督教大学のほとんどの授業がこのなかでとり行なわれていて、学生にとってはもっとも馴染みの深い建物だといえる。

一九四九年の「初期マスタープラン」によると、ヴォーリズは当初から資金節約のために中島飛行機の遺産を継承することを提唱していた。軍需産業の重要な拠点であった三鷹研究所の土地と建物が占領軍によって接収され、大学としていわば平和利用されることになった背景には、日米のキリスト教関係者の積年の思いと、建築家ヴォーリズの夢、そして占領軍の深謀遠慮があった。ヴォーリズの当初の計画は壮大なものだった。一九四九年九月のヴォーリズの書簡は、彼が教育・研究のための建物に加えて地域に開かれたシビックセンター、そして本屋や郵便局を含む教会会館を大学構内に建設するという大きな夢を抱いていたことを今に伝えている。現在の国際基督教大学のキャンパス風景は、建築家という役割にとどまらず、大学設立のために広範囲な折衝役も努めたヴォーリズの夢の痕跡でもある。もちろん、後述するように、大学が今のような形になったのはヴォーリズ一人の力によるものではなく、そこにはさまざまな社会的・歴史的要因があった。

中島飛行機の前身は、元海軍の軍人であった中島知久平が群馬県太田市に創設した「飛行機研究所」で、日中戦争そして太平洋戦争において航空機の需要が増すとともに発展し、群馬から愛知、東京、埼玉、栃木、静岡など各地に生産拠点を広げていった。高柳昌久によると、中島飛行機は敗戦時までに敷地面積一〇七〇万坪、従業員数二五万人という巨大企業に膨れ上がっていた。現在大学のキャンパスがある三鷹研究所自体の敷地は約六〇万坪、従業員数は四〇〇〇人程度であったから、その規模だけを見ると中島飛行機のごく一部に過ぎない。しかし、軍用機の開発部門を統合し、「技術的な横の連携を緊密にして種類が増加してきた飛行機の設計・管理の能率を向上させたかった」中島知久平にとっては、三鷹の地に新たな研究所を作ることは重要な意味をもっていた。(1)その頃すでに事業の第一線から退いて政治に専念していた中島は、政友会総裁や第一次近衛内閣の鉄道大臣を歴任した人物でもあったが、三鷹研究所の創設には並々ならぬ思いを抱いていたようだ。ちなみに中島は一九四四年、現在も大学構内に残っている泰山荘（重要文化財）に移り住み、戦後そこで亡くなっている。

用地の買収は一九四〇年の春頃に始まった。研究所の候補となった土地は、第八代将軍徳川吉宗の頃に開発が始まった新田で、当初は三軒しかなかったので「三軒家」と呼ばれる集落があったところだ。現在でも当時の屋敷林の一部が残っている。買収が開始された頃には七軒ほどの農家があり、買収予定地全体の地主は三百数十名にのぼった。高柳は当時の中島飛行機関係者や地主の聞き取り調査を行っているが、その内容が興味深い。土地を買収する側はそれほど問題もなく買収が進んでいたと証言し、買収された側は逆に彼らの意に反して交渉が行われていたことを証言しているのだ。間に立った行政の担当者に「国策のため」と言われ、軍が後ろ盾となった製作所側との交渉が始めから非対称な関係に置かれていたことは想像に難くないが、高柳が集めた住民側の証言はそれを裏付けている。立退料や代替地をもらってはいても、それらは「戦後の経済的な混乱期のなかではほとんど無価値になりまして、その分はこの方々も総力戦の犠牲となった」と高柳はシンポジウムの席で述べている。(2)

それでも表面上は大きな混乱もなく買収が進み、一九四四年の春までには主な施設が完成した。航空機のエンジン開発のためのエリア、機体開発のためのエリアなどに分けられた広大な敷地内には何本もの道路が走っていた。組み立てられた部品は、教会の前に今も残るロータリーを経由して誘導路へ入り、調布飛行場まで運ばれては試験飛行へ臨んだことが写真や関係者の手記でわかっている。エンジン開発エリアは、現在では富士重工（旧

図5.1　現在の国際基督教大学本館（2017年冬撮影）

中島飛行機）の所有地となり、自動車部品の研究開発が行われている。二〇〇八年までは大学と接した富士重工の敷地内に旧三鷹研究所のエンジン試作工場の建物が残っていた。当時の研究所本館がどのようなものであったかについても、高柳は聞き取り調査を基に調べている(3)。高柳の調査結果から戦時下の三鷹研究所の様子が伝わってくるが、研究所が全力を挙げて開発していた長距離爆撃機、B29を迎え撃つための迎撃戦闘機、特攻用の航空機などの開発は戦局の悪化にともない中止に追い込まれ、実戦で使用されることはなかった。当時、三鷹研究所内の工場には動員された旧制中学の学徒たちや朝鮮人労働者がいたことも高柳の研究で明らかになっている(4)。

これまで見てきたように、国際基督教大学のキャンパスと本館（図5・1）は、軍都・東京の歴史を今に伝える貴重な「戦争遺跡」なのである。各地で古い建物の取り壊しが進み、戦争経験者の高齢化、死去にともなって戦争の記憶をどう継承するかが問題となっている今だからこそ、大学本館の保存を真剣に考える必要がある。記憶の継承ということで言えば、本館の建物はさらに戦後の占領期の歴史を考える上でも極めて重要な意味を持っていることもあわせて指摘しておきたい。

（二）国際基督教大学の誕生

軍需産業の要ともいえる中島飛行機三鷹研究所の本館が新設大学の建物として生まれ変わった背景には国内外の多くの人々の思いと運動、そして国際政治の力学があった。以下、そのことについて見ていくことにしよう。国際基督教大学創立に向けた動きは、一九四五年九月二二日に開かれた東京女子大学理事会に端を発する。この会議によって設立された小委員会は、東京女子大学の学的水準の復活と総合大学への昇格の他に、新しいキリスト教大学の設立を目標に掲げていた。東京女子大学理事会が別の大学設立を企てたことはいささか奇異に思えるが、実はこの小委員会は、理事会によって設立されていたにもかかわらず、理事会に属していたわけではなかった。小回りの効く小委員会がある程度自由に動けたことが、新大学設立へ向けた計画を可能にさせたのである。

それにしても新しい大学創立へ向けた動きが戦艦ミズーリ号甲板での降伏文書調印からわずか二十日後に始まっていたことには驚かされるが、実はキリスト教の理念に基づく総合大学設立の構想は、この時期になって唐突に出てきたものではない。『国際基督教大学創立史』の著者C・W・アイグルハートは、キリスト教大学設立構想のそもそもの始まりは、日本に六人の宣教師がやってきた一八五九年にまで遡ることを指摘している。いずれも高等教育を受けていたこれら宣教師は、日本の国内事情もあって後に教育の仕事に就くことになった。彼らの薫陶を受けた弟子たちによって、キリスト教教育の裾野が広がり、教会や教育者のあいだでキリスト教大学設立を願う声が徐々に高まっていった。

アイグルハートによると、一九一二年に新しい大学設立に向けた二つの運動がスタートしている。一つは男子対象の総合大学をめざす運動で、もう一つは女子のための大学設立を目標に掲げた運動だった。後者は一九一八年に東京女子大学の開校をもって一応の成果をみたが、前者は種々の理由があって頓挫した。それでも総合大学設立を願う声がキリスト教関係者のあいだで消えることはなかった。武田清子も一九一〇年にイギリスで開かれた第一回世界宣教者会議に出席した日本代表からキリスト教大学設立の議案が出され支持議決があったことを記している。[5]その後ふたつの世界大戦によって中断されたものの、先に述べた東京女子大学の理事会に出席した委員たちのあいだで総合大学設立の思いが再浮上した背景には、キリスト教関係者の積年の思いがあったわけだ。その後八ケ月ほど議論を重ねた上で、委員会は「国際基督教大学建設委員会」へと組織替えをしている。頻繁に繰り返される会議のなかで、新しい大学はしだいに敗戦国日本の「民主化志向」を具現化する使命を帯びていく。

同じ頃、この計画を後押しする動きがアメリカにおいてもあった。AP通信は一九四六年一月、ヴァージニア州のマックリーン牧師が説教のなかで「広島と長崎に哀悼の意を表し、和解の願いの表れとして再建のための献金をしよう」と呼びかけたことを報じている。[6]その後、キリスト教の理念に基づいた総合大学設立へ向けた運動が日本であることを知った教会関係者のあいだで、大学設立を「和解のための事業」にすべきだという気運が高まっていった。[7]原爆による被災者への哀悼の意を示すことが、敗戦国における大学設立の運動を後押しすることにつながり、結果的に軍需産業のシンボルとでも言うべき建物を大学へと生まれ変わらせることになったわけで、そこには個々の関係者の思いとは別次元の歴史の大きな力が働いていたと言えそうだ。

（三）占領と大学

占領下にあった当時の日本社会の状況を考えると、大学設立の背後に占領軍の意志が働いていたと考える方が自然なように思える。実際、戦後民主主義の指導者育成と反共の砦としての責務を背負った大学というイメージが国際基督教大学の歴史にはつきまとう。しかし創立時から発展期に大学にかかわったアイグルハートの著書に、そのことに直接言及した箇所はない。彼は、マッカーサーがアメリカ側後援会（募金委員会）の名誉会長就任を快諾したことを記すとともに、「この事業は、時局柄、キリスト教大学に立つ指導者を生み出し、日本のみならず、極東全域に影響をおよぼす上でアメリカとカナダが、なしうる最も有力な事業の一つである」というマッカーサーの言葉を引用してもいる[8]。「時局柄」や「極東全域に影響をおよぼす」という言葉の裏にはどういう思いがあったのだろうか。ここで指摘しておきたいのは、アイグルハートが終戦直後に日本にやってきた際の肩書きがＧＨＱの「民間情報局宗教班」の宣教師であったことだ。彼には宣教師や大学教授という顔もあったが、同時にＧＨＱの一員であったということの意味も重ねて考える必要がある。

一九五〇年の夏に勃発した朝鮮戦争の影響もあって、ＧＨＱの占領政策は大きく反共政策に舵を切る。その時期の関係者の発言を戦後世界、とくに東アジアという文脈において考えるとさまざまなことが見えてくる。たとえば、前述したアイグルハートは著書のなかで、後に初代学長となる湯浅八郎の「この新しい大学は、急進的な左翼勢力の巧妙な侵略を前面で防ぐのに、またとない存在となるにちがいないし、同時に、同じような侵略的な日本の右翼的保守主義の台頭に対して、国際的なバランスを取る機能をも持つことになるだろう」という発言を引用している[9]。この考え方は後に、「本学は、真理の解釈をある特定の領域内に制限する団体に属する人を必要としない」という文章として、トーンダウンした形で大学要覧に収録されることになる[10]。

大学創設の歴史を書き記した関係者にもうひとり武田清子がいる。アメリカ留学中に開戦を迎えたために、日米交換船で帰国し、戦後は国際基督教大学の教員となり、後に教養学部長を勤めた武田は、初期の国際基督教大学には「反共の砦」云々という誤解があったとした上で、「日本の内発的意志と、敗戦国日本の再起と民主化への支援、および和解のための協力への熱意をもった北米プロテスタント諸教会の強烈な反応とが、相呼応しあって」大学のヴィジョンが現実化したことをことさら強調する。(11)その一方で彼女はしかし、大学創設には「GHQの意向」があったとも記している。(12)問題は、その「意向」の強度がどの程度のものであったかということだろう。この点についてレイ・ムーアは、国際基督教大学創設にあたってGHQが深く関与していたとの関係者の発言を引用し、具体的には、農地法などの障害があって難航していた用地買収がうまくいったのは占領軍からの圧力があったからだと記している。(13)興味深いことに武田清子はこの本に言及し、大学が「マッカーサーによってつくられたものでは決してないことは余りにも明白である」として一蹴している。(14)両者の溝を埋めるためには、占領軍の教育政策に関する資料を精査する必要がありそうだ。たとえば同じ頃、米軍の意向を受けて誕生した教育機関に沖縄の琉球大学がある。占領が長引いた沖縄において米軍による直接・間接の管理下にあった琉球大学と単純な比較はできないが、占領軍の視野のなかに国際基督教大学が入っていなかったとはやはり考えにくい。(15)

国際基督教大学が中島飛行機から受け継いだものは、本館、格納庫、機械工場、地下道、いくつかの付随する住居などであった。一九五一年に湯浅八郎とともに渡米したヴォーリズは大学の図面を携えていたが、その頃までには大学の全体像がまとまっていたようだ。一九四九年の書簡によるとこの頃すでにヴォーリズが研究所本館の保存活用を考えていたことがわかる。初期の壮大な総合大学の構想からいくぶん規模は縮小されたが、本館を改修することで残し、図書館や理学館を周辺に配置した現在のキャンパス風景が徐々に形を見せていった。(16)現在、ヴォーリズが関わった建物としては、本館以外にもディッフェンドルファー記念館（学生会館）、学生寮の一部、礼拝堂、そして教員住宅などが現存している。[17] 詳しくは本章（八）節にゆずるが、ここでは数年前に本館や記念館の建替えを含む「キャンパス・グランドデザイン」が作成され、その是非とくに本館建替えをめぐって議論が起きていることを記しておくにとどめておこう。本館建替えは、単に古い建物を壊して新しいものを作るということではない。その向こうには、建物に刻みこまれた建築家の思い、そして戦争や戦後の記憶をどう継承するかという、より大きな問題系が広がっている。

（四）軍事占領下の琉球大学

大学が置かれていた歴史的・社会的文脈を考えてみるためには、冷戦の影響が深刻化するちょうど同じ頃、米軍統治下の沖縄に誕生した琉球大学の歴史が参考になるだろう。もちろん同時期に生まれたとはいっても、その設立時の状況は国際基督教大学のそれとは異なるもので、当然のことながら大学が歩んできた歴史も異なる。占領が終った東京と占領が継続された沖縄の違いといってしまえばそれまでだが、両者の歴史を重ねて見ることは、大学と社会、そして大学と国家との関係を考える上で新しい発見につながると考えている。私事にわたることだが、私は施政権が返還された一九七二年に琉球大学に入学した。入学してまもない五月一五日、学生たちの「国立移管反対」の怒号のなか、機動隊に守られた大学職員の手によって正門のプレートが架け替えられる現場に居合わせたが、それは「琉球政府立琉球大学」が「国立琉球大学」に姿を変えた瞬間だった。歴史の岐路を検証する際に「もし状況がこうであったなら……」などと考えることは禁物だとされるが、しかし、歴史の不／可能性を考える上で、迂回路を辿ることで見えてくるものもある。以下、琉球大学の歴史を少し詳しく見ていくことにしよう。

一九四八年から一九七二年まで、米軍占領下の沖縄では「琉球切手」が発行されていた。その間に記念切手もいくつか発行されたが、一九五一年に発行された最初の記念切手は琉球大学の開学を記念したものだった。中央に大学本館、その後方に首里城正殿のシルエット、左側に龍頭（沖縄戦の爆撃で破壊された首里城の正殿入口の両脇にあった石像で、現在は復元された正殿前の同じ位置にある）、切手の上部に“RYUKYUS”の文字、下部に「琉球大学開校記念」の文字がそれぞれ配されている。[18] 沖縄の独自な文化を最大限に主張したかのように見える切手のデザインが、沖縄の分断統治をめざす米軍当局の意向に沿うものであったことは想像に難くない。[19] それは“RYUKYUS”という呼称そのもの、そしてそれがローマ字表記であることに如実に表れている。米軍当局が「沖縄」よりも「琉球」という呼称を好み、「琉球人」としてのアイデンティティ育成に積極的に関わったことはよく知られているが、そこには占領政策を進める支配者の深謀遠慮があった。後述するように、琉球大学の設立に向けて地元の願望・努力があったことは事実だが、しかし沖縄初の高等教育機関の創設は当初から占領政策の一環としての性格を帯びていた。ここでは琉球大学の設立について考察する前に、米軍が沖縄占領に向けて準備を進めていた一九四四年当時の状況を見ておくことにしよう。

沖縄上陸のちょうど一年前、オアフ島の沖縄上陸部隊本部では、米軍の要請を受けた専門家たちが集まって沖縄に関する情報収集や研究に着手していた。研究チームの中心になったのはエール大学教授のジョージ・P・マードックで、彼は後に琉球軍政府政治部長（少佐）として沖縄に着任することになる。彼らの研究成果は『琉球列島民事ハンドブック』として結実し、翌年以降、現地沖縄で占領統治のマニュアルとして実際に試されることになった。当時の沖縄研究の粋を集めたハンドブックのなかでも「琉球人」の人類学的特徴について解説した以下の文章はとりわけ目を引く。

日本人と琉球島民との密着した民族関係や近似している言語にもかかわらず、島民は日本人から民族的に平等だとは見なされていない。琉球人は、その粗野な振る舞いから、いわば「田舎から出てきた貧乏な親戚」として扱われ、いろいろな方法で差別されている。一方、島民は劣等感など全く感じておらず、むしろ島の伝統と中国との積年にわたる文化的つながりに誇りを持っている。よって、琉球人と日本人との関係に固有の性質は潜在的な不和の種であり、この中から政治的に利用できる要素をつくることが出来るかも知れない。島民の間で軍国主義や熱狂的な愛国主義はたとえあったとしても、わずかしか育っていない。[20]

軍事的・政治的な暴力が沖縄で猛威をふるうはるか以前に、すでに作動し始めていたカテゴリー化による分断支配の暴力をここに認めることはさほど難しいことではない。植民地経営のために収集された知識や情報、そこで動員された大学人や専門家たち。現在の私たちならオリエンタリズムと呼ぶであろう〈知〉の営為をそこに見ることができる。ハンドブックの本質がどこにあったのかについて、宮城悦二郎は以下のように簡潔にまとめている。

つまり、この文書は〝日本人〟と〝沖縄人〟の間に潜在していると考えられている対立感情を、宣伝や広報活動を通してことさらに顕在化させることにより〝沖縄人〟を〝日本人〟から離反させ、対日戦を有利に展開させるばかりでなく、占領地域における民生の安定をもはかるための可能性も探っているのである。[21]

分断政策を画策する米軍側としては、沖縄を日本から切り離すことを正当化する口実が必要だった。それには歴史や文化の違いを指摘するだけでは不十分であり、両者の間にある確執を利用すべきだと研究者たちは考えていたわけだ。

一九五〇年代以降、米軍の圧政に苦しむ沖縄の住民にとって施政権返還が悲願となっていく。「復帰」を合言葉に勢力を増していく住民運動に対抗するためには、力による支配が逆効果であることを悟った米軍高官たちは、「文化」や「教育」を通して住民の批判の矛先をかわす宣撫工作に重点を移していく。宮城悦二郎によると、米軍関係者は復帰運動鎮静化政策を「避雷針」という隠語で呼び慣らわしていた。住民のエネルギーを拡散させ、無力化するための「避雷針」が必要だと認識していたわけだが、そこにおいては先に述べた『民事ハンドブック』が描く「沖縄」のイメージが最大限に利用されることになる。さまざまな文化政策を通して「素朴で優しい島民」というイメージが島人の間に行為遂行的に植え込まれていくわけだが、それは現在の観光沖縄をめぐる言説にも踏襲されている。いずれにしろ宣撫工作には、米軍発行の広報誌や新聞、ラジオやテレビなどの公共放送が最大限に利用された。加えて「琉米親善」を謳うさまざまなイベントが基地内外で企画され、ハコモノとしては米琉親善会館や米琉親善センターといった公共施設が各地につくられることになった。

（五）布令大学の誕生

米軍はさらに、住民をより効果的に取り込む方策も考えていた。その点においてたとえば、沖縄初の高等教育機関として誕生した琉球大学の社会的役割を無視することはできない。米軍当局の後押しがあって生まれた琉球大学は、当初から占領統治をスムーズに進めるための役割を負わされていた。占領下の沖縄社会をリードする人材育成を主眼として生まれた琉球大学だが、その活動は住民の啓蒙活動を含むものだった。後者が当初から大学の設立目的に織り込み済みだったことを『創立二十周年記念誌』は以下のように記している。

米軍の施政下にあって、「琉球大学は、日本のものでもなく、米国のものでもなく、琉球諸島の人々に役立つ学府」として創設され、「大学が文化的発電機となって、全島に新しい力と新しい光とを流すように、全学部科を高度に実用的なものとすること」を目的として発足した。[22]

これは記念誌編集委員会の仲宗根政善編集委員長の手になる文章で、復帰直前の一九七〇年に書かれたものだ。記念誌特有の宣伝文句であることを差し引いても、そこに戦後の沖縄社会の発展に寄与してきた大学人としての仲宗根の自負を読み取ることができる。仲宗根が引用しているのは、第一回入学式（一九五〇年五月二十二日）において学生たちに配布された『大学便覧』序文の冒頭の文章だ。大学は「日本のものでもなく、米国のものでもない」という言葉がまず目を引くが、これは琉球大学が、日本とアメリカ、そのどちらにも属さない地点に宙づりにされた教育機関として、さらに大学が沖縄を宙づりにするための〈装置〉として、占領軍の目的に奉仕するために機能すべく初めから運命づけられていたことを意味する。その背景には、日本と沖縄のその後の運命を決定づけた二つの条約がある。一九五二年に発効したサンフランシスコ講和条約と日米安全保障条約は、日本の主権回復を謳う一方で、沖縄が切り離され、憲法や国内法の〈外部〉に置かれることを意味した。[23] 琉球大学、そして国際基督教大学の〈現在〉を考える上で、両者が置かれていた歴史的文脈を想起する必要があるのは、上記二つの条約が——表面的には異なっていても見えないところで通底しあう歴史的産物としての——両大学のその後に大きな影響を与え続けてきたからだ。

琉球大学のモデルとなり、かつ琉球大学の教職員たちを指導する役割を担ったのは、アメリカのミシガン州立大学だった。前述の『創立二十周年記念誌』は、米国陸軍省が琉球大学を指導するにふさわしい機関の選考を米国教育審議会に依頼し、最終的にミシガン州立大学に決まった経緯を詳しく記している[24]。一九五一年九月に、まず五人の教授団（ＭＳＵグループ）が来沖した。それが一九六八年六月三十日の契約満了まで続くことになるミシガン州立大学と琉球大学の蜜月関係の始まりだった。そもそもの仕掛け人が合衆国陸軍省であったことは琉球大学のその後の歴史を考える上で忘れてはならないだろう。しかも、モデルとなり、指導者の役割を果たすものとして、ミシガン州立大学が選ばれたことは注目に値する。ミシガン州立大学はいわゆるLand Grant Universityで、連邦政府から公有地の払い下げを受け、地域のために貢献する目的を帯びた大学としての性格をもたされていた。その指導を受けた琉球大学にはしたがって、研究機関という役割がそれほど期待されていたわけではない。その第一義的な存在理由は地域の発展に寄与するための大学ということで、それは裏を返せば、琉球大学が占領下沖縄の〈知〉の編成において特権的な位置に立つことを意味した。当初から占領者のイデオロギーを流布させる装置として機能することが大学には期待されていたわけだ。

一九五二年六月にはミシガン州立大学の学長ジョン・ハンナが来沖し、その後一年間の契約期間中に延べ五一人のＭＳＵグループが来学した。派遣団には教員だけではなく、行政や大学事務の専門家、図書館業務の専門家なども交じっていた。彼らの勤務期間は短いもので約一ヶ月、長いものでは約四年にも及び、滞在期間中はそれぞれ専門分野の講義を担当し、教育行政や研究活動に対する援助や助言を行った。さらに琉球大学の教授がミシガン州立大学に留学し、同時に州立大側からの交換留学生を受け入れる制度も併せて整備された[25]。

（六）占領者の思惑

大学建設の場所についてはいくつかのプランが示されたが、最終的に首里城跡地に落ち着いた。米軍の砲撃によって灰燼に帰した首里城跡地に視察団が訪れた時の様子を、大学の記念誌『琉球大学三〇年』は次のように記している。

一九四八年（昭二十三）七月大学設立案が米軍政府教育部副部長H・アール・ディフェンダー氏から連合軍総司令部（GHQ）フォックス参謀次長に提出認可された。同年十二月連合軍総司令部の琉球局長ジョン・H・ウエッカリング准将が来島し、軍政府教育部長アーサー・E・ミード博士並びに又吉副知事、山城篤男文教部長と共に首里城跡を視察した。この地が、琉球の政治、教育に縁りの深い所であることを認め、前教育部長スチュアート中佐の計画に基づき、ここに大学が設立されることになった。(26)

ここに登場する軍政府教育部長のミードが、占領マニュアル『琉球列島民事ハンドブク』の編集責任者であったことは先に述べた通りである。記念誌はさらに、翌年一月に造成が開始され、本館や校舎の工事が六月に着手されたこと、学生の募集要項が一九五〇年に示され、その年の五月二十二日に五百六十二名の学生を迎えて第一回目の入学式がとり行われたことを記している。そこには事実が淡々と述べられているだけで、占領軍の真意がどこにあったのかという点に関する記述はない。むしろ、沖縄初の高等教育機関を設置するために沖縄の指導層がはらった努力が強調されていて、占領軍はあくまでもその熱意に応えたのだと言わんばかりの説明がされている。

住民の熱意があったのは確かなことだろう。たとえば、軍政府の放送部長であり、戦後初のラジオ放送局設立の中心的人物でもあった川平朝申は、開学時の感想を以下のように記している。

戦前、沖縄に専門学校一つ無かったことを思うと、沖縄に小規模ながらも琉球大学という大学が開学されたことは、沖縄にとってエポックメーキングであった。首里城内に心理の探究をする学問の殿堂が現実に発足したことは、放送局を開局した時のように感激で一杯であった。[27]

ちょうどその頃、大学設立運動は高校生の間にも波及した。その様子を『創立二〇周年記念誌』は以下のように記している。各高校の代表たちは、全琉高等学校生徒会の名において、大学設立の請願書を軍民両政府に提出し、同時に大学設立資金に八万五五七五円（当時はまだ米国の軍票であるB円が使われていた）を率先して寄付し、大学設立促進運動の一翼を担っていた。[28] 記念誌にはさらに、沖縄の戦後復興に功績のあったハワイ厚生会が、琉球大学設立を引き受けるむね米軍政府に意思表示をしたことなどもあって、大学設立は「全琉住民の熱烈な要望となり、世論となって展開され」、結果的に米軍側を動かしたという記述がある。[29]

住民の側に大学設立を望む声があったことは事実だとしても、しかし、やはり沖縄最初の高等教育機関が占領軍の意思で作られたことを見落とすわけにはいかない。それは、入学式の翌年の一九五一年二月十二日に行われた琉球大学の開学式典の正式名称が「琉球大学贈渡並に学長任命式」となっていたことにも表れている。[30] 琉球大学はあくまでも米軍から沖縄の住民にプレゼントされたものとして位置づけられていたわけだ。さらに、設置後の大学が軍政府の管理下に置かれていた事実も見落とすことができない。開学初年度は正式な管理機関を持たず、その存在に根拠を与える法令すらも欠いていた大学のために、米軍当局が「琉球列島米国民政布告第三十号琉球大学基本法」を公布したのは、開学の翌年一九五一年のことだった。布告の第一款総則には、「軍事占領の目的に沿って、民主主義国家の自由を増進するために、琉球諸島の成人に一般的情報教育を普及する」として大学設立の目的が明文化されている。[31]

これらのことから琉球大学の設立が、第一義的にはやはり占領をスムーズに進めるための文化政策の一環であったことがうかがえる。たとえば、一九五二年二月二十八日公布の「琉球列島米国民政府布令第六十六号」が定める琉球教育法は、大学理事の選出方法についても詳細に決めている。表面的な任命権は琉球政府の側にあった。しかし、形式的には行政主席の任命を受けるとはいえ、その前に民政官の認可を必要とする選任方法は、実質的な決定権が米国側にあったことを示している。一九五八年、琉球政府立法院において学校教育法が制定された。大学の記念誌は「琉球における学校教育法は、ようやく本土の学校教育法に準じたものとなったのである」と記してはいるが、それもまた形式上のことであって、同誌は「布令第六十六号」が定めた琉球大学に関する条文が基本法にそのまま受け継がれたことも併せて明記している。[32] つまり、法律の改正後も、占領地における大学という性格には変化がなかったと考えていいだろう。そもそも沖縄の自治が、軍事目的に抵触しない範囲内で限定的に認められていたことを考え合わせれば、琉球大学もまた厳しい監視下にあったことは想像に難くない。琉球大学の卒業生であるいれいたかしは、大学の社会的役割が「親米エリートの育成にあった」として以下のように記している。

当時の米軍による沖縄支配の政治機構は、軍政副長官の下に軍政府、その下に民政府があって、琉球大学は米軍政府情報教育部が所管した。つまり、米軍が任命する琉球人行政主席が、米軍政府の監視の下に、米軍が許容した部分の政治を行う機関としての民政府とも切り離され、米軍直属の教育機関であった。したがって、大学設置の目的も「琉球列島の成人に占領軍の政策に反せざる限り言論、集会、請願、宗教、出版の目的をふくむ民主国の自由を促進し、一般情報教育に関する事項を普及する」ことにおかれ、第二次大戦後、米国が世界の各国で展開した反共政策と同じ文化政策であることが明確にされていた。この目的は、琉球大学から親米的な学生を米国へ留学させ、その卒業生を大学の教授、民政府、金融機関などに配置し、米軍の沖縄政策に活用することによってはたされてきた(33)。

要するに米軍にとって琉球大学設立の目的は、「米軍直属の教育機関」として民主主義の育成、資本主義の導入、そして親米的なエリート層の育成にあったということで、社会全体に即して言えば、それは決して沖縄の自立的発展を約束するものではなかった。むしろ、米国や日本の資源や技術や資本に頼る従属的経済発展のレールが敷かれることによって、基地に依存するいびつな経済構造が形成されたことはその後の歴史が証明している。戦後沖縄の改革は、すべて基地の拡大強化という米軍側の目的に沿う形でしか実現を許されなかった。琉球大学の創設を始めとする教育機構の改革も例外ではない。琉球大学は、沖縄初の高等教育機関であるとともに、占領イデオロギーの発信源という使命をもあわせ持っていた。つまり、琉球大学は単なる教育機関ではなかったのである。県知事任命式のような重要な式典の会場になるとともに、大学構内にラジオ局が設置され、後述するように学外での普及事業・生活改善運動の中心となるなど、その活動は大学の垣根を越えて外に広がり、何よりも首里の丘にそびえ立つ近代的な校舎群はシンボリックな意味でも占領下の沖縄の〈知〉の中心となっていった。

（七）「文化的発電機」としての琉球大学

琉球大学は島の人々を啓蒙するための「普及活動」を積極的に推し進めることによって、アメリカ文化の流布に大きな役割を果たしていた。学外での普及活動についての大学の役割は、琉球大学基本法「民政府布告第三〇号」にすでに明記されていた。一九五一年十一月という早い段階で校外普及部が設置され、その年のうちに活動

図5.2　「琉球大学跡」の石碑

が始まっている。校外普及部の役割は、大学の講義を一般市民に公開することにあった。普及部発足当時の活動は、「討議研究会、英語教授法講習会、英語講座、職業教育ワークショップ、教育評価及び測定講習、家政科講習、教育心理・教育原理の講習」など多岐にわたっている。翌一九五二年以降は規模が拡大され、授業が組織的に開講されるようになって、受講生は「校外学生として登録され、大学単位が授与された」と三〇周年記念誌は記している[34]。

　普及事業において中心的な役割を担っていたのが農家政学部であったことは特筆されるべきだろう。家政学部が新設されたのは一九五二年のことで、一九五四年には農学部、林学部、家政学部が統合されて農家政学部と改称され、その下に家政学科がおかれた。一九五五年には、農家政学部が主体となって、農業振興と農村の家庭生活の改善を目的とする農業改良普及事業が開始された[35]。普及事業の内訳は、機関誌『農家便り』（一九五五年一二月の創刊以来、一九七二年四月まで毎月、多いときは四〇〇〇部も発行された）や『普及叢書』（年一～二回の発行、五〇〇～七〇〇部）の発行、教育展示会の開催（病害虫、畜産、家政などの分野を中心に、学校の春夏の休暇中に市町村単位で開催された）などで、さらに食物の調理法、貯蔵、食品衛生、被服、インテリア、家庭管理、保育などのデモンストレーションが各地区の文化会館や公民館、学校などで催された。その他、後援会や懇談会、映写会、ラジオ放送や新聞を利用した広報活動、農業後継者育成支援、農業普及員研修、地方問題研究会の開催など、普及事業の活動は広範囲にわたるもので、活動の射程は農業に関するものだけではなく、島民の生活全般にまで広がっていた。活動を記録する文章のなかに、「生活改善」や「生活改良」の表現があるのはそのことを物語っている。

琉球大学はその後キャンパスが移転され、かつて大学があった首里の丘には復元された首里城が元の位置におさまった。今ではそこが観光沖縄の目玉商品となっている。島津侵入、廃藩置県、沖縄戦、琉球大学開学といった歴史の目撃者でもあった首里の丘。その記憶は、守礼の門を抜けて正殿に向かう坂道の途中にある二つの指標にかろうじて認めることができる。一つは木製で文字も薄れかけた「首里城跡地」の標識、もう一つは「琉球大学跡」の石碑（図5・2）。どちらも首里の丘が辿った数奇な運命を象徴するものだが、今ではそれらに目をとめる観光客はほとんどいない。

（八）本館建替え問題が意味するもの

ここまで、国際基督教大学と琉球大学の創設期の様子を概観してきた。両大学には、どちらも設立当時の国際政治の状況の制約を受けたという点で共通点がある。民主主義を旗頭に掲げて設立された両大学は、やがて極東アジアの緊張を受けて「反共の砦」という使命を帯びていった。しかし、サンフランシスコ講和条約と日米安全保障条約の締結後、両者は異なった道を歩み始める。歴史的・社会的な文脈でいうと、再び「独立」が保障された本土においてはアメリカの影が薄れ始め、逆に占領の長期化が既定路線となった沖縄においては、米軍による暴力的な支配が日常化していくことになった。したがって大学と国家の関係という点においても、両大学の歴史は異なる様相をみせる。国際基督教大学は、占領者が姿を消した東京で新設の私立大学として比較的自由な道を歩み始め、占領が継続され、施政権返還後に国立一期校となる琉球大学においては、それ以前もそれ以後も国家との関係が緊張をはらみつつ深まっていくことによって、大学はつねに「政治」の現場であり続けた。

琉球大学の場合とは対照的に私立大学として独自な路線を歩んだ国際基督教大学においては、国家との関係が不可視化されていったとひとまず言えるだろう。しかし、平穏そのものに見える現在のキャンパス風景からは想像すべくもないが、国際基督教大学においても権力側による暴力がとつぜん具体的な形をとって現前化したことがある。学生運動のさなかにあった一九六七年四月一〇日、国際基督教大学に機動隊が導入され、本館を占拠していた学生六名が逮捕されている。そのことは、先に触れた武田の『未来をきり拓く大学――国際基督教大学五〇年の理念と軌跡』にも記されている。しかし私は、そこから重要な事実が抜け落ちていることを、たまたま沖縄で出会った女性を通して知ることになった。

国際基督教大学平和研究所主催のフィールドトリップの引率者として辺野古の座り込み現場を訪れた日のことである。テント村の村長さんから一通りの説明があったあと、座り込みに参加していた女性が発言を求め、学生たちに以下のようなことを話し始めた。国際基督教大学に機動隊が導入された日、本館ビル前で開かれた抗議集会の最後尾にいた小柄な女子学生の後頭部に機動隊のジュラルミンの楯が振り下ろされ、学生は頭蓋骨陥没の重傷をおって大学病院に担ぎ込まれた。担当した全ての医者に見放されたにも関わらず、数日後に意識が戻り、女子学生は奇跡的に助かる。以来、卒業はしたもののトラウマをかかえた女性は長いこと大学のキャンパスに足を踏み入れることができなかった――。淡々とした語り口だった。機動隊導入の事実以外は、私にとっても初めて聞く話だった。彼女が最後に放った一言を今も忘れることができない。「私が、その学生です」。彼女は、六〇年代当時としては珍しい沖縄からの入学生（当時の沖縄の言葉で言えば「日本留学」をしたことになる）だったのだ。辺野古と東京、そして「六〇年代」と「今」が一瞬にしてつながった瞬間だった。そのとき辺野古の浜にいた学生たちと私は、彼女の〈痛み〉を通して、六〇年代にあった出来事の〈現場〉に導かれたのだ。

私が大学本館を残すべきだと考えているもう一つの理由がここにある。本章前半で見てきたように、軍需産業の記憶を留める戦争遺跡として残すことも理由の一つだが、それに加えて、本館は戦後日本の歩みを記録・記憶する〈場〉としても重要な意味を持っている。建物は、建物自体として、大学に学び、そこから巣立って行く学生たちに記憶されるとともに、彼女／彼らを歴史のなかに位置づける学びの空間としても存在理由がある。そこで誰と出会い、何を思い、大学内外での実践のための作法をどう学ぶのかということが決定的に重要なことなのだ。言葉をかえて言えば大学は、人と出会い、世界と出会う場所であるとともに、理想的な世界との出会い損ないを経験する場所でもある。これは教員としての私の経験則から言えることだが、自分が理想とする世界が大学の内にも外にもないと認識するときにこそ、学生は理想を実現するための学びや実践の糸口を見いだすことが多い。人文学の存続が危ぶまれ、論争が巻き起こった二〇一五年に藤原辰史が記した以下の言葉が参考になる。「人文学の生成は、人と人、人と自然の出会いのなかにしか存在しない。もっといえば、自分の生きたい世界がこの世界ではないと感じる人々と、この世界との絶望的な乖離のなかにしか存在しない」(36)。

それは想像力の問題であって、同じような学びはどこにいてもできるという声が聞こえてきそうだ。たとえば、大学の建物自体は教育の本質とは関係がない、だから新しいビルに建替えたほうがいいという声が理事の間にあると聞いている。しかし、建物には、思索を促し、記憶を喚起する〈場〉の力が備わっていることを彼らは理解していない。昨今の大学にただよう「悪意」について、ある大学教員は次のように語っている。

たいていの大学にいっても、いろいろな場所で悪意を感じるわけです。ある私立大学に行くと、学生が学内のある場所に長く留まることができないようにしている、恒常的にそこで何かを自発的にすることができないような構造にしているな、ということに気がつきます。わざわざ長く座っていると腰が痛くなるような椅子を使っているわけです。そういう空間配置のそここに、できるだけ早く学生を追い出したい、彼らが時間や空間を自発的に自己定義することを不可能にさせるような、一方的な空間の意思というものを感じます。そうしたことも、大学が忘却の空間になっていることの兆候ではないかと思いますね。(37)

社会全体を見渡してみても、空間を管理する「悪意」を感じる場所が増えてきた。大学の建替えをめぐる問題はそうした大きな動きの一つの表れと見ることができそうだ。(38) この国が総力を挙げて戦争に突き進んだ日々と、敗戦後それを克服しようと尽力した日々の双方の記憶をとどめる本館がすでに存在する以上、それをどう活かして未来につなげていけばいいのかという責任をわれわれ大学関係者は負っている。私もそこに名を連ねている教員の一人だが、二〇一五年八月六日に理事長や学長に宛てた「『ＩＣＵキャンパス・グランドデザイン計画』への提言」は、本館を始めとする戦争遺跡を残すことの意義を以下のようにまとめている。

戦争の舞台となった場所で学ぶことによって、平和な世界で勉学できることの意味が実感できるのだと思われます。これは昨今の日本をとりまく情勢を考えた場合、非常に重要なメッセージになると思われます。戦後七〇年の今、戦争遺跡を残すという行為は、私たちの世代だけができることです。未来に向けてキャンパス内に、金銭では購えない教育的・社会的な資産を蓄積することにもなろうかと存じます。

国際基督教大学の理事会が提示した「キャンパス・グランドデザイン」に対する要望のなかである教員は、

「本館を建学の精神を誇る象徴としていただけたらと思います」と書いている。つけ加えておきたいのは、本館はもはや国際基督教大学だけの財産ではないということだ。記憶の風化が懸念される社会にあって、本館を保存し、学びの場として使い続けることは、近隣社会のみならず、日本社会全体に対しても強いメッセージを発することになるだろう。先に触れたが、居住技術研究所の研究者である加藤雅久氏は極めて示唆に富む「国際基督教大学歴史調査報告書」（二〇一一年三月）をまとめている。二〇一六年九月二八日に加藤氏本人をお招きして大学で報告会を開いたことがある。加藤氏はそのなかで本館について、「我が国の主たる戦争遺跡の一つであり、かつ戦時建築の代表であり、その後の意匠の読み替えが巧みである」と述べ、国際基督教大学がモダニズム建築の宝庫であり、理事会が提示した「マスタープラン」にそれぞれの建物を服従させるのではなく、現存する建物から皆で考えていくことが重要であると訴えていた。何度も繰り返すことになるが、本館建替えをめぐる問題は単に建物の維持・保存ということにとどまらない。そこで問われているのは、学生や社会にとって大学の役割とは何かということなのだ。

（九）大学の未来

本館建替えをめぐる議論を通して、奇しくも歴史や記憶をめぐるそれぞれの立場が問われることになった。それは建物の「取り壊し」か「保存」かという議論を超えて、広く大学や〈知〉のあり方についても思考を促すものとなっている。政府による人文系学科の整理縮小、あるいは廃止という動きを受けて「大学の危機」が議論されるようになって久しいが、それが単に個々の大学の教育内容や制度の問題にとどまらないことは言うまでもない。ところが、大学の現場においてさえ、大学の危機が社会全体の危機の顕れであるという意識が共有されていることは残念ながら言えそうもない。危機意識が個々の大学単位で受け止められ、関係者の意識がそれぞれの大学の制度改革にしか向かわない場合、一見もっともらしい主張が、大学と大学人の正当性を担保する保身の言葉に矮小化されかねない。問われているのは、やはり自己の立ち位置を含めて批判できる言葉の力であり、大学の存在理由そのものなのだ。

批判の目はまず自らに向けられる必要がある。学生や教員が、自己と世界を分断することなく、自らを歴史のなかに置いて考えることを可能にする空間であること、そして広い意味でのコミュニケーションの〈場〉であることが、いま大学には求められている。きらびやかで利便性も高く、学生受けしそうな建物が増える一方、それらが実際には外部世界から隔絶され、閉じられた空間を形成していることもまた目につくようになった。「開かれた大学」がお題目で終らないためには、言葉本来の意味での〈公共性〉が確保される必要がある。国際基督教大学における本館建替えをめぐる一連の動きが指し示しているのは、そうした社会と大学のあり方の問題なのだ。

金森修は、大学と知識人の役割について「公共性の黄昏」という印象深い文章を書き記している。

《大学》は、国家から厖大な資金を拠出してもらっているにもかかわらず、国家とは緊張感をもった対峙関係にいなければならない。同様に、《大学》は社会から幾分浮いていなければならない。

この〈国家と社会からの乖離〉という特徴は、第一節で述べたような体たらくを示す社会の中で、そのまま《大学》の希望と存在理由になる。(39)

ここで金森は、ベルリン大学構想時における大学の理念、つまり「直接的有用性からの離反」、そして「知識欲の内在的駆動の堅持」を思い起こしている。国家の思惑や資本の欲望や社会の常識に軽々しく寄りそうような

大学であってはならないということだ。ベルリン大学は一八一〇年に講義を開始したが、当時の人々が懸念していたのは大学の職業訓練校化、専門学校化であり、ベルリン大学はその流れに抗して「自由な悟性の行使を試す場」として構想された。3・11以降、専門知の限界、あえて言えばその危険性が問われるような時代に生きる私たちは、そのことを何度でも思い起こす必要がある。

「学生のために」とか「社会のニーズに答えるため」という掛け声はもっともらしく聞こえるが、それが〈有用知〉のみを追い求める制度改革に終始し、結果的に大学や社会の現状維持につながるようであっては、それこそ大学の存在理由が問われることになる。大学は国家のものでも資本のものでも、あえて言えば社会のものでもない。言うまでもなく、それはまず学生のものでなければならない。大学が社会と同一の地平にあり、同時に社会から「幾分浮いた存在」であることの重要性をここで再確認しておきたい。

引用した金森の文章は原発事故の年、二〇一一年の冬に書かれたもので、「もう駄目なのではなかろうか」という悲痛な声から始まっている。あれから七年の歳月が流れ、不安を無意識下に封じ込めた社会の状況は閉塞化の一途をたどっている。熔けた核燃料の行き先と同じく、この社会が堕ちていく先も今のところまったく見えない。無間地獄という洒落にもならない言葉が思い起こされるが、金森が「もう駄目」と評した時よりもさらに何段階か悪くなった状況下に生きる私たちは、この危機にどう向き合えばいいのだろうか。大学の危機は、社会全体の危機と深くかかわっている。とりあえず、前者は後者の原因でも結果でもあるという認識から出発するほかあるまい。特権化して語られることが多い〈専門知〉の軛を脱して新しい言葉を編み出し――それこそが国際基督教大学の要ともいうべき「リベラルアーツ教育」の根幹にかかわるものであり、広く大学の役割ではなかったのか――、外に開かれたコミュニケーションの〈場〉を作り出せるかどうか。大学の未来はそこにかかっている。

［注］

（1）高柳昌久「大学本館以前――中島飛行機三鷹研究所の小史」『12月8日を忘れないで――本館誕生70周年と日米関係を振り返って』国際基督教大学アジア文化研究所、二〇一二年、二―三頁。

　高柳によると、中島はさらに、航空機の開発にとどまらず「先進技術全般の研究開発と、政治・経済・社会などの国家経営に資する研究をも行う総合研究所を設立する構想」も持っていたが、戦局の悪化により、それが日の目を見ることはなかった。

（2）同上、五―六頁。

（3）同上、九頁。

　なお、大学図書館に残されている研究所本館の図面（大倉土木設計）によると、一階には西から東に「重爆機研究班」「戦闘機研究班」「行程設計班」「生産工場連絡班」が予定され、二階もしくは三階には西から東に「空力班」「構造班」「兵装班」「機構班」が配置される予定になっていたことも高柳は記している。同上、一五頁。

（4）高柳昌久「中島飛行機三鷹研究所における動員学徒」『アジア文化研究』三二号、国際基督教大学アジア文化研究所、二〇〇六年。

（5）同上。

（6）武田清子『未来をきり拓く大学――国際基督教大学五十年の理念と軌跡』国際基督教大学出版局、二〇〇〇年、九頁。

（7）C・W・アイグルハート『国際基督教大学創立史――明日の大学へのヴィジョン（一九四五―六三年）』国際基督教大学、一九九〇年、二九頁。

（8）同上、三〇頁。

（9）同上、七四頁。

（10）同上、一二三頁。

（11）同上、三〇三頁。

（12）武田、前掲書、一〇頁。

（13）レイ・ムーア編『天皇がバイブルを読んだ日』講談社、一九八二年、四八頁。

（14）武田、前掲書、六九頁。
（15）同上、一八頁。
（16）琉球大学については、拙著『風景の裂け目――沖縄、占領の今』せりか書房、二〇一〇年を参照のこと。
本章では紙幅の都合で深く言及することはできなかったが、大学創設と皇室の関係にも興味深い点が多い。たとえば大学創設に先立って一九四八年に開所した国際基督教大学研究所の後援者として高松宮夫妻の名前がある。後日、秩父宮は大学の名誉評議員となった。国際基督教大学の大学構想は「御殿場会議」（一九四九年六月一五日）において決議されたが、このときの集合写真（図6・3）の中央に来賓として参加した秩父宮が写っている。レイ・ムーアは自著のなかで、大学本館の改修工事を監修した建築家のヴォーリズが天皇とマッカーサーの会談を実現するための仲介役を担ったと記している。皇室と大学の関係は興味深い。今後の研究が待たれるところである。
（17）創建時からの建築プランとそれぞれの建物についての検証作業をまとめたものとしては、居住技術研究所の研究者加藤雅久によってまとめられた「国際基督教大学歴史調査報告書」二〇一一年三月がある。
（18）他にも、一九六一年には開学十周年を記念する切手、一九六六年には布令大学から琉球政府立大学への移行を記念する切手がそれぞれ発行されている。また、山里勝己によると、入学式の当日、大学構内の臨時郵便局で売り出された開学記念切手が一日で約一万四千枚も売れ、アメリカ人たちが争うように買って行ったことを当時の新聞（『うるま新報』一九五一年二月十三日付けの記事）は伝えていた。山里勝己「琉大物語一九五〇―一九七二年」『琉球新報』二〇〇八年八月十五日。
（19）琉球切手は米軍の検閲を受けていた。軍当局によって発行禁止処分を受けた切手も何種類かある。琉球切手は復帰の年をもって発行が停止され、それ以降は日本切手が使われるようになったが、復帰後も沖縄をモチーフにした切手が時おり発行されている。
（20）沖縄県立図書館史料編集室編『沖縄県史　資料編1　民事ハンドブック　沖縄戦1（和訳編）』沖縄県教育委員会、一九九五年、七五頁。
（21）宮城悦二郎『占領者の眼――アメリカ人は〈沖縄〉をどう見たか』那覇出版社、一九八三年、三七頁。
（22）琉球大学二十周年記念誌編集委員会『創立二十周年記念誌』、一九七〇年、まえがき。

(23) 憲法と沖縄の関係については、古関彰一・豊下楢彦『沖縄　憲法なき戦後――講和条約三条と日本の安全保障』みすず書房、二〇一八年が詳しい。
(24) 琉球大学二十周年記念誌編集委員会編『創立二十周年記念誌』、一九七〇年、四一頁。
(25) MSUグループについての詳細な研究がまたれるところだが、教育的・学術的支援はさておくとしても、「行政」に関する支援活動の内実は調べてみる必要があるだろう。いれいたかしは、学生の間には「当時ミシガン大学派遣と称する得体の知れない外人の大学への頻繁な出入りを批判する空気もあった」ことを記している。一九五五年九月三日に起きた大学図書館の火事を目撃した彼は、「私はこの火災を放火事件としてデッチ上げ、反米的学生をいっせいに逮捕する謀略ではないかと身の毛がよだつ戦慄を覚えたものである」と記している。反米的な言動があった学生に対する処分について米軍側の介入が頻繁にあったことは事実なので、当時の学生がミシガン州立大学派遣団について疑心暗鬼の念を抱いていたとしても不思議ではない。当時の雰囲気を知るには、いれいたかし『沖縄人にとっての戦後』朝日新聞社、一九八二年、八四―八五頁を参照のこと。
(26) 『創立二〇周年記念誌』、四一―四二頁。
(27) 川平朝申『終戦後の沖縄文化行政史』月刊沖縄社、一九九七年、二七四頁。
(28) 『創立二〇周年記念誌』、一四頁。
(29) 同上、一四―一五頁。
(30) 開学式典の式次第など、当日の詳細な描写については、川平前掲書、二七三―二七七頁を参照のこと。大学の記念誌もまた、開学式典の様子を記録している。それによると記念式典は、二月一二日から一七日までの六日間にわたって「開学式典、情報教育会議、講演・学術講演、展覧会、芸能（演劇・舞踊）等多彩な記念行事」が目白押しで、かつて中国からの使者を迎えた様式に倣って竜潭池に爬竜船を浮かべて賓客を迎えるなど、大掛かりな祝祭であったことがわかる。『創立二〇周年記念誌』、二六―二七頁。その規模に大学の誕生を祝う当時の人々の思いが伝わってくる。興味深いのは、開学式当日の参加者に琉球列島米国民政府副民政長官ビートラー少将夫妻など米軍高官らとともに、日本政府から派遣された文部大臣代理の水谷昇文部省政務次官、文部省事務次官高良良薫、九州大学総長菊池勇夫、京都大学法学部長田中周友などがいたことだ。琉球大学創設の向こうに沖縄の近未来を見据える日米指導層の意図が透けて見える。

(31)『創立二〇周年記念誌』、三〇頁。
(32)同上、三二頁。
(33)いれいたかし『沖縄人にとっての戦後』朝日新聞社、一九八二年、八一―八二頁。
(34)『琉球大学三十年』、三一頁。
(35)同上、七〇一―七〇三頁。
(36)同上、七八八―七九四頁。
(37)岩崎稔「討議　大学の困難」『現代思想』二〇〇八年九月、青土社、九九頁。
(38)空間の管理をめぐる問題については、阿部潔・成実弘至『空間管理社会――監視と自由のパラドックス』せりか書房、二〇〇六年、とくに田仲康博「空間と表象の暴力――自閉する私的空間」を参照のこと。
(39)金森修「公共性の黄昏」『現代思想』二〇一一年一二月号、青土社、一四五―一四六頁。

第六章　冷戦と民主主義の蹉跌
――現実と理想の狭間で

M・ウィリアム・スティール（岸　佑訳）

キリスト教の伝道が、今まさに日本で直面しているような絶好の機会に接したことは、この五〇〇年間に一度もなかった。これまでは一人の宣教師を派遣してきたが、今や一〇〇人の宣教師を送ろう。そして、この機会を逃さないように必要かつ十分な計画を立てよう。日本がキリスト教をぬきに民主主義を持つことは不可能だ。

General MacArthur in *The Free Methodist*, 1949

かつての「権威」は失墜して、我々の思考の中身は全て失われ、我々はどう自発的に行動すればよいかわからない……どうしたらよいのだ？我々は何をしたら良いのか本当にわからないのだ。

我々はいま空っぽの状態だ。

誰がこの空っぽの中身を埋めようとするのか？

それは民主主義か？

あるいは、共産主義なのであろうか？


K・W（日付なし、一九四八年頃）、ICU University Archives

はじめに

国際基督教大学（ＩＣＵ）は一九五三年四月二九日に第一期生を迎えた。つまり、戦後の大学である。ＩＣＵの三鷹キャンパスは、かつて中島飛行機三鷹研究所の敷地であり、そこでは最新鋭の軍用機が相次ぎ開発されていた。この研究所では、航空戦力によって戦争に勝利しようと、大型長距離戦略爆撃機「富嶽」や大量破壊兵器の設計図が描かれていた。この研究所の建物は、のちにＩＣＵの心髄である大学本館になる。国際基督教大学のキャンパスとは、かつて戦争の手段であった場所が、平和・国際主義・民主的シティズンシップを志向する戦後秩序の構築に献げられた大学へと文字通り変貌した場所なのである。

このストーリーの「主人公」は湯浅八郎（一八九〇―一九八二）である。湯浅は、御殿場のＹＭＣＡ施設で一九四九年六月一五日に開かれた会議で、新大学設立が正式に決定されたのに続き、ＩＣＵ初代学長に招聘された。(1)湯浅は珍しい経歴を持っていた。一九〇八年に一八歳で日本を離れた後、一六年にわたりアメリカで働き、学んだ。一九二二年にイリノイ大学で昆虫学の博士号を取得し、一九二四年に日本へ帰国。帰国後は、京都帝国大学で教鞭をとり、一九三五年に同志社大学総長に就任した。軍部が優位のその当時、キリスト教徒で国際人、かつ平和主義者であった湯浅は、すぐさま深刻な状況に遭遇した。同志社の教育綱領からキリスト教の要素の削除を求める要求に譲歩することを拒み、一九三七年に総長を辞任せざるをえなくなったのである。匿名の張り紙は湯浅を国賊と呼び、殺害予告の手紙が送られてきた。戦争への熱狂が高まる時期に、湯浅は日本ではなくアメリカで生活せざるをえなかったのである。そして一九四六年、湯浅は、戦前の日本が軍国主義と世界大戦へと向かった責任の一端は教育システムにあると確信し、日本の高等教育再生のために帰国した。帰国後間もなく、湯浅は同志社大学総長へ再び就任し、さらにキリスト教徒の学者たちの間にあった名声のゆえに、新設される基督教大

図6.1　中島飛行機三鷹研究所を大学本館に再設計する全体図を眺める湯浅八郎

学の計画へすぐさま関わることとなった。この大学がのちにICUとなる。湯浅によれば、新設の大学は学問的に厳しい水準をもち、国際的で、人種にとらわれず、文化を架橋し、男女共学でなければならなかった。湯浅は、ICUを「明日の大学」と呼び、「世界に信頼せられ尊敬せられ愛せられる平和日本人をつくらんとする場所」、「私たちの願いとは、人類を友とし世界を吾家とする日本人を教え育てること」と述べている(2)（図6・1）。大学公式サイトにもあるこのストーリーはわかりやすい。しかし、当然ながら、ICU設立準備時の現実や、終戦直後に大学教育の基本的な改革方針がもたらした現実は、より複雑で論争を伴うものだった。本章は、その様相を明らかにすることを課題とする。

（一）戦後の大学としてのICU——そのさまざまな声

国際基督教大学の新設に賛同するさまざまな声は、一九五二年四月二九日に開かれた献学式（図6・2）で披露された幾つもの祝福メッセージによく表れている。第一期生が入学する一年前のことである。

まず、一九五二年四月二九日という日付が重要である。この日は、占領が終結した日であり、日本がサンフランシスコ平和条約に調印して主権を回復し、日米間の新たな軍事同盟が結ばれた日であった。一方で、この日は昭和天皇の誕生日であり、そして偶然にも湯浅八郎の誕生日でもあった。献学式の参加者には、皇族を代表して秩父宮妃をはじめ、ダグラス・マッカーサー（Douglas MacArthur）の後任として占領軍総司令を務め、依然交戦中の朝鮮戦争で国連軍を指揮していたマシュー・B・リッジウェイ（Matthew B. Ridgway）や、シラキュース大学の教育学教授かつ副学長のモーリス・トロイヤー（Maurice Troyer）がいた。トロイヤーは、カリキュラムと教授法を専門とし、民主主義の価値を育むことを目的としたリベラル教育の新しい理念を試す機会をこの大学に見出していた。ＩＣＵ理事会の理事長で、『ジャパンタイムス』（当時は『ニッポンタイムス』）の社長を務め、ロータリークラブの会員でリベラルなビジネスエリートの人脈を持つ東ケ崎潔、日本銀行総裁で仏教者でありながらＩＣＵ設立募金運動の先頭を務めた一万田尚登、既存のミッションスクールを代表して、キリスト教運動家で恵泉女学園設立者の河井道がいた。日本再建を援助し、日米間の友好を再興し、広島と長崎の原爆投下への赦しを請う運動を、一九四六年にリッチモンド州ヴァージニアからはじめた、ジョン・A・マクリーン牧師（John A. MacLean）もいた。マクリーン牧師の和解の呼びかけは、ＩＣＵ設立のための募金運動の開始とＪＩＣＵＦ（日本国際基督教大学財団）の設立につながった。エデュア・S・ディッフェンドルファー（Edua S. Diffendorfer）は、夫の代理として参加した。彼女の夫ラルフ・E・ディッフェンドルファー（Ralph E. Diffendorfer）は、一九四八年に設立された日本国際基督教大学財団の初代理事長であったが、一九五一年に亡くなっていた。彼の死は、新大学設立のために一〇〇〇万ドルを集めるという、不可能ではないにしろ大変困難な課題による過労が原因であったと思われる。ディッフェンドルファーは、その一方で、日本およびアジアでの共産主義拡大を阻止する道徳再武装にキリスト教が役立つことを強く信じており、アメリカの設立募金活動でもこの論法を用いた。

献学式の参加者の顔ぶれはとても多様で、それぞれ新設の大学にさまざまな理想像を抱いていた。「基督教大

図6.2　献学式の参加者（1952年4月29日）

学」設立計画が始まったのは、一九四五年八月一五日の降伏直後からである。先述のように、この計画には、日本人、アメリカ人、カナダ人などが国籍を超えて関わり、キリスト教徒（幾つもの教派を含む）や非キリスト教徒、軍人や市民といった複数の異なる支援グループが含まれていた。これらの集団は、それぞれ異なる目的を持っていたものの、キリスト教と教育改革が日本の再生には不可欠だ、という点では一致していた。例えばダグラス・マッカーサーはこう明言している。「真の民主主義は精神的土台の上にはじめて存在する、ということに、私は絶対的な確信を持っている。個人と社会がキリスト教の理解の上にしっかりと基づいているとき、民主主義は持続するであろう」[3]。一九四五年一〇月二一日、ダグラス・ホートン牧師（Douglas Horton）らキリスト教各派の宣教師団が、日本のキリスト教コミュニティが戦後に何を求めているかを知るために来日した。ホートンらは、終戦直後から基督教大学新設計画を作成していたキリスト教徒の大学関係者と、東京女子大学で面談している。ホートンの報告書には、「教育の最も民主的な実践と一致する」[4]第一級の基督教大学を設立したいという日本の大学関係者の願いの影響が見られる。この東京女子大学のグループには、反戦主義・平和主義者で民主的教育を主張し、東京大学の新総長でもあった矢内原忠雄教授らを含んだ広がりがあり、彼らは定期的な会合を継続的に行っていた。一九四七年三月には、彼らによって「基督教大学新設計画」に関する詳細な報告書が、米国教育使節団に提出された。(5)二七名の専門家からなるこの使節団は、高等教育を含む日本の教育制度を最良の仕方で改革する方法を、連合国軍最高司令官総司令部（SCAP）へ提言するため、アメリカ合衆国から派遣されていた。東京女子大学グループが提出したレポートのうち、米国教育使節団に感銘を与えたのは、「キリスト教精神に基づく教育を通じて、平和国家の建設と世界文化の発展に貢献する」大学を新設するという要望であった。(6)加えて、その新設大学は、キリスト教的倫理観に基づく教育を通じた「新日本の指導者」の育成と「自主的で自発的な思考の開発」を希求していた。(7)一九四六年八月までに、東京女子大学グループは「国際基督教大学建設委員会」へ再編された。国際基督教大学の名前は、このグループによって最初に用いられた。(8)

この計画とは別に、アメリカの複数のキリスト教グループは、日米の和解プロジェクトとして基督教大学を設立しようと思いついた。教会連邦協議会（Federal Council of Churches）は、一九四六年三月に、「アメリカ市民による日本の基督教大学設立資金を提供する機会に関する提案」を認める決議を行った。(9)この提案は、一九四六年一月六日、ヴァージニア州リッチモンドのギンター・パーク長老教会（Ginter Park Presbyterian Church）において、マクリーン牧師が行った説教のなかの「愚かしい提案」から始まっていた。マクリーン牧師は、「汝の隣人を愛せよ」と題した説教のなかで、日本とアメリカの和解を何か目に見える明快な形で表すよう求めた。(10)彼は、「原子爆弾によって破壊された広島と長崎の復興のための募金運動を、アメリカのキリスト教徒によってはじめる」ことを望んだ。(11)彼の「愚かしい提案」はリッチモンドの地元新聞の記事となったのち、AP通信に取り上げられて全米で注目された。(12)すさまじい反響が起こった。「広島だけでなく日本全体のために」できることがあるとの考えから、和解プロジェクトは「現代日本の若者に必要となる多様な高度職業訓練の準備のためのカレッジおよび大学での教育をキリスト教徒が援助する」プロジェクトへとまたたく間に発展していったのである。(13) 一方、北米海外宣教協議会（Foreign Missions Conference of North America）は、一九四六年三月末までに、日本での基督教大学設立に向けた小規模の実行委員会を立ち上げていた。ラルフ・E・ディッフェンドルファーを含むこの委員会のメンバーは、これらの計画と日本の占領軍政策とを調整する必要性に気づいていた。ディッフェンドルファーによれば、「我々は、真の民主主義が「神学的」土台にあるというダグラス・マッカーサー将軍の言葉と論点を大変真剣に受け止め、提案された大学が構想するような、深く広い人道主義に立ったキリスト教教育以上に必要なものはなく、またそのことは日本と極東におけるアメリカの目的を達成するものとしてただちに理解されるだろう、と確信した(14)」。

実際マッカーサーは、キリスト教が占領軍による民主的改革の精神的支柱として役立ちうるし、そうあるべきだと考えていた。ある報告書によれば、「GHQの多くの部署とその将校たちは、宣教師団が現在の日本の空白状態を埋めるのに全力を傾けるべきだという要望を繰り返し表明し続けていた」。さらに、マッカーサー自身も一九四六年一二月に次のように書いていた。

さまざまな出来事が日本人の精神生活に空白を生んだため、極東の人々へキリスト教を布教するのに敵がいない、という絶好の機会がキリストの誕生以来はじめて到来したのである。（中略）もしこの機会を我々キリスト教の指導者たちが十分に活かせるならば、精神の革命が起こるだろう。この革命は、世界史上成し遂げられてきた経済や政治の革命よりもはるかによく文明の趨勢をよきものに変えてくれると思われる。(15)

この目的を達成するために、マッカーサーは宣教師たちを日本へ招き、聖書を配布した。表向きの政策では政教分離を支持したものの、占領が終わる二年前の一九五〇年四月までには、約一〇八三人のカトリック宣教師と約一一六五人のプロテスタント宣教師がマッカーサーの呼びかけに応じた。さらに、滞日経験のある宣教師たちはマッカーサーのスタッフとして従事するよう要請された。例えば、仙台の宮城学院第七代校長カール・D・クリーテ（Carl D. Kriete）や、元YMCA協力主事ラッセル・L・ダーギン（Russell L. Durgin）は、SCAPの民間情報教育局（Civil Information and Education Section; CIE）で働いている。一九二一年から四一年まで日本組合協会主事を勤めたウィリアム・P・ウッダード（William P. Woodard）は、ウィリアム・C・ケール（William C. Kerr）と共に、SCAPの宗務課で働くため一九四五年に日本へ戻っている。ケールは、韓国における最初の長老派宣教師で、その後一九〇五年から一九四二年まで日本に滞在していた。ICU創立者たちが、ちょうどその頃に、どれほどSCAPのメンバーと近い関係にあったかは、SCAP内のCIEメンバーとしてクリーテが署名した一九四八年三月八日の文書に示されている。この文書は、ニューヨークの基督教大学委員会の委員長であるジェームズ・L・フィーザー博士（James L. Fieser）に送られたもので、「三鷹にあるわれわれの敷地の現況について」報告がされていた。SCAPは、実際のところ新大学のために中島飛行機三鷹研究所の敷地購入を交渉していた。クリーテが記しているように、「この大学の特別な目的のために、農地改革を免れた敷地全体を取得できる見込みがある。仮に我々が迅速に行動するならば、の話だ。このために我々（CIE）は敷地全体についての優先入手権を獲得するために行動を起こしている」(16)。興味深いことに、クリーテは、この直後にSCAPを離れて、ICUを国内に広報する委員会の主導的立場に就いている。そして戦前に日本の宣教師であったダーギンが、クリーテの代わりにCIEで働くことになった。

CIEは、日本の教育と精神の新たな方向づけに焦点を合わせていた。CIEは、教育課程と学制の改革に加え、一八九〇年制定の教育勅語に代わる教育基本法を作成していたのである。一九四七年三月二七日に制定された新しい教育基本法では、初等教育から高等教育までのあらゆる教育が「人格の完成をめざし、平和的な国家及び社会の形成者として、真理と正義を愛し、個人の価値を尊び、勤労と責任を重んじ、自主的精神に充ちた心身ともに健康な国民の育成を期して行わなければならない」とされていた。

ＣＩＥのメンバーが、日本の基督教大学設立計画に加わった情熱的な支援者であったことは、驚くにあたらない。長年ＹＭＣＡの秘書を勤め、基督教大学設立委員会の活動的委員でもあった斎藤惣一は、ＣＩＥに設立委員会の活動を報告し続けていた。例えば彼は、ＣＩＥ高等教育部門顧問のウォルター・Ｃ・イールズ（Walter C. Eells）を、一九四八年九月二七日の「国際基督教大学設立委員会」の会合へ招いている。その会合で、イールズは「文部省設置委員会の現在の状況と大学基準協会との関係」について報告した[17]。その後一〇月二三日には、設立委員会のメンバーが、「アメリカの大学の一般的な組織と行政計画に関して問い合わせる」という名目で、再びイールズとＣＩＥオフィスで会談している[18]。イールズとＳＣＡＰの将校たちに向けたまとまったプレゼンテーションが行われたのは、それから一年後の一九四八年一〇月五日、工業倶楽部においてのことであった。ＣＩＥを退職したばかりで、基督教大学計画を積極的に推進していたクリーテ牧師が、イールズと約六〇人の「東京の指導的市民」を招き、二時間におよぶ国際基督教大学後援会設立会合を開いた。イールズは、会合で祝辞を述べ、ＣＩＥを代表していくつか提案を行った[19]。ＣＩＥがＩＣＵ創設者たちにはっきりと好意を示したのは、明白である。それだからこそＣＩＥのトップは、国際基督教大学設立計画とその募金活動が公的な占領計画の一部だとみなされないよう、スタッフに注意を促さなければならなかった[20]。

湯浅八郎が最初に直接、基督教大学設立の運動者と面識を得たのは、一九四六年夏になろうとする頃、約六年におよぶアメリカ滞在を終えて日本へ帰国する直前のことであった。八月一日には、アメリカ側の設立委員会の創設者たちがニューヨークで湯浅を訪ね、これから作る大学について意見を求めている。湯浅が強調したのは、新しい大学が「第一級」で十分な設備を備えていなければならないことに加えて、全くもって新たな事業であるべきだということであった。それは第一に国際的で、第二に人種にとらわれず、第三に異文化が交流し、第四に男女共学でなければならない、というのである。「アメリカ人はこれらの新しい考えを提案し、強く助言することはできるが、アメリカ式の学校を押しつけてはならない」とも言った。さらに、この大学は明確にキリスト教に立たなくてはならないが、それとともに「普遍的（グローバル）で、超教派的（エキュメニカル）で、どの宗派にも属すべきではない」。「アメリカ人と同じく、韓国人、中国人、インド人、ロシア人、欧州人との間で教員や学生」の広汎な交換関係が持たれるべきである。総じて、湯浅が強く主張したのは、新しい大学が行政組織においても学生生活においても、実験的で先駆的かつ民主的であることだった。[22]湯浅は日本へ帰国するやいなや、すぐさま大学設立委員会に加わるよう求められ、その年の終わりには、新しい大学の学長に推薦された。[23]湯浅は、主に日本人とアメリカ人のキリスト教徒と仕事をしていたが、大学が国際的なあるいはグローバルな性格を持つべきであると主張し続け、アメリカに過度に依存することを警戒していた。のちに湯浅は次のように書いている。「財的資源は主としてこれを米国有志の義捐にまつとしても、人的資源においては、独り米国と言わず、独り日本といわず、広く世界に最適任者を物色して国際的に教授陣容を整備したい」[24]。文部大臣の森戸辰男も同じ考えを持っていた。森戸は、一九四八年一〇月五日のＩＣＵ設立委員会の公開会合で発言し、「これがアメリカによる「教育の植民地化」の試みだと批判する必要はないものの、「国際」という名前を裏切らないように、と主張した」のだった。[25]

基督教大学設立に関わるアメリカ人（ニューヨーク）と日本人（東京）の創設者たちの間のやりとりは、次第に一体化していった。一九四八年一月三一日、日本側の計画者たちは、国際基督教大学研究所を法人として設立することで、ICUを現実のものとする大きな一歩を踏み出した。CIE教育課長であるマーク・T・オア（Mark T. Orr）が開所式で挨拶を述べていることは、重要である。「諸君が今日ここにいるのは、諸君がひたむきな夢の重要な一部分だからである。それは、日本に偉大な国際基督教大学を建てるという夢である。諸君は、新しい大学の学生として諸君の後に続く大勢の若き男女の先陣にたつ。この開所式で諸君と共にその夢を共有し、私もそこに加わっていると感じることは、私にとり大変喜ばしい経験である。（中略）諸君は、実際には、国際基督教大学の最初の入学生なのだ」[26]。一方ニューヨークでは、一九四八年一一月二八日に、アメリカ側の設立委員会が「日本国際基督教大学財団」へと再編成された。その規約には次のように明記されていた。「本財団設立の目的は、キリスト教の原理に基づく民主教育を通じて日本国民の発展、向上を図ることにある」[27]。そしてディッフェンドルファーが最初の理事長として選出されたのである。

新財団事務局長となったフィーザーが、日本とアメリカのICU組織を統合するために、日本へ派遣されたのは一九四八年一一月五日のことだった。彼は日本側の設立者やその他キリスト教徒のグループと会ったが、しかしまた、SCAPの将校との戦略的会合も多くこなした。そのなかには、マッカーサー将軍や、CIE責任者のドナルド・R・ニュージェント（Donald R. Nugent）も含まれている。マッカーサーは、大学設立基金名誉理事であり、また「これ（基督教大学）は人道的見地にたつ指導者を生み出すためにアメリカとカナダがなしうる最重要事業の一つである」と述べた。ニュージェントは、教育および宗教の専門家会合の議長を務め、そこでは大学計画について二時間におよぶ議論が交わされた。フィーザーは、大学設立を支持した天皇とも会い、日本に基督教大学を設立するというアメリカの計画が「日本と世界の道徳再武装に重要であり、世界もそれを求めている」と説明した。吉田茂首相が支持を表明し、同様に片山哲元首相も、基督教大学は日本再建に不可欠な「精神的土台」となる、と公式声明を発表した。フィーザーは、一万田尚登日本銀行総裁、矢内原忠雄東京大学総長、そして日本赤十字や日米協会そしてロータリークラブの代表とも会った。いたるところで彼は、「来春の一〇〇〇万ドル募金キャンペーンの十分な理由となる」熱い支持を受けたのである。[28]

（二）冷戦の産物としてのＩＣＵ――キリスト教と共産主義

一九四五年以降の日本の教育改革、とりわけ大学改革は、経済的かつ政治的な現実に対応しなければならなかった。トロイヤーが一九五〇年に述べたように、ＩＣＵの全体目標とは「権威主義から民主的手続きへの移行に際し、同胞の指導者となるよう、日本人学生を教育すること」にあった。[29]それは、「責任ある市民のために自由かつ独立した思考を養う」ための実験室あるいは「実証《デモンストレーション》センター」であった。[30]この意味で、ＩＣＵも、当時新たに作られた大学や再編された多くの大学も、等しく「戦後の大学」であり、平和で民主的な新たな世界を希求していた。

しかし、それらはまた「冷戦の大学」でもあった。一九四七年の春以来、米ソ関係は悪化し始めていた。トルーマン・ドクトリンがその年の三月に宣言され、世界的な共産主義封じ込め政策が求められた。アメリカではＦＢＩと下院非米活動委員会による継続的な企てが生まれたが、その目的は、政府、学校、娯楽産業などアメリカ人の生活にかかわる施設や団体に潜入していると思われる、共産主義者と疑わしき人々をあぶり出すことにあった。一九四九年六月八日、当時注目を集めた教育政策委員会（Education Policy Commission）は報告書を出し、「アメリカ合衆国の共産党員は教員として雇用すべきではない」ことを勧告した。[31]

日本では、いわゆる「逆コース」の一環として、マッカーサーが産業界と教育界における共産主義の影響の撲滅に動き始めた。[32]彼はＳＣＡＰのＣＩＥに教育分野での優先順位を見直すよう命じたのである。民主主義の価値を教えることと学問の自由への約束は、依然として最重要であったが、それは大学でマルクス主義の学者や共産主義イデオロギーの代弁者を好き勝手にさせるという犠牲を払うことを意味してはいなかった。占領初期にCIEは、戦争反対の信念ゆえに刑務所で過ごしていた多くの左翼教授たちを復職させていた。熊野留理子が占領期日本における反共産主義と学問の自由に関する論文で述べているように、彼ら左翼教授は、恐れを知らない自由の闘士すなわち国民的英雄として、大学への復職を歓迎されたのである[33]。しかしSCAPは、一九四九年までに彼ら「英雄」たちを教職から追放しようとした。一九四九年七月から、イールズは、共産主義者の教授をパージするよう大学当局に命じるため、各大学を訪問する全国行脚を行っている。最初の行き先は、新制大学である新潟大学であった。一九四九年七月一九日の講演で、イールズは次のように宣言する。「共産主義は危険であり、破壊的教義である。それは、既存の民主的政府を暴力によって転覆しようと主張しているからである」。そしてイールズは問いかける。「この危険な教義を信奉する」教授たちが「学問の自由の名の下で、こうした教義をこの国の若者たちに教えることは許される」べきなのか。期待される答は「否。彼らは免職すべきである[34]」。これまで見てきたように、イールズはICU設立計画を強力に支援してきた。その彼によると、共産主義には何一つとして良いものはない、という。「我々は共産主義について十分な知識をもっており、それが狂犬よりもタチが悪い、はるかに悪いということを知っている。共産主義は、殺人や毒薬よりも罪深い。殺人者はせいぜい一人か二人を殺すに過ぎない。共産主義は民主的な政府をまるまる根絶しようと計画する。毒薬は、これを用いて数名に害をもたらすだけだ。共産主義政府は我々を全員奴隷にしようとする[35]」。

イールズによる「アカ教授撲滅」勧告は、学問の自由の未来について、嵐のような議論をまき起こした。どの新聞もイールズの講演とその後の彼の活動を伝え、いずれせよイールズを日本での「アカ狩り」に最も深く関わった男にした[36]。ここで重要なのは、国際基督教大学設立を公式決定した重要な御殿場会議は、こうした大議論

図6.3　御殿場会議（1949年6月15日）
国際基督教大学を設立するために、日本と北米のキリスト教指導者が公式に一同に会した。

が始まった時期に開かれていた、ということである。一九四九年六月一三日から一六日までの四日間、五九人が、富士山の麓である御殿場のYMCA施設「東山荘」に集った（図6・3）。昭和天皇の弟である秩父宮が招待され、参加している。ディッフェンドルファーとトロイヤーが日本国際基督教大学財団を代表してニューヨークから来日した。共にCIE勤務の経験を持つ宣教師のクリーテとダーギンもいた。日本側の国際基督教大学建設委員会の委員長である山本忠興が議長を務めた。新しい大学の学則とその付則が承認された。湯浅が学長に、ハロルド・ハケット（Harold Hackett）が財務副学長に、トロイヤーが学務副学長にそれぞれ推薦された。東ケ崎潔（ジョージの名で知られた）は理事長に任命された。ディッフェンドルファーが「大学の原則《プリンシプル》」について報告し、トロイヤーは「大学のプログラム」について報告書を提出した。

ウィリアム・メレル・ヴォーリズが大学顧問建築家に選任されたその時について、一九四七年に日本へ送られた若い宣教師のチャールズ・ジャーマニー（Charles Germany）は次のように報告している。「感動の波が我々一同にどっと押し寄せた。この白髪の人物が人生の大半を背負い、目に涙を浮かべて我々の前に立って「私が日本で四〇年にわたり建築に携わってきた経験は、この偉大な大学を建てるという仕事のために神様が私に与えて下さった準備であったのだと信じております」と述べたからである[37]」。

この会議で多くの議論が行われたのは、「西洋の教育を最善の形で早急に日本へ導入する」必要性についてであり、世界平和をもたらすために民主主義が果たすべき役割や「その基礎をキリスト教の原則に据えること」についてであった[38]。共産主義に関する言及はこの会議の議事録にはないが、人々の頭からは離れなかった。例えば、その後すぐICU副学長に就任するトロイヤーの日本出張に関する新聞記事では、占領軍による日本の教育制度改革について「大変良い仕事をしている」と称賛している。「トロイヤー博士は、日本人のモラルが「大変良いです」と述べる一方で、共産主義勢力がありとあらゆる機会を利用しようとしているとつけ加えた。「それゆえ私たちはプログラムを期待に応えるものしなくてはならないのです」と満足げに述べて、教育者や一般の日本国民は、現在の占領軍が共産主義を含むさまざまな党派から自分たちを保護していると信じている、とコメントした[39]」。

実際、共産主義との対決は、一九四九年までに日本の「精神的な方向づけ」に不可欠となっており、そのことが新設予定の国際基督教大学に対するSCAPの熱心な支援に反映されていたのである。一九四九年一月の『JICUFニューズレター』は、マッカーサーが大学設立募金委員会の共同議長に就任したことを報じている。「マッカーサー将軍は、アメリカ陸軍司令部での一時間以上にわたる会談のなかで、この役職に就くことを引き受けた。会談中、彼は次のような信念を私に説明した。日本が民主主義に到達するためには、キリスト教とキリスト教指導者にもっとはっきりと歩み寄らなくてはならない。もし日本が将来、世界秩序のなかで地位を上げようとするならば、個人の価値と道徳的行いを重視するキリスト教は必要不可欠である」[40]。その後の一九五〇年にも、K・R・ブッシュ准将がマッカーサーの判断に賛同してこのように述べている。「日本の教育および精神の方向づけを強力に推進すると思われる計画のなかで大学が重要であることは、十分に認めるところである」[41]。

ディッフェンドルファーは、一九四九年六月の御殿場会議の結果をCIE局長のニュージェントに報告した。ニュージェントは感銘を受けた。イールズが新潟大学で講演を予定していたほんの数日前の、一九四九年七月一日付けの書簡で、ニュージェントCIE局長は、この新大学を次のように応援している。「この計画は健全で素晴らしいようだ。キリスト教の理念を中心とし、差別のない民主的な共同生活の営みを伴う高度な学問水準の大学は、日本で全くなじみがない。したがって、このような大学が日本の教育と社会に与える好ましい影響をどれほど過大に評価してもしすぎることはないだろう」[42]。ここでも、共産主義については言及されていないのだが、それは言外に漂っている。SCAP将校たちにとってICUの設立は、喜ばしいだけでなく急を要するものであった。キリスト教的価値観を新生日本へ広めるという約束のためだけではなく、「共産主義という誘惑」に対抗する、より戦略的な手段でもあったためである。日本とアメリカの双方で、ICUは反共主義のプロジェクトとして登場したのだ。

一九四八年七月下旬、日本国際基督教大学財団理事長ディッフェンドルファーは、国際基督教大学設立に向けた募金活動をするために、ニューヨークへ戻った。彼はエキュメニズムの支持者で、キリスト教諸派間の協力を主張する一方、キリスト教が共産主義の防御に役立つというマッカーサーの主張にも同意していた。例えば一九四九年一一月、ディッフェンドルファーは、元駐日大使で太平洋戦争中に国務次官も務めたジョセフ・グルー（Joseph Grew）に、ICUへの支援を求め、新大学は共産主義を許容しないと宣言している。ICUの教員を採用するにあたって、次のようにディッフェンドルファーは書いている。

ＩＣＵの教員は、一流の知的能力を持つ人物であるべきで、全き学問的自由を備えていなくてはなりません。しかし、同時に、共産主義の視点に多少なりとも関わっていてはいけません。共産主義によって彼らは、自由に真理を追究する教師になることが許されなくなるでしょう。思うに、共産主義とキリスト教はお互い全く相いれないものではないでしょうか。民主主義の発展と人格の成長にとって、この二つは両極なのです。[43]

一九四八年はじめにもディッフェンドルファーは、メソジストのミッション・ボードの事務局長の立場から「キリストの御業をあらゆる言語で打ち負かそうとする数百万の共産主義者」を阻止するため、日本、韓国、中国、インド、フィリピン、南米へと宣教師団を派遣していた。[44]

一九五〇年、ディッフェンドルファーは、ニューヨークにいるＩＣＵ支援者の講演会（図６・４）にグルーを招いた。グルーはそのスピーチのなかで、民主主義を阻害し、共産主義イデオロギーを有利に進展させる、戦後日本の現実的課題について説明した。具体的には、インフレ、生活物資の不足、外国貿易の不在、住居の不足、国家理念の破壊といったことである。グルーは次のようにいう。「日本の若者たちは、岐路に立っているのです。ひとつは、平和と民主主義へと向かう道、もう一方は共産主義と全体主義への道です。新しい大学であるＩＣＵには希望があります。なぜなら、アメリカ軍の占領が終わった後で民主主義の原則を守る指導者を育成する上で重要な影響力を持つであろうからです」。ＩＣＵは「共産主義の誘惑」に抗するのみならず、「民主主義にいたる真実の道へと若者を導く」ものになるでしょう、と。[45]

一九四九年一一月三日にディッフェンドルファーへ送った私的な手紙のなかで、グルーは要点を明確にしてい

図6.4　1950年1月、ニューヨークの日本国際基督教大学財団主催による募金活動で講演する湯浅八郎
湯浅のすぐ左がモーリス・トロイヤー、湯浅の右にいるのが、ラルフ・ディッフェンドルファー、ジョセフ・グルーそして新大学の顧問建築家であるウィリアム・メレル・ヴォーリズ。

る。

左派勢力はこの大学に潜り込もうとし、仲間を影響のある地位につける努力をするはずです。わが国（USA）の大学には、公然たる共産主義者でない限り、ラディカルな政治的見解を持つ教授やスタッフを雇用する余裕があります。わが国アメリカの学生たちは、彼らが共産主義を支持しようがしまいが、それに関してあらゆることを学ぶ権利があります。（略）しかし、日本で私たちが直面する状況は、わが国のそれとは全く異なります。ここでは、私たちが反体制派を統制できるのです。日本では、こうした統制はあまり確実ではありません。貧困や困窮、非常に低い生活水準は、共産主義が容易に根付き、成長し、はびこる土壌を生み出しています。（略）彼ら日本の坊やたちは順応性があります。彼らは今まで知らなかったものを探し求めており、講義やセミナーで教師から聞いた、とりわけ外国人の教師から聞いたことに大きく影響されるでしょう。ソビエト・ロシアがばらまいた、そして今も彼らがばらまいている悪を擁護する教員が我々の大学にいたならば、甚大な危害が加えられうるでしょう[46]。

言い換えれば、グルーは「我々の大学」は共産主義に共感している者を一切雇いたくない、といいたいのである。アメリカの学生は共産主義について学ぶことができるが、日本人の学生（日本の坊やたち）は批判的に思考する準備ができていないのではないか、とグルーは案じたのであった。グルーはこうも書いている。「大ざっぱにいうなら、日本人は私たち西洋の教育制度、つまりきちんとした背景と、正しく考えるための手助けとなる日常的指導により、自ら考える人をつくるという種類の教育というものを全く知らなかったのです[47]」。

ここに至ってようやく私たちは、多様なＩＣＵの存在という新たなアイデンティティの危機を理解できるだろう。グルーが「我々の大学」について語るとき、それが意味しているのは誰にとっての大学なのだろうか。アメリカの大学か、日本の大学か、キリスト教の大学か。だが、いかなる種類のキリスト教なのだろう。マクリーン牧師がアメリカのクリスチャンに求めたのは、広島と長崎の原爆投下への贖罪や日本との和解だった。彼の「愚かしい提案」とは「我々の軍事力の犠牲者たちのために大々的に何かをすること。（略）敵を赦し愛することを弟子に教えたキリストの精神を目に見えるかたちで表すこと。（略）こうすることで私たちは、将来の戦争の芽をつむために何かができるかもしれない[48]」。アメリカ人のクリスチャンで、一九五一年にＩＣＵ農場を準備したカリフォルニア出身の牧場主アーネスト・Ｅ・グリーノー（Ernest E. Greenough）は、それとは違い、ＩＣＵは「東洋における共産主義との戦いのためにキリスト教会が捧げたものだ」と明言していた。[49] アメリカの大学時代からグリーノーと友人だった湯浅八郎は、異なる考えを持っていた。彼は、日本軍によるアジア侵略の犠牲者たちとの和解を求め、最初の交換留学プログラムを韓国、香港、そしてフィリピンの学生との間に定めた。資本主義と共産主義という東西に分断された世界にかわって、「世界の万邦万民が自由に平等に」生きる「ひとつの世界」の実現を希求する大学を湯浅は思い描いたのである。[50]

湯浅八郎は、ＩＣＵを「明日の大学」と呼んだ。[51] それは、占領軍による改革の産物というより、新生日本へ最高の希望を与えるものであった。日本がどのような教育を必要とするかについて、湯浅はその理想像を、一九五一年に寄稿した『ロータリアン』誌で詳細に述べている。

戦前の日本の大学は、自由で独立した批判的精神を発展させるためにほとんど何もしていなかった。西洋において大学は、リベラルな教育と独立した問いを通して個々人の才能を伸ばそうとする自由な機関である。日本では、教育制度全体が拘束服のようにがんじがらめであった。（略）教師たちは生徒たちの思考力を用いるよう促すことはなく、生徒たちが自分たちで結論にたどり着くことを期待してもいなかった。官僚がカリキュラムを規定し、教材を監督した。（略）陸軍が若者の訓練と監督に公然と目を光らすようになった一九三六年以降、教育は以前にも増して国家による国民統制の手段になっていった。（略）国家主義者の中には、大学をいっそう監督するようたえず要請していた者たちがおり、戦時中の大学は軍事教練の場になってしまった。（略）当然のことだが、アメリカ占領軍当局は、このような教育制度を改革するために多くの基礎的で予備的な手段を講じた。十分に進歩したかどうかは、未来のみぞ知る。（略）日本はまた普通教育と平等な教育機会の原則を発展させた。（略）教育改革により、女性は男性と同等の教育機会が与えられ、男女共学があらゆるレベルで認められた。（略）脱中央集権化が積極的に推進された。（略）しかし、このような改革は根本的な解決には至らなかった。効果的な改革は、戦争の傷跡や人的要因、心理的取り組み、経済問題などの点で、たえず行き詰まった。（略）問題をより複雑にしたのは、国家予算が切迫したため政府の教育予算の配分が不十分になっているということである。嘆かわしいことにその結果、改革の効果が上がらない状況が続いている。（略）一方で、日本の平均的な市民は、日常生活物資、食料、衣服そして住まいといった最低限必要なものの確保に必死であるため、教育改革に深い関心を抱くことができないでいる。（略）依然として根本的な問題は、精神的なものにある。あなたたちはあらゆる改革を制定することができる、しかし思想や感情を制定することはできない。我々が必要としているのは国家意識とは異なる社会意識であり、コミュニティについての心からの関心である。そのようなコミュニティの中心にあるのは、臣民ではなく個人である。我々は、国家を礼賛するより個人の尊厳と価値を教えるべきだ、と考える。目的とするのは、権力よりも市民としての成就を求める、自由で民主的な市民を成長させることである。もし我々の学校や大学がこうした信念に従う学生を輩出するなら、我々が効率化の最新動向を教えたり、最も能率のよい手法を与えたりするより、はるかに多くのことを彼らは成し遂げるであろう。東京近郊に新しく国際基督教大学を設立しようとする人々、そして一〇〇〇万ドルの募金活動で我々を支援しようとする人々は、目に見える具体的な仕組みではなく、我々が日本で輩出する指導者の質に強い関心を寄せている。我々が重視するのは、創造的思考であり、学生や教師の品性である。（略）自由な団体《アソシエーション》という新たな構想のもとで学び、働き、祈り、ともに暮らすことで、やがて日本人は、西洋の民主主義が自らの生活の中で最も意味あるものだと思うようになるだろう。(52)

湯浅は、一九五一年の『サザン・チャーチマン』誌におけるアメリカ市民へ向けたアピールでも、新大学の使命について再び次のように述べている。「ＩＣＵは、新しい民主国家日本の新たな指導者を育成することで、国家的反省という緊急の要請に応えている。新たな指導者たちは、不変の価値という新たな精神的土台の上に新生日本を建設し、新世界の良識ある市民として、キリスト教と民主的生活の正当性と妥当性を証すであろう」。さらに彼は、「明日の大学」という主題について再び述べている。「すべての日本人にとって、ＩＣＵは明日の世界のシンボルである。その世界では、あらゆる国民が、国の大小を問わず、貧富を問わず、勝者も敗者も、人類共通の公益のために、物質的、精神的に最良のものを分かち合おうとする」[53]。湯浅は、アメリカでの募金活動の「不安になるほどの遅れ」について記し（ディッフェンドルファーは一〇〇〇万ドルを約束していたが、一九五二年にはわずか六〇万ドルが送金されたにすぎなかった）、次のように懸念を示した。「日本は将来どのような方向にすすみ、なにに忠誠をつくすかを決めなければならないまさに運命的瞬間にある。この点で日本は、ＩＣＵ計画の頓挫によって、破滅的な大打撃を受けてしまうかもしれない」。湯浅は、「日本におけるキリスト教指導者の独創的主導権を活性化させる一〇〇年に一度の好機」に貢献するよう、アメリカ人を促すに際し、共産主義の脅威というカードに訴えた。アメリカ人は、ＩＣＵの未来を守ることで、「長期的視野で世界平和を推進し、共産主義を最も効果的に防御する具体的かつ建設的なものを創造することになる」と述べたのである[54]。

（三）結論

これまで見てきたように、一九四〇年代後半から一九五〇年前半にかけて、この新しい大学の使命の制定をめぐり、さまざまなアイデアが競合していた。それは、戦後の大学であり、冷戦の大学でもあった。そして多くの日本の大学は、キリスト教であろうとなかろうと、国公立であろうと私立であろうと、ＩＣＵと同様に、戦後の理想と冷戦の現実の狭間で板挟みになっていただろう。ＩＣＵの場合、アメリカの民主主義と福音伝道主義を組み合わせようとしたマッカーサーの希望が根付くことはなかった。さらにＩＣＵの内での議論は、日本におけるアメリカの目的の支持か拒絶か、といった単純な対立より微妙な差異をはらんでいた。

一九五〇年代を通して、湯浅のリベラルな理想像はいっそう強くなった。リベラルアーツ、「自ら思考する力(thinking for oneself)」、国際主義、民主的シティズンシップ、普遍的人権そしてキリスト教的人道主義への大学の取り組みは、一九六〇年の東京での安保闘争の時期に、湯浅による暗黙の承認を経て、ＩＣＵの学生と教員による日米安全保障条約の強行採決反対デモの参加へとつながったのである。教職員たちは、「日本国首相及び合衆国大統領への要請」を草案して、公的なアピールを準備した。そこではこのように記されている。

私たちは、いずれの国においても軍国主義または全体主義の再発を防止するために、あらゆる手段をとるべきであると考え、軍事同盟よりも、各国民間の相互の信頼こそ世界平和のより基本的な基礎であることを信じ、日米間の協力は、民主主義の諸原則、個人の自由及び法の支配を確立することを共通の目的とするものであることを鑑み［なければならない］(55)

教職員たちは、新たな安全保障条約が非民主的な方法で課されようとするのを非難していた。東京にいたアメリカ人のなかには、ＩＣＵがもはや「彼らの大学」ではなく自らで判断するようになったのだと、突然理解し、裏切られたような感覚を抱いた者もいた。ＳＣＡＰの元将校ウッダードは次のように湯浅に書いている。「日米の教職員のサインがある文章をみて、自分がどれほど動揺し無念であるかを到底伝えられません。これは、今まで見てきたなかで、最も驚くべき愚かで傲慢なものです」[56]。

ＩＣＵはその後さらなるアイデンティティの危機を迎えるであろう。しかし、冷戦の真っ只中である一九六〇年の時点において、湯浅の強調した「自ら思考する力」と良識あるシティズンシップが、リベラルアーツ教育への大学の取り組みの根底をなしていたことは明らかであった。

［注］

（1）湯浅八郎とその理想についてはすでに多くのことが書かれている。武田清子『湯浅八郎と二十世紀』教文館、二〇〇五年を参照のこと。ＩＣＵの創設については、Charles W. Iglehart, *International Christian University: An Adventure in Christian Higher Education in Japan*, International Christian University Press, 1964.［邦訳Ｃ・Ｗ・アイグルハート『国際基督教大学創立史』国際基督教大学、一九九〇年］を参照。

（2）Yuasa Hachiro, "Response". Proceedings of the Dedication Day Ceremony, April 29, 1952.『12月８日を忘れないで』（国際基督教大学アジア文化研究所、二〇一二年）に再録されている。

（3）John Gunther, *The Riddle of MacArthur: Japan, Korea, and the Far East*, Harper and Brothers, 1951, p. 76.［ジョン・ガンサー、木下秀夫・安保長春訳『マッカーサーの謎』時事通信社、一九五一年］

（4）*The Return to Japan*, Friendship Press, 1945, pp. 1-8.

宣教師団の一員で、後にニューヨークでＩＣＵ財団創設に関わったひとりである、ルーマン・Ｊ・シェーファー（Luman J. Shafer）も同様の結論に至っているが、占領直後という早い段階から共産主義拡大に対する不安も述べている。「大学キャンパス内の共産主義細胞は、小さいながらも活発で用心深く、よく教育されている。キリスト教徒のグループは守勢にたっている。（略）一般大衆に示して、キリスト教徒の士気を高めるようなものは何もないので、アメリカの諸教会が、計画中の基督教大学を建設し、日本を本気でキリスト教化する責務を負っているということは間違いない」。

“Report on the Situation in Japan,” 日付なし (1946?), typescript, p. 9, 国際基督教大学図書館歴史資料室所蔵資料 NO. JICUF-A-1-2B.

（5）*Report of the United States Education Mission to Japan, Submitted to the Supreme Commander for the Allied Powers, Tokyo, March 30, 1946*, U.S. Government Printing Office, 1946.
次のＵＲＬから閲覧可能。https://babel.hathitrust.org/cgi/pt?id=pur1.32754081234191;view=1up;seq=13

（6）Iglehart, *op. cit.*, p. 18.〔アイグルハート、前掲書、三〇頁〕

（7）*Ibid.*〔同上、三一頁〕

（8）*Ibid.*, p. 21.〔同上、三四頁〕

（9）“A Union Christian University in Japan.” issued September 15, 1946, by the Committee for a Christian University in Japan, New York, p. 8. 国会図書館憲政資料室所蔵日本占領関係資料、請求記号CIE (A) 06026-06030. 以下では請求記号のみを示す。
またIglehart, *op. cit.*, pp. 17-18.〔アイグルハート、前掲書、二九―三〇頁〕も参照。

（10）John A. Maclean, “A Suggestion - As foolish as the teachings of Jesus of Nazareth.” January 6, 1946, 恵泉女学園史料室所蔵, A3(2)2-34.

（11）マクリーン牧師は、原子爆弾の投下について、「それが戦争を短縮して多くの生命を救ったという、この行為の正当性や善悪を判断する」意図はないと書き、「それでもやはり、アメリカ国民は何千人もの無力な民間人を殺しただけでなく、無数の家を破壊し、ショックを与え、傷つけ、怯えさせ、生きる術を奪った。（略）もしアメリカ人のキリスト教徒が我々の軍事力の犠牲者たちのために大々的に何かをするべきだというなら、それは、人間の苦しみを和らげようとすることにとどまらず、非キリスト教世界に感銘を与えるキリスト教的な意思であるだろうし、敵を赦し愛することを弟子に教えたキリストの精神を目に見えるかたちで表すことにもなろう。この使命は、これまで全く取り組まれてこなかったこなかったものである」。“A Union Christian University in Japan.” *op. cit.*, p.8.

（12）“Preacher's ‘Brainstorm’ May Give University to Japan.” Newspaper clipping, 国際基督教大学図書館歴史資料室所蔵資料NO. JICUF-A-2-45を参照のこと。すべてのキリスト教徒がマクリーン牧師の立場を共有していたわけではない。"*Southern Presbyterian Journal*"誌には次のような記述がある。「日本人は、八年間にもわたって無慈悲で正当性のない戦争を、中国で繰り広げてきた。（略）もしキリスト教徒が、極東を復興させるのに貢献しようとするのなら、ひとりひとりは無実であった広島と長崎の犠牲者を前にして、理由も必然もなかった戦争の被害者について考えるのではなく、それでもやはり彼らが侵略国の国民であったことを考えるべきではないのか？」L.N.B., "Rebuilding the Wastelands." February 15, 1946, pp. 6-7.

（13）*Ibid.*

（14）*Ibid.*, p.9.

（15）"MacArthur Stresses Role of Christianity in Far East." *Nippon Times*, December 14, 1946, p. 1.

（16）March 9, 1948 Carl D. Kriete, GHQ SCAP CI&E Section to Dr. James L. Fieser, Christian University Committee, New York City. 請求記号CIE (B) 07363-07364.

（17）marked "Restricted," 27 September 1947. イールズは、設立予定の国際基督教大学建設委員会の会合に出席したことを報告している。請求記号CIE (A) 06026-06030.

（18）marked "Restricted," 23 Oct 1948. イールズは、永松克己（国際基督教大学建設委員会書記）の訪問を報告している。*Ibid.*

（19）marked "Restricted," 5 Oct 1948. イールズは、工業倶楽部で開かれた国際基督教大学設立へむけた支援者たちの会合について報告している。*Ibid.*

（20）例えば、マッカーサー将軍がＩＣＵ募金活動の名誉理事長に就任した後の一九五〇年四月一四日に出された、ＩＣＵ財務副学長ハロルド・ハケット（Harold Hackett）宛ての書簡には、次のように書かれている。「ＣＩＥは、健全な基礎、資金、その他の点から国際基督教大学設立の要望に大変深く関与していますが、その運動が占領軍による公的な計画になると厄介な先例になりうるであろうことも理解しています」。W.K. Bunce, Draft Reply to Request for Authorization of Fund-Raising Campaign, 14 April, 1950. 請求記号CIE (A) 07385-07386.

（21）Iglehart, *op. cit.*, p. 22.［アイグルハート、前掲書、三五頁］

（22）*Ibid.*

（23）*Ibid.*, p. 29.［同上、四四頁］

(24) Yuasa Hachirō, "The Ideals of ICU," *Issues of ICU*. vol. 1, International Christian University, 2002. 日本語原文は、「ICUの理念」『国際基督教大学通信』第一七号、一九四九年一〇月一日。

(25) Kerr report on Tokyo Patrons' Association of International Christian University meeting at Industrial Club, Tokyo, 5 October, 1948. 請求記号CIE (A) 06026-06030.

(26) Speech by Mark T. Orr, Ceremony for the Inauguration of Seminar Courses, International Christian University, January 31, 1948, held at Tokyo Women's College. *Ibid*.

(27) Iglehart, *op. cit*., p. 53.［アイグルハート、前掲書、七三頁］ *Japan Christian University Foundation Newsletter*, vol. 1, December 1948も参照（国際基督教大学図書館歴史資料室所蔵）。

(28) フィーザー報告については、"Fieser Reports Enthusiastic Attitude of Japanese Toward New University." *Japan Christian University Foundation Newsletter*, no. 5, January 1949.を参照（国際基督教大学図書館歴史資料室所蔵）。

(29) Maurice E. Troyer, "Planning a New University." *The Journal of Higher Education*, vol. 21, no. 8 (Nov., 1950), p. 419.

(30) *Ibid*., pp. 419-20.

(31) Educational Policies Commission, "American Education and International Tensions." National Education Association of the United States and the American Association of School Administrators, 1949, pp.37-40; Ruriko Kumano, "Anticommunism and Academic Freedom: Walter C. Eells and the 'Red Purge' in Occupied Japan." *History of Education Quarterly*, vol. 50, No. 4, (November 2010), p. 529.より引用。

(32) レッドパージについては、John Dower, *Embracing Defeat*, W. W. Norton, 1999, pp. 267-273.［ジョン・ダワー『増補版 敗北を抱きしめて（上）』岩波書店、二〇〇四年、三四七—三五五頁］を参照のこと。

(33) Ruriko Kumano, *op. cit*., p. 518. および熊野留理子『日本教育占領』麗澤大学出版会、二〇一五年、二二一頁を参照。

(34) 「赤い教授除外せよ」『朝日新聞』一九四九年七月二〇日。詳細はKumano, *op. cit*., p. 523-25.を参照。イールズは共産主義者の教員を非難した最初のCIE将校ではなかった。イールズよりも早い一九四九年二月三日、ポール・T・デュペル（Paul T. Dupell）が日本大学で講演を行い、次のように述べている。「共産主義者の教師たちはひどく不愉快なので、不適格かつ不快を理由に解雇せねばならない」。「諸君の大学内にいる共産主義者の細胞たちは、日本国憲法と教育基本法に反するものとして一掃されるべきである」。Toshio Nishi, *Unconditional Democracy: Education and Politics in Occupied Japan, 1945-1952*, Hoover Press, 1982, p. 256-57.［西鋭夫『マッカーサーの『犯罪』（下）』日本工業新聞社、一九八三年、二二五頁］

（35）"Communism and Education: Dr. Eells Clarifies His Niigata Speech." *Nippon Times*, Nov. 4, 1949. 熊野留理子『日本教育占領』麗澤大学出版会、二〇一五年、九六頁。

（36）日本の保守派が終戦直後に共産主義活動を抑圧する動きをしていた、という主張もある。Hans Martin Kaämer, "Just Who Reversed the Course? The Red Purge in Higher Education during the Occupation of Japan." *Social Science Japan Journal*, vol. 8, No. 1 (2005), pp. 1-18. を参照。熊野留理子は、「赤狩り」が大学改革計画の唯一の関心ではないとも指摘している。"Japanese Professors Resist University Reforms During the U.S. Occupation." *Japan Studies Review*, vol. 16 (Florida International University, 2012), pp. 51-74.

（37）Charles Germany, "A University is Born." *World Outlook*, vol. 39, no. 11, November, 1949, p. 8. この記事は御殿場会議に関する包括的な報告となっている。

（38）Press Release, "Japanese President, Two American Vice-Presidents to Head New University." for release June 30, 1949. 請求記号CIE (B) 07363-07364.

（39）Newspaper clipping, "Dr. Troyer Lauds Reorganization of Japan Schools by U.S.," n. d. 請求記号CIE (A) 01041-01042.

（40）*Japan Christian University Foundation Newsletter,* no. 5, January, 1949, p. 1. 国際基督教大学図書館歴史資料室。

（41）Bush to Hackett, 21 April 1950. 請求記号CIE (A) 07385-07386.

（42）Nugent to Diffendorfer, 11 July 1949. *Ibid.*

（43）Ralph E. Diffendorfer to Joseph C. Grew, correspondence, November 21, 1949. 国際基督教大学図書館歴史資料室資料NO. JICU-A-2-30.

（44）"US Methodist Church to Fight Communism." *The Mainichi*, May 8, 1948, p.1.

（45）"Inflation in Japan seen as Aid to reds." *the New York Times*, December 1, 1949, p. 6. も参照。この講演の別バージョンが長老派教会の総会で披露されており、そこでグルーは、「かつての軍事的封建主義」に戻ろうとする道と共産主義に続くもうひとつの道を否定した後で、次のように希望を見出す。「唯一の道（略）それによって日本は国際社会での適切かつ名誉ある地位をもう一度回復することができます。それは、しっかりとしたキリスト教の原則と倫理的規定で築かれた民主主義の道です。その道には、私たちが最高の学術的基準を取り入れて支え続けている私たちの大学があり、困難な問題を解くために手探りで進む若い男女に、深い影響を与えられるのです」（強調は引用者による）。*The Chaplain: A Journal for Protestant Chaplains*, vol. 7, no. 6 (November-December 1950), pp. 91-112.

（46） Joseph Grew to Ralph Diffendorfer, correspondence, November 3, 1949. Copy in 国際基督教大学図書館歴史資料室資料 NO. JICU-A-2-30.

（47） *Ibid.*

（48） John A. Maclean, *op. cit.*

（49） "Merced Farmer Says Japan Needs Christianity." *Fresno Bee*, December 16, 1952.

（50） 湯浅八郎「ＩＣＵの理念」『国際基督教大学通信（第一七号）』一九四九年一〇月一日。

（51） Yuasa Hachiro, "Response."『12月８日を忘れないで』国際基督教大学アジア文化研究所、二〇一二年。

（52） Yuasa Hachirō, "The Japanese Learn Democracy." *The Rotarian*, March, 1951, pp. 11-14.

（53） Hachiro Yuasa, "I.C.U., A Crucial Challenge to Christian Statesmanship." *The Southern Churchman*, vol. CXII, no. 27, July 7, 1951. 複写が恵泉女学園史料室に所蔵されている。恵泉女学園史料室、A(31)2-74.

（54） *Ibid.*

（55） "An Appeal to the Prime Minister of Japan and the President of the United States. [「日本国首相及び合衆国大統領への要請（案）」]," ＩＣＵ教職員有志一五名の署名入り、一九六〇年五月二八日付、国際基督教大学図書館歴史資料室資料 No. 8-1-18.

（56） Copy of letter from William P. Woodard to Hachiro Yuasa, June 1, 1960, 国際基督教大学図書館歴史資料室資料 NO. I-6-79.

第七章　二〇世紀のリベラルアーツの歴史の中で

立川　明

はじめに

本章の目論みは、イギリスの歴史家アーノルド・ジョセフ・トインビー（Arnold Joseph Toynbee, 1889-1975）が一九一四年、オックスフォード大学で被った体験と、戦後日本の大学改革、特には国際基督教大学（ＩＣＵ）の創設の背景とを結びつけることにある。そうした目論みの成否はもとより読者の判断に委ねる他はない。しかし、間接的、迂遠にさえ見える両者の関係は、人文系学問の教育研究の意義の論議を含む、現今の大学の課題の背景の一部をもなしている、と筆者は考える。両者を媒介するのは、二〇世紀前半のアメリカ合衆国での大学教育の変遷であるので、その歴史の意義の解説が本論の中核を占める。

（一）トインビーと一九一四年体験

さて、第一次大戦の勃発した一九一四年、二五歳の若きヘレニズム研究家トインビーは、母校オックスフォードの学生たちにトゥキュディデスの『ペロポネソス戦史』を講じていた。その時、この古代ギリシアの歴史家が、突然に現代の自分に肉薄してきたように実感した、と書き残している。読者の多くはこの有名なエピソードをご存じであろう。しかしよく読むと、トインビーの記録は、自分自身が戦争に直面した歴史家の、古代の戦史家との共感を超えた内容を含んでいた。彼は、トゥキュディデスにおいて何を発見したのか。以下は筆者の意訳で紹介する。トインビー曰く、

実際、トゥキュディデスにとっての現在は、ずっと私にとっての未来で有り続けていたのである。しかし、こう納得すると、私の住む時代が「近代」で、トゥキュディデスの時代が「古代」だと記録する時代区分の仕方は、全くナンセンスとなってしまった……トゥキュディデスの世界と私の世界とは、およそ物事を考える人からみれば、同時代である、と証明されたようなものであった。(1)

トインビーの回顧で特に注意すべきは、トゥキュディデス体験を経た彼が、それまで無意識に信じ込んでいた、古代や中世と近代を区別する根拠を自覚化し、その無意味を理解した点である。ではそれまでは疑わず、体験の瞬間から意義が消失したという、近代を他の時代と区分する根拠とは何であったか。トインビーの大著『歴史の研究』の冒頭から判断する限り、それは近代ヨーロッパに出現した二大制度、すなわち生産に応用され、果てしなく専門化する科学と、近代民主政であった。(2)この二つの制度の意義が消滅してしまうと、彼の中では古代と近

代の違いは大方失われ、文明としての古代は近代と、そして現代と急激に一体化した。同じように、これまで西洋とは画然と区別され、蔑まされてさえいた世界の他の諸文明が、がぜん西欧文明と根本的な共通点を見せ始め、「物事を考える人からみれば同時代」の存在となった。『歴史の研究』に結実したトインビーの生涯の仕事が示した通りである。

ではトインビーの一九一四年体験は、それ以降のアングロ・アメリカの大学教育、特にその教養（リベラルアーツ）教育、すなわち職業教育とは区別された学術中心の学士課程教育とどのような繋がりをもったのか。(3) 彼の体験の教養教育にとっての意義を具体的に理解するため、ここでは一九世紀の後半から二〇世紀初頭のアングロ・アメリカ、特にはアメリカ合衆国で展開された、科学と大学教育をめぐる二つの主張をまず辿る必要がある。

（二）アメリカの教養教育と科学

二つの主張のうち、第一のものは、科学を新時代の教養教育の中核に相応しい分野として位置づけた。イングランドでは、一八八〇年、ダーウィンの著名な支持者トーマス・H・ハクスリー（Thomas H. Huxley）が、新時代の教養として、科学（physical science）教育を強力に提唱した。ギリシア・ローマ古典の意義を全面否定はしなかったものの、ハクスリーは当時における人生の自己吟味（教養）は科学知を抜きにしては意味をなさず、産業社会の安定化は社会問題の科学的な探求によって初めて可能となると主張して、科学こそ教養の柱と宣言したのである。(4) アメリカ合衆国では、初期のマサチューセッツ工科大学で近代言語を担当したウィリアム・P・アトキンソン（William P. Atkinson）が一八七三年、「一九世紀の教養教育」を著して、類似の主張を展開した。当時に相応しい教養の核の候補分野を次々と検討した上で、彼もまた科学（physical science）に、近代外国語さえ凌ぐ第一番の地位を与えた。その理由の一端は科学の学びが高度の知的能力を要求する点にあったが、しかし最大の理由は、科学が有する倫理的側面にある、とアトキンソンは主張した。すなわち、科学上の様々な探求は、人間が住まう大地の意味、人間の歴史とその地上での生業の意味とを不断に変革し続けていた。人間が物質を操る法則を突き止める以前、この地上での人間の生活は貧しく狭隘で苦労のみ多く、俗世間の諸関係は苦痛に満ちていた。人間は戦争や獣にもとる行為に日々を浪費し、修道院の歪んだ文化教養をのぞけば教養などと無縁であった。しかし、彼によれば、

科学の到来は夥しい数の人々に、知的な生活への幅広い通路を切り拓いた。今やこの大地は血なまぐさい戦場たるをやめ、有用な教材に満ちあふれた学校の教室へと変容してゆくであろう。(5)

創立から一〇年余りを経た若々しい工科大学の息吹、科学のもたらす革命的変化へのなみなみならぬ自信と信頼とを伝えている。

確かにハクスレーもアトキンソンも科学教育の先鋒ではあった。しかし、彼らの主張は独断とはほど遠く、一九世紀の末から二〇世紀の初頭にかけての伝統的な大学でも、着実に支持者を増加させていた。例えばニューヨークのコロンビア大学での当時の様子を見よう。この頃、文学者志望の学生であり、後にグレイト・ブックスの開拓者となるジョン・アースキン（John Erskine, 1879-1951）は、科学から少し距離を置いた見地から、当時を次のように回想している。

私がまだかなり若かった頃、科学の諸分野は、大学のカリキュラムの中ですでに相当な地位を獲得しており、

ラテン語・ギリシア語を徐々に背景へと追いやりつつあった。科学担当の教員たちは、一人また一人と、自らの科目の意義を強く弁じ始めた。最初のうちは、科学の勉強は古典の勉強に匹敵する教養を紡《つむ》ぎだす可能性が五分五分である、と主張していたが、程なくするとギアを一段とあげ、近代世界において唯一価値ある類いの教養を紡ぎ出せるのは科学の学びを置いて他にない、と論じ始めたのである。(6)

二〇世紀の初頭におけるリベラルアーツ教育、すなわち学術中心の大学教育において、科学の諸分野が、ギリシア・ラテン古典を中核とする人文学を駆逐しつつあった様子が伺える。

(三)　ネオ・ヒューマニズム

科学と大学に関するもう一つの代表的な主張は、二〇世紀の前半に台頭したネオ・ヒューマニズムであった。かつてルネッサンス期には、ヒューマニズムは神中心の中世的な体制に抗して人間性を宣揚したが、今度は神から人間まですべてを等しく科学的分析の対象化する自然主義に抗して、人間存在の独自性を確保しようとする主張であった。(7) フランスの古典から古代仏教やサンスクリットにも詳しかったハーヴァードの文学者アーヴィング・バビット（Irving Babbitt）が一九〇八年に出版した、『文学とアメリカのカレッジ』（Literature and the American College）が先鞭をつけたこの思想運動には、アメリカ合衆国の東部を背景として、文芸批評家ポウル・エルモア・モア（Paul Elmore More）、詩人T・S・エリオット（Thomas Steams Eliot）、日本の戦後高等教育改革にも影響を与えた英語学者ノーマン・ファースター（Norman Foerster）等が加わった。後に言及するシカゴ大学のロバート・メイナード・ハッチンズ（Robert Maynard Hutchins）も、この運動に共鳴した一人である。

ネオ・ヒューマニズムは、科学革命以来の進歩信仰と啓蒙主義の無制約な人類愛とに歯止めをかける一方で、カレッジ教育において謙遜や忍耐等の伝統的な徳目の教え込みの復活を図った、後ろ向きと見える改革運動であった。どのような歴史観・社会観をもとにしていたのか。バビットは、近代を動かしている二大思想として、ルソー（Jean-Jacques Rousseau）の博愛主義（humanitarianism）とフランシス・ベイコン（Francis Bacon）の功利的科学主義を特定した。前者は人間の自然な欲求を無原則に認めて全人類の権利を等しく肯定し、後者は無尽蔵の自然の探求と開発とが人間の幸福を増進すると信じて疑わない立場であった。しかし、この二つの思想を大学教育が野放しに肯定するなら、平和とは正反対の人類の破滅が到来しかねない、とバビットは考えた。彼はそう考える理由を、ＩＣＵもその子孫から大学図書館の建設への援助を受けたジョン・Ｄ・ロックフェラー・シニア（John D. Rockefeller, Sr.）を具体例にあげて説明した。周知のようにロックフェラーは一九世紀の末から、シカゴ大学の設立に独り膨大な寄付をし、世界人類の幸福と安寧に貢献する偉大な博愛家として賞賛された。しかし、全米ＧＤＰの一・五パーセントにも上った彼の資産はどこから生じたのか。シカゴ大学への慈善行為を報じた同じ新聞の別の欄は、彼が違法な企業活動の廉《かど》で訴追された、との記事を載せていたのである。こうした事態が拡大すれば合衆国は破滅するし、世界は破壊的な天罰（Nemesis）を受けるだろう、とバビットは危惧したのである。[8]

そこで人類が将来の破滅をまぬがれるよう、人間のあるべき姿と、その実現を目標とするカレッジ教育をバビットは提唱した。しっかりとした基準をもち、節度を弁《わきま》えたヒューマニストを育てる教育であった。彼はあるべき人間像を、仏教の箴言を引いて、次のような極端な形で表現した。

> ある人物が億を数える敵を征服したとしよう、また別な人物が己自身を征服したとしよう、明らかにより偉大なのは己自身《おのれじしん》を征服した人物である。自分の能力を抑制できる人物こそ、最も人間らしいのである……[9]

カレッジは、自然主義万能の世界のただ中で、古典や文学、歴史を参照しつつ、時代を超えて通用する基準を身につけ、節度をもって行動する若者をこそ育てるべきだ、と主張したのである。

（四）第一次世界大戦と人文学の復権

さて、科学と教育に係るハクスリーとアトキンソンの主張、他方バビットの発した警告、これら二つのうちのいずれが二〇世紀の前半の歴史を鋭く予見したか。答えは明らかである。一九一四年には、それまで世界の学問、科学研究の牽引車と自他ともに認めていたドイツを一大震源として、文明国間の未曾有の世界大戦が生起した。科学（physical science）の倫理的貢献を主張したMITのアトキンソンの予言はみごとにはずれ、科学と博愛主義への過信の危険を警告したバビットのネオ・ヒューマニズムの予言は的中した。世界は、血なまぐさい戦場から知性の支配する学校へ変貌しはしなかった。むしろ、知性と学校とがそれなりに評価されていた世界から、文明国、科学立国同士の凄惨《せいさん》を極めた戦場へと転落したのである。トインビーの一九一四年のトゥキュディデス体験の意味は、こうした文脈の中で鮮明となる。予想される如く、ヨーロッパの他の知識人も彼と類似の体験を経た。例えば、フランスのソルボンヌ関係者の多くは二〇世紀の初頭、科学と民主主義が結合すれば、平和は自動的に保証される、と信じて疑わなかった。しかし、全く逆の世界が到来し、そうした期待は幻想に終わったのである。[10]にもかかわらず、植民地が遠隔地に所在し本国の政治体制が安泰であった英国では、中央および東ヨーロッパ諸国に比べて、大戦の予感の欠如とその到来の衝撃は、ひときわ顕著だったであろう。[11]トインビー自身、政治には極めて敏感であったギルバート・マレイ（Gilbert Murray, 彼の師かつ義父）の行状を例にとり、第一次世界大戦の勃発の予見が、英国では如何に困難であったかを証言したのである。[12]

世界大戦は、戦場にはならなかった大西洋の此岸のアメリカ合衆国にも、大きなショックを与えた。トインビー体験の二年後の一九一六年、自然主義の代表格と目された哲学者ジョン・デューイ（John Dewey）は、倫理学の学術誌に寄稿した文章で次のように述べた。

科学の進歩で戦争はもはや事実上不可能となった、とわれわれは聞かされていたのではなかったか。ところが実際には、科学が戦争兵器の破壊力を格段に増したに留まらず、戦時の防御力・耐久力の方も増強したと今や判明した……人間は物理的な自然を支配したつもりが、もはや手に負えない破壊力を解き放ってしまっただけなのだろうか。(13)

大戦に直面した合衆国の知識人の不安と焦燥を間接的に証拠立てる一例として、シカゴの社会学者ウィリアム・F・オグバーン（William F. Ogburn）が当時提唱し、今日でさえ人口に膾炙《かいしゃ》する「文化的遅滞 cultural lag」論を挙げることができる。物質面での変化（科学技術）と、それから帰結するはずの文化的制度（平和な学校としての地球）の実現との間には、多大の時間上のギャップがあると示唆したオグバーンは、不安と落胆の中にあった当時の知識人に深い慰め、科学技術への信頼のぎりぎりの拠り所を提供したに違いない。ちなみに彼が「文化的遅滞」論の構想を固めたのは、トインビーの体験と同じ一九一四年から翌年にかけてであった。(14)

大戦が与えたショックの痕跡は、合衆国の学生たちの専攻分野の選択パターンにも残されている。第一次大戦は、大学での科学・工学研究の意義をいやが上にも高めた、と主張されることが多いが、これは数値に裏付けられた正確な観察とは言えない。事実は理系専攻の学生数はまず、第一次大戦にいたるまでの二〇世紀初頭、顕著に増加していたのである。表7・1に見るように、一九〇〇年から一九一二年にかけての合衆国では、大学卒業

表7.1　20世紀初頭の文系・理系別学位取得者数（カッコ内は指数）

	1900	1906	1912
BA（教養学士）取得者数	6,761（100）	8,400（124）	14,154（209）
BS（理学士）取得者数	1,925（100）	4,516（235）	5,253（270）
合計	8,686（100）	12,916（149）	19,407（223）

当該年度のReport of the Commissioner of Education, Wash., D. C., Government Printing Officeから。

表7.2　第一次大戦の前後の学生の専攻分野別学生数の変化

	専攻別の卒業生数：1910-14	専攻別四年生数：1923
科学と数学	**84**（**15.5%**）	**33**（**8.9%**）
社会科学	171（31.5%）	120（32.5%）
人文学	**231**（**42.5%**）	**178**（**48.2%**）
その他	57（10.5%）	38（10.3%）
回答総数	543（100.0%）	369（99.9%）

スタンフォード、ミネソタ、ダートマス、ノース・カロライナ、オベリン等12校の卒業生・在校生を対象とした1925年の調査。（Frederick J. Kelly. *The American Arts College*, The Macmillan, 1925, p.181以下を参照）

生のうち、理系の理学士（BS）学位取得者は二・七倍に増加し、文系の割合が高い教養学士（BA）の学位取得者の約二・一倍をかなり上回っていた。

ところが信頼できる資料によれば、第一次大戦を挟んで、大学生・卒業生の専攻パターンは逆の傾向を示した。表7・2は、当時の代表的なカレッジ・大学の卒業生と在学生との専攻分布を比較した一九二五年の調査結果である。大戦前の一九一〇から一九一四年に卒業した者と、戦後の一九二三年時点での四年生の専攻割合は、数理では一五・五パーセントから八・九パーセントへと戦後の方が低下し、他方、人文学の専攻の割合は逆に四二・五パーセントから四八・二パーセントへと増加したのである。男女共に傾向は同じであった。

表7・3は一九五一年、ICUの創設の直前の合衆国における大学の専攻別学生数の分布を示している。一九二五年の調査対象はリベラルアーツ・カレッジや研究大学の文理学部の卒業生・在学生に限定されており、応用分野の専攻は少数であった。一

表7.3　1951年に四年制の全高等教育機関が授与した分野別学士号の数

機関総数1319	男性	女性	男女合計
科学と数学	22,477　(9.9%)	5,585　(5.3%)	28,062　(8.5%)
社会科学	22,344　(9.8%)	8,855　(8.4%)	30,569　(9.2%)
人文学	22,449　(9.9%)	23,290　(22.2%)	45,739　(13.8%)
その他	159,759　(70.4%)	67,165　(64.0%)	227,554　(68.6%)
総数	227,029　(100.0%)	104,895　(99.9%)	331,924　(100.1%)

Biennial Survey of Education in the United States, 1950-52. Chapter 4, Section 1 ; U.S. Department of Health, Education, and Welfare.

九五一年のデータは、この年の全てのカレッジ・大学の全分野の卒業生を網羅した。その結果、科学と数学、社会科学、人文の諸分野の卒業生の総計は全体の三割強に過ぎず、そのため、個々のアカデミックな分野の卒業生の割合の数値は、一九二五年に比して大幅に低下した。それでも男性では人文学と、科学と数学とは、共に九・九パーセントで拮抗し、女性も加えれば全体の約一四パーセントに対し九パーセントと、人文学が、科学と数学を上回ってさえいた。二〇世紀の前半、カレッジと大学のリベラルアーツの中で、人文学は十分に生き延びたのみか、再生したとさえ言えるであろう。人文学は合衆国を中心として新たに育まれ、二一世紀の今日、マサチューセッツ工科大学においてさえ卒業要件の一部に指定されているほどである(15)。

(五)　小規模カレッジの存続と学寮への回帰

人文学の復権に加えて、二〇世紀前半の合衆国で注目すべきもう一つの点は、大規模な研究大学の台頭に抗した、小規模カレッジの生き残りである。一九世紀末から二〇世紀の初頭は、シカゴやスタンフォードといった新設大学が代表する大規模な研究大学の拡充期にあたった。一九〇〇年には、これら二大学にカリフォルニア、ミシガン、ウィスコンシンの三州立大学、プリンストン、イェール、ハーヴァード等の私学を加えた計一四大学が、アメリカ大学協会

表7.4　合衆国の種類別高等教育機関数と割合、収容学生数と割合（1951年）

機関の種類	教育機関数	割合	収容学生数	割合
大学	129	7%	1,007,816	48%
（うち最大規模校）	(55)	(3%)	(*c.* 525,500)	(25%)
リベラルアーツ・カレッジ	**691**	**37%**	**530,898**	**25%**
ジュニア・カレッジ	513	28%	199,997	10%
その他	521	28%	363,251	17%
合計	1,854	100%	2,101,962	100%

（ＡＡＵ）を結成した。当時、世界の学問を牽引していたドイツの諸大学に比肩する大学を、合衆国でも発展させようとしたのである[16]。他方で、スタンフォードやシカゴの指導者は、それまで主流であった小規模なカレッジの無意味化を論じ、その消滅を予言しかつ期待した。既存の四年制カレッジの一部は大規模化と研究水準の向上を経て大学に変身し、他の大多数は二年制の大学予備校化する他はないと論じたのである[17]。彼らの予言の一部はジュニア・カレッジ（短大）の出現と発展として成就した。しかし四年制の小規模カレッジは消滅しなかった。それどころか、研究大学の新設が殆どストップしていた二〇世紀の前半に増加を見せすらした。一九九四年に公表した研究でデイヴィッド・ブリネマンは、調査対象校に二一二校の当時の代表的なリベラルアーツ・カレッジを選別したが、このうち三〇校が二〇世紀前半の創設だったのである[18]。

表7・4は、二〇世紀の中途、一九五一年時点における種類別の高等教育機関数を示す。当時の全高等教育機関一八五四校のうち、小規模な四年制リベラルアーツ・カレッジは六九一校で、三七パーセントを占めていた。収容学生数の割合でも、最大規模の五五大学にほぼ匹敵する全体の二五パーセント、全在学生総数二一〇万のうち四分の一を引き受けていたのである。この統計資料を編集した連邦教育局の担当者は次のようにコメントしている。「一見信じ難いのであるが、大規模大学の輝かしい発展には、非常に小規模なカレッジの執拗な生き残りが随伴し続けてきたのである[19]」。

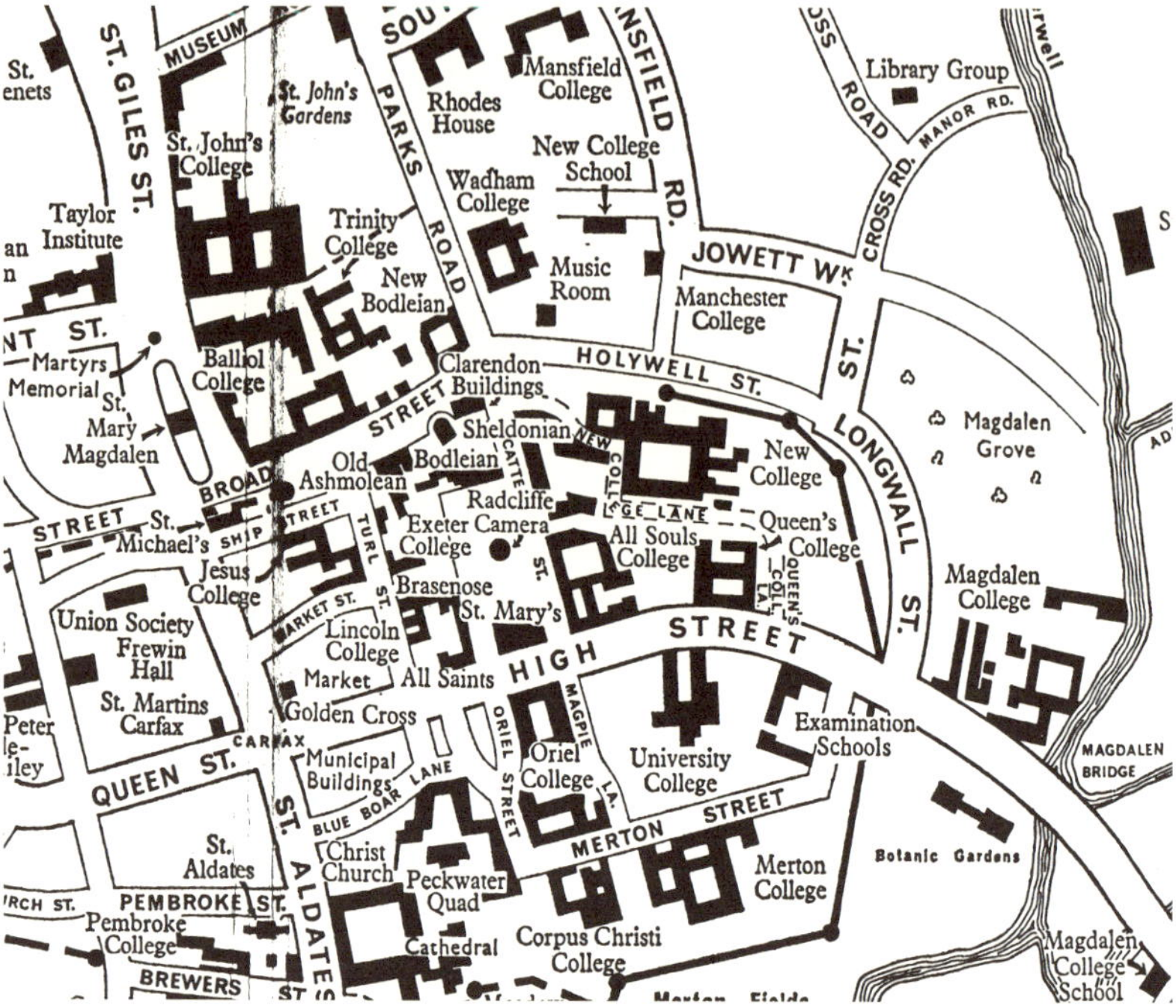

図7.1　英国オックスフォードの主要なカレッジ

最後に、数校の有力な大学キャンパスに生じた学寮への回帰について指摘しておきたい。合衆国のカレッジは植民地時代にイギリスのオックスブリッジを模倣して出発したが、しかしアメリカ独自の発展も顕著であった。オックスフォードもケンブリッジも一七世紀にはすでに、独立した多数のカレッジの集合体であった。これに対し、ハーヴァードを先駆とする植民地の教育機関はそれぞれ単一のカレッジであった。しかも、オックスブリッジでは集合体の組織である大学（University）が授与した学位を、植民地では小規模なカレッジが独自に授与した。加えて学生・教師の自立した団体の性格の強かったイギリスの大学に比して、植民地のカレッジは社会への奉仕機関として外部から管理を受け、後に有力な州立大学が出現する中でそうした特色は一層強まった[20]。こうした背景の中で、一九世紀の後半からドイツの大学の研究至上主義が浸透し始めると、合衆国のカレッジ・大学は、学生と教師の社交と学びの場としてのカレッジ（＝学寮）というオックスブリッジの伝統から離れてしまったのである。[21]

カレッジ・大学の移植は、建物の配置・構造上の変更を伴った。オックスブリッジのカレッジは典型的には、修道院の如く、中庭を中心とし、四方を建物で囲む閉じた構造であり、それらが比較的密に隣接して大学を形成した（図7・1参照）。これに対し植民地が確立したアメリカ的伝統は、「開放的な空間に建物を分散させる」(separate buildings in open space) 方式であった。[22] 建物の構造も、その配置も、外の世界に開かれていたのである（図7・2参照）。こうした中で第一次世界大戦後の一九二〇年代、ハーヴァードとイェールは、膨大な寄付を受けて、オックスブリッジの個々のカレッジを彷彿とさせるハウス（ハーヴァード）とカレッジ（イェール）をそれぞれ数棟ずつ建設し、学士課程の教育と社交活動の強調に舵を切った（図7・3参照。ハーヴァードの地図の上部の古いヤード内AとCでは建物が分散しているが、下部⑨の下、チャールズ川付近の、一九三〇年頃完成したいくつかのハウスは庭を囲んだ閉鎖的な構造であることがわかる）。第一次世界大戦を挟んで、科学偏重のドイツ大学指向から、社交と教育重視のイギリス式カレッジへの回帰が本格化した証拠の一つである。[23] 主に財政上の理由から、そうした動きは決して多数のカレッジや大学で具体化した訳ではなかった。実際、既述のプリネマ

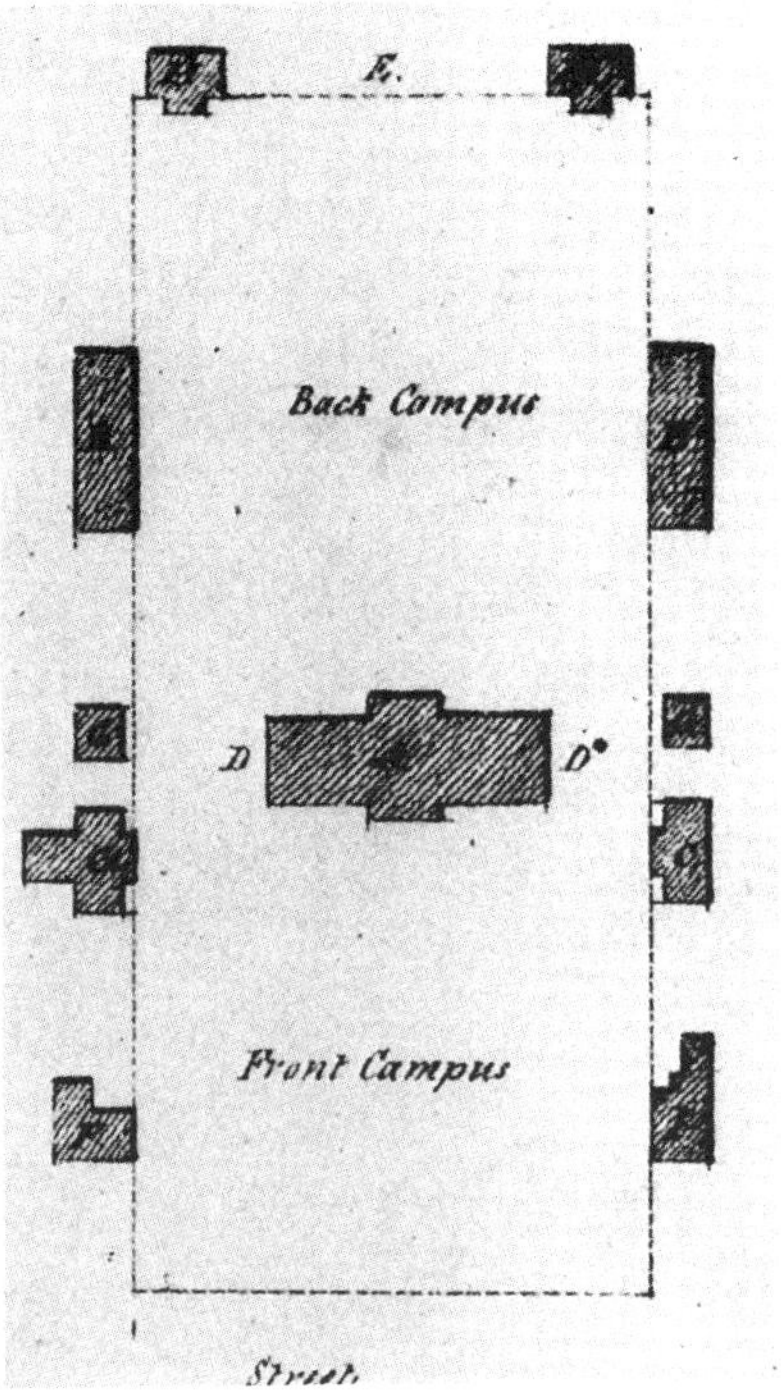

図7.2　初期のプリンストン大学

図7.3　現代のハーヴァードの中心部

ンが選別したリベラルアーツ・カレッジを見ても、一九二〇年代と三〇年代の創設の一五校のうち、オックスブリッジ流の学寮を建設したカレッジは一三に止まった。にもかかわらず、世界大戦を経験した大学関係者にバビットの主張が改めて訴え、そのことが主要な大学の建物の構造や配置にさえ反映したのも事実だったのである。

以上に紹介した事実から、第一次大戦を経た二〇世紀前半の合衆国では、科学と研究大学の興隆に抗して、人文学重視の教養教育と小規模カレッジとが生き残ったと結論できるであろう。それでは一九二〇年代更に三〇年代と、リベラルアーツ・カレッジはそうした教養教育に邁進したのであろうか。一見不思議なことであるが、歴史的に残る教育実践から判断すると、そうとばかりは言えない。確かにこの時代には、ペンシルヴェニアのスワスモア・カレッジを拠点に、オックスブリッジ流のオーナーズ・プログラムが一世を風靡した。多数の専門書の読解等を基礎とする学生の自学・自習を強調し、外部審査員による試験でその成果の評定を決したこのプログラムは、一面では人文学の精神を体現してはいた。しかし、そうしたプログラムの導入は、小規模のリベラルアーツ・カレッジが、ドイツに替わるイギリス流の学問研究方法を駆使し、巨大な研究大学に伍して研究成果をあげるための模索でもあったのである。[24]

（六）コロンビアとウィスコンシンでの教養教育プログラム

これとは対照的に一九二〇年代と三〇年代、トインビーの経験を体した如くのユニークな教養教育を試み、成功か失敗かにかかわらず、歴史に名を残したのは、研究大学の代表校コロンビア、シカゴそしてウィスコンシンであった。そうした結果となった理由の一端は、これら大学の当時の教育上の課題から説明できる。表7・5の数字が示すように、当時最大数の博士学位を授与していたこれら大学は、大学院生の研究指導に多大のエネルギーを傾注し、結果的に多数を占める大学生、すなわち学士課程の学生向けの教育を疎かにしがちであった。その一方で、私学のコロンビアやシカゴは、貴重な収入源として学士課程の学生の存在を強く認識した。研究大学は大戦の反省も踏まえ、ユニークな内容の学士教育を試みて、若い多数の学生たちに配慮を見せねばならなかったのである。[26]

コロンビア、シカゴおよびウィスコンシンのうち、コロンビア大学が導入した総合教養科目「現代文明」は、目覚ましい成功を収めた。コロンビアは陸軍省から依頼を受けて、第一次世界大戦へ出征予定の若者に、ヨーロッパ大戦への参戦理由を説明する科目「大戦の係争問題」（Issues of the War）を全米の大学向けモデルとして開発し、一九一八年、みずからのキャンパスでも実施した。その好評に印象づけられた教員たちは戦後、同科目をまずは「平和の諸問題」（Issues in Peace）、更には、「現代文明」（Contemporary Civilization）へと改組・改名し、新入生向けの必修総合教養プログラムとして整備した。このプログラムは多数の大学に採用され、コロンビアでは今日もなお継続している。西洋文明を、当初は一二世紀から、やがては古代ギリシアから現代まで通観し、その様々

表7.5　1926-1937年の博士号の授与総数での上位四校(25)

順位	大学	博士号授与数
1.	コロンビア大学	2,219
2.	シカゴ大学	1,975
3.	ハーヴァード大学	1,449
4.	ウィスコンシン大学	1,399

な問題を分析した総合的な科目には先例がなかったため、当初は担当者たち自らが作成した浩瀚なテキストを用いて行われた。毎週五日の日程で、全体講義とリーディング教材を用いたグループ・ディスカッションを基本とし、初期には現代の戦争の原因や結果の分析に重点をおいた。西洋文明中心の史観・文化観への批判の高まった現在、その命運が尽きかけているといわれるが、しかし疑いなく二〇世紀の教養教育の一成功例であった。

一九三〇年度の「現代文明」の科目概要（シラバス）によれば、前期では西欧近代の発展を、起点としての中世から宗教改革、科学革命、啓蒙期を経て、アメリカ合衆国の台頭まで、歴史的に辿った。現代に焦点をあわせた後期では、一九世紀後半以降の西欧社会を、各国の国内・対外問題、帝国主義と戦争を中心に分析した。一見して西洋史の如くであるが、宗教・思想史、科学・産業史、政治・経済史の相互作用を重視して、それぞれの時代が切り拓いた西欧文明の可能性と問題点、現代におけるその発現動態を探り、具体的な資料をもとに討論・検討に付す点に特色があった。自然・社会科学を包摂した、人文学的な角度からの文明批判の教育プログラムであった。この試みの特色は、一方では初期の担当者たちが公刊したテキスト、エドマン（Irwin Edman）の『人間の特性とその社会的意義』（*Human Traits and their Social Significance*, 1920）、ストーク（John Storck）の『人間と文明』（*Man and Civilization*, 1926）、ランダル（John H. Randall）の『近代精神の形成』（*The Making of the Modern Mind*, 1926）として結実した。他方、後継担当者たちが「現代文明」用に編集した原典資料集は、西洋世界の骨格形成を担ったプラトンからレーニンまでの手になる政治・経済・宗教・文学・科学思想等の抜粋を網羅し、一九六〇年の第三版では総計二千数百ページに及んだ。全米のカレッジ・大学に対し、新時代の人文学的な教養教育の典型を示したのである。

コロンビアの場合とは対照的に、ウィスコンシン大学とシカゴでの教養教育の実験は手痛い失敗に終わった。ウィスコンシン大学が一九二七年、文理学部内に立ち上げた二年制の「実験カレッジ」(The Experimental College) は、全米の注目を集めながら、わずか五年後に解散を余儀なくされた。[27] シカゴ大学の若き学長ロバート・メイナード・ハッチンズ (Robert Maynard Hutchins) が試みたグレイト・ブックス計画は、最新のシカゴ大学史での表現を捩《もじ》れば、「一人ぼっちの革命」に留まった。[28] にもかかわらず、二つの実践とそれらを支えた思想は、トインビーの体験とも通底し、世界大戦の影響を深く刻印した教養教育の歴史的な実験として、現在でも多くの者たちの関心を引いている。

中西部の研究大学ウィスコンシンは一九二七年、前アムハースト・カレッジ学長の哲学者アレクサンダー・マイクルジョン (Alexander Meiklejohn, 1872-1964) を招き、文理学部の内部組織として、二年間の学寮中心の教養教育プログラムの企画・運営を委ねた。彼は一面、哲学者らしく、以前から大学組織の内外の人々とも摩擦を生じ、また第一次世界大戦へのアムハースト生の応召に公然と反対した廉で、連邦政府から譴責を受けてもいた。[29] マイクルジョンは軽率な科学批判は謙めた一方、半世紀前のアトキンソンとは反対に、近代の科学技術の破壊性と、科学研究者たちの倫理的な空虚さを深く嘆いていた。[30] 彼によれば、一九世紀を通して専門分化した知を増殖させた科学の諸分野は、まとまりを保っていたそれまでの古典的な知の体系と融合せず、対立さえした。この結果、カレッジの教養教育は一大混乱を来した。というのも、首尾一貫した知の体系の伝達を通して、責任感の強い若者を育てていた教養教育は、科学の諸分野の細分化で知的に分断されたのみならず、専門的な科学研究は、間接的にせよ、戦争の推進に加担さえして、倫理とはますます遠ざかってしまったからである。科学を中心に増加し複雑化する知をいかに再編成しても、分化し分裂したままの知の学生への提示に終わる他はない。しかも教育担当者たる大学教員の多数が従事する研究活動は、倫理とはますます無縁化し、学生への感化を期待すべくもなかった。こうした教育を受け続けて学生は、専門職向けや専門的な知に埋没し、社会全般や人間全体の問題に無関心となった。大局から社会や人間を俯瞰し、その問題点を検討し、解決策を打ち出す能力や意欲を喪失した。教養教育の成立を根底から脅かす危機の到来であった。(31)

こうした窮状への打開の道を求め、マイクルジョンが「実験カレッジ」で試みたのは、大学の一、二年生の全時間をかけて、それぞれ古代ギリシアのアテネの社会（文明）と、現代のアメリカ社会（文明）の諸問題を学ばせた上で、両者を比較研究させることであった。それぞれの文明についての専門知の獲得が眼目ではなかった。最大の目的は、時間的にも、生活実感からも、大きく隔たった二つの文明の社会問題を学ばせ、別世界に近い両文明のただ中に、社会問題の根本構造を分析し、対応策を創出しようとする、共通な知的営みがある（あった）ことを、学生に気づかせることであった。そうした覚醒によって学生は、現在の社会諸問題をいわば外側から、全体的に観察・分析し、解決策を模索するために不可欠な立脚点を獲得することができるであろう。マイクルジョンが参照の枠組み（scheme of reference）と名付けたそうした立脚点を得て初めて、学生は自分の時代の社会問題を総合的に把握し対応するための出発点に立てよう。問題と取り組む気概と責任感とを身につけるという、本格的な教養教育の恩恵に与ることができるであろう。(32)

実験カレッジでは、四年の期間にわたって、学年ごと五、六〇名から最大一一九名が在籍し、一〇余名の教員と生活を共にした。第一学年では、当初は古代ギリシアのソロンの改革に焦点をあて、後にはプラトンの『国家』を中心テキストとして、テュートリアル、討論、講義や講演等を併用し、古代ギリシアでの社会問題とそれへの知的な対応を考究した。第二学年では、学生個々の出身地の実態調査を手がかりに、主としては一九世紀、更に大恐慌の最中の二〇世紀アメリカの諸問題を、『ヘンリー・アダムズの教育』を中心に検討した。科学も、現代の原動力としての観点から、一学期間を費やして学んだ。そうした知を総動員して、二つの文明での諸問題への対応法を比較し、現代の諸問題に取り組む視座と気概とを学生に付与しようとしたのである。[33]直接の影響関係は別としても、トインビーの体験と、マイクルジョンの「実験カレッジ」構想とが、歴史的な背景を共有したことには疑問の余地が少ない。実際、マイクルジョンはトゥキュディデスの『戦史』を、古代の主要テキストとして採用することを真剣に検討した。他方、ずっと後ではあるが、トインビーは、二〇世紀の大学教育の課題と、ソロンの時代の改革の課題との共通点を、アメリカの大学人に向け訴えたのである。[34]

しかし「実験カレッジ」の試みは、修了生の一部が政治的に過激化したとの評判が広まって志願者、特に州内からの志願者が年ごとに減少し、また大学の履修規則から逸脱したカレッジの運営に対する学内の批判も高まった等の理由により、開学後わずか四年で停止に追い込まれてしまったのである。[35]

（七）シカゴ大学の試み

シカゴのロバート・メイナード・ハッチンズは一九二九年、弱冠三〇歳でイェールの法学院院長からシカゴの学長に抜擢され、以後二〇数年の間、学長・総長として大学の改革を試みた。この間、高等学校の二年間と大学の最初の二年間を結合して学士学位を授与するカレッジを作って、グレイトブックス（西洋の名著）による全学的な教養教育を提唱した。更には学術博士（Ph. D.）の授与を大学教員志望者に限定する方針を提案した。いずれも教養教育に係る提案として全国的に注目された。しかし、グレイト・ブックスも大学教員志望者のみの学術博士授与の制度も、シカゴ大学の教授たちからは完全に無視された、と言って過言でない。何故無視されたのか。その最大の理由はハッチンズが、研究大学のメッカたるシカゴで広く遂行されていた専門的な科学的研究に根本的な疑念を抱いていた、と教授たちが確信したからだという。ハッチンズの科学不信を率直に指弾した経済学者ハリー・ギデオンス（Harry D. Gideonse）が、彼にシカゴを追われた時、関係教員は全員がギデオンスを支持し、誰一人ハッチンズに加担しなかった。(36)

では翻って、かくも教授たちに信頼のなかったハッチンズは、なぜ二〇数年もシカゴの指導者に留まれたのか。理事会の権限を始めとする制度上の理由を別として、教授たちの観点からして、ハッチンズは確かに一面頼りがいのある指導者であった。法律家だった彼は、シカゴの教授たちが外部から政治上の偏向を指摘され、学問の自由が脅かされた時、何度かにわたり、力を尽くして彼らと大学の自由を護り通した。(37)しかし不思議である。教授たちの研究活動に根本的な疑念を抱いていた彼が、一体何を護ったのか。こうした疑問への解答の一つは、ハッチンズの教育観、知識観に求めることができた。彼はアリストテレスのように、事柄を理論的に考え理解することに、最高の価値を置いていた。ここで注意すべきは、ハッチンズが学びの対象、すなわち何事を学ぶかと、その対象ないし何事かを「理解する」こととを区別した上で、理解する方を圧倒的に重視していたことである。かなり後の文章であるが、彼に特徴的な具体例を見よう。国の伝統を学ぶことは、教育になるのか、はたまたならないのか。両方がありうると彼は言う。

もし国の伝統を教える目的が、他のどれより自分たちの方が上だと言立てるためであるなら、そこには明らかに教育のかけらも存在しない。だがもしその目的が、理解するほうにあるのなら、自分自身の伝統の理解は、他の伝統の理解には不可欠とさえ言えるのである。(38)

何を教えるか、の「何」ではなくて、そもそも本当の「理解」が成立するのか否かへの強調が際立っていた。トインビーの一九一四年体験を想起して見よう。大戦に直面しトゥキュディデスを再発見する中で、彼は同時に、自分が信じ込んでいた、西欧近代を際立たせる根拠としての近代科学と民主主義とに疑問符を付した。古い信念の補強や絶対化とは正反対の反応であった。彼は古代を同時代として再認識したに留まらず、同時代としての未知の諸文明にも探求を拡げていった。ハッチンズの理解とはそうしたものを指した。イスラム教が最高だ、いやキリスト教の方が優れている、といった教えは、教育でも学習でも何でもなかった。そこには「理解」が存在しなかったから。そうした「理解」を前提にすれば、多くの人が通常は違和感を抱くハッチンズの有名な主張も、それほどに不自然とは感ぜられないであろう。一九三六年の『アメリカにおける高等教育』の一節である。

> 真理はどこであっても同じである。したがって教育もどこであれ同じであるべきである……全人民向けにデザインされた学習課程の核にあたるものは、教育が正しく理解されている限りにおいては、何時でも、何処でも、どんな政治体制下でも、社会的、経済的条件下でも、同じではないだろうか。(39)

異なった状況の下で、異なった対象に対しても、等しく理性を働かせる「理解」を護ることこそ、人間の共存にとっての希望であり、最高の存在理由であった。その保護を専門的に託された大学にとっては、大学教員が「理解」する権利は、大学の存在価値そのものであった。偏向を指弾された教員を徹底して護ろうとした彼の態度は、彼の教育観と一貫して同じものだったのである。

大学での専門分野の研究活動は、特殊な対象に没頭して特殊な成果を積み上げることで、研究主体をますます狭く囲い込み隔離していた。教員を中心とするこうした現実は、ハッチンズの意味での「理解」の教育を妨げた。したがって教育機関としての大学の立場から、彼は専門的な研究に大きな疑問符を付したのである。ではどんな類いの学修が人間の「理解」を確実に促進したのであろうか。彼は古典を通しての学びだと躊躇なく解答した。専門の研究は、多くの前提条件を、排他的なまでに必要とした。対して古典は、長く学問の訓練を積んだ者より、学校経験の乏しい若者や素人にこそ、しばしば強く訴える内容を備えている、と主張したのである。第二次世界大戦の最中、研究に邁進するシカゴの教授たちを揶揄するかのように、ハッチンズは次のように述べて、若い人には古典は難しすぎるとの定論に反駁した。

難しすぎる本の数が急に増加したのは、むしろ最近のことである……世界の古典的な名著の大部分は、ごく普通の人たち向けに著されたのであって、大学教授向け限定などではなかった……そうした名著は学び手が若ければ若いほど効果を発揮する……大学付属の高校生たちは名著を好んで読んでいる、というのも彼らにはそうした古典が、重要な事柄を扱った優れた本であると判るようになったからである。(40)

ハッチンズの言明は、西洋古典を中心とした彼の改革計画の辿った運命を一部反映していた。すなわち、彼の構想は成人教育の一環として全米的な広がりを見せ、一九四〇年代にはブリタニカ社の名著全集の出版という商業的な成功を収めさえした。(41)しかし、当初はハッチンズ自ら名著セミナーを実施し、学生の支持を多少とも得たにも関わらず、一九三〇年代中期以降の、シカゴ大学全体の教養教育改革においては、せいぜい各系列の科目の担当者に、名著を多く組み込むよう強い要望を出したに止まった。自然科学・社会科学での専門的な科学研究至上主義に立つ教授たちの大多数は、当然にもそうした要望に抵抗した。西洋の名著を必修課程の中核に据えると

いう彼の目論みは、失敗に終わったのである。(42)

教養教育にかかわる彼のもう一つの提案、すなわち学術博士（Ph. D.）を、学生を教える大学教授職の希望者だけに授与するという仕組みも、「理解」に深く関連していた。こうした希望者は当然にも、大学で「何ごとか」を教えるではなくて、何ごとかを「理解させる」ことを主眼とすべきであった。そうした「理解させる」ための教育を遂行できる人材の養成こそ学術博士課程の役割であり、専門研究に没頭する予定の者には、理学博士（Doctor of Science）とか文学博士（Doctor of Letters）とか、別建ての博士課程を用意しようと目論んだのである。当然にも、ハッチンズの学術博士の課程では古典が重要な役割を果たすはずであった。しかし、彼自身が回顧して述べたように、「一人として私の意見に同意させることは金輪際できなかった」のである。(43)

ハッチンズのこうした壮大な失敗、誤解を恐れずいえば「茶番劇」は、今日でもなぜ忘れ去られることがないのか。その理由は、トインビーの一九一四年の典型的な体験、すなわち「文明」国間の大戦に直面して、近代の諸制度、中でも専門的な科学研究への絶対的な信頼を喪失した体験を抜きにしては、説明できないであろう。しかも、ハッチンズのシカゴ在職中、更に第二次世界大戦さえ勃発したのである。改革では一敗地にまみれた彼は、古代アテネで市民の自己満足を批判して刑死したソクラテスに似て、過剰な自信で眠りかける二〇世紀の研究大学を鋭く刺すアブだったのではないだろうか。

ウィスコンシンのマイクルジョンやシカゴのハッチンズの試みを、当時の代表的な哲学者であったジョン・デューイはどのように評価したか。予想されるように、ほぼ全面否定であった。デューイはマイクルジョンが学修内容、学生、教員の統合を試みた努力は認めたが、しかしプラトンを読ませることで、現代社会の諸問題の自覚に学生を導く可能性については、根本から疑問視した。ハッチンズへの評価は更に厳しく、プラトン、アリストテレス、トマス・アクイナスを神格化し、科学的な知識論から逃亡した彼の教育論は、当時のファシズムの権威主義と殆ど同根である、と酷評した。[44] 二人が試みた教養教育の敗北の思想面での原因は、デューイによる批判にほぼ尽くされていた。しかし、トーマス・クーン（Thomas Kuhn）が先鞭をつけた科学研究自体の研究が進み、科学研究の成果に倫理面での疑問が以前に増して呈される今日、二人の教育実践に対するデューイの評価を全面肯定することはもはや不可能であろう。トインビーの体験についても、マイクルジョンとハッチンズの実践へのデューイ流の批判で済まされうるのか、大いに疑問である。そこで最後に、トインビー以降の教養教育の日本への影響に短く触れて、本章の締めくくりとしたい。

（八）戦後日本の大学改革と教養教育

戦後の日本の大学教育改革の基本方針を提示したのは、一九四六年の三月、占領軍の総司令部（ＧＨＱ）の要請に基づき、合衆国から派遣された教育使節団の報告書であった。自国の科学研究の弱体を思い知らされていた日本側は、使節団の結成に先立ち、ＧＨＱから団員の構成に関して非公式に打診を受けると、マサチューセッツ工科大学の教授を中心とする科学者・技術者の派遣を希望する旨返答していた。しかし実際に来日し、大学改革に係る報告部分を担当した五名中に科学者は皆無で、それどころか表7・6の名簿にあるように、多数派にあたる三名はいずれも文学やローマ古典の専門家、いわば人文学者であった。加えて、改革案を起草する責任を負ったのは、シェイクスピア学者のヴァージニア・ギルダースリーヴであった。[45]

彼らはどのような大学改革を勧告したか。日本にとって、科学研究がそれ自体で重要のみならず、戦後復興にとって不可欠なことは、彼らも認めた。しかし、その上で、報告書は有用性にまさる科学の別な諸特質をあえて指摘した。

表7.6 『合衆国教育使節団』中の高等教育班

氏名	所属	専門分野
ウィルソン・コンプトン	ワシントン大学	経済学
ミルドレッド・ホートン	ウェルズレイ・カレッジ	社会学
ロイ・デフェラリー	ワシントン・カトリック大学	西洋古典
D. スティーヴンス	ロックフェラー財団	イギリス文学
V. ギルダースリーヴ	バーナード・カレッジ	イギリス文学

教育においては、科学的成果（scientific results）よりも、むしろ科学的性格（character）が、一国の福祉のためにより重要である……こうした科学的性格は、証拠を前にしての謙虚さ（humility）、諸事実を蓄積する勤勉を前にしての忍耐力（patience）、そして発見した成果を分かち合う協調の精神（a cooperative spirit）……を要求する……自由な思考のバックグラウンドを拡大し、専門的な訓練を下支えするよりよい基礎を備えるため、もっとのびやかな人文的態度を涵養すべきなのである(46)。

性格、謙虚さ、忍耐力などは、バビットを含む既述のネオ・ヒューマニストたちが、頻繁に用いた用語であった。戦後の教育改革を一色に塗りつぶした如く主張されるジョン・デューイの進歩主義と、対極に位置する考え方であった。

日本側は大学教育改革の一部として、人文、社会、自然の三系列それぞれ一二単位を配分した一般教育を導入し、使節団の勧告に従った。読者の多くは何らかの形で、そうした方針を体現した大学教育を受けたはずである。本章でこれまで瞥見した合衆国での歴史に照らすと、一般教育を中心とする大学改革について次の二点が指摘できる。一つには、この間の合衆国での教養教育改革は人文学を核として、科学への無条件の信頼を切り崩そうとした、イデオロギー性の強いものを主流としていたこと。科学への渇望と礼賛とが絶えず、学生の間では共産主義（社会科学）へ

表7.7　ICUの第1期から10期生までの卒業学科別人数と割合

卒業学科	人文学	社会科学	自然科学	その他	合計
人数	323	800	185	206	1514
割合	21%	53%	12%	14%	100%

『国際基督教大学同窓会会員名簿』2000年から集計。

の信仰が深かった戦後日本では、そうした点があまり意識されないまま、一般教育が普及したのではないか。ちなみにICUの一期生（一九五三年入学）からの一〇期生（一九六二年入学）のうち、人文学、社会科学、自然科学科別の卒業生総数は、表7・7のようであった。既出の合衆国での卒業生の分野別割合（表7・3）と比較すると、社会科学が飛び抜けて多く、人文も相当な数に達し、自然科学が最も少なかった。学科ごとに一応の定員枠があったとしても、社会科学の人気では日本の学生一般の関心を反映し、人文学専攻の多さ、自然科学の少なさでは合衆国の傾向も反映した数字と言えようか。

教育使節団がその報告書を公表した同じ一九四六年の四月、合衆国では歴史家のハワード・マムフォード・ジョーンズ（Howard Mumford Jones）が、人文学者を主たる提案者、更には改革実行者とした当時の教養教育改革の問題点を論じていた。人文学者は通常、科学を積極的に学ぼうとせず、その科学観はせいぜい前世紀レベルで、科学者との間の溝を深めた。その結果、シカゴで見られたように、多数派の教授たちと、改革主導者とが真っ向から対立し、大学が分裂した例も少なくなかった。こうした改革では人文学者が提唱した教養教育の統一（unity）などとても達成できない、と強く警告したのである。[47] 日本はそうした問題点の検討を省略したまま改革を断行し、そのつけは遥か後まで清算されずに残った。人文系学問の無用論の突然の（と見える）出現なども、一部はそうした歴史の帰結である。

もう一点は、二〇世紀前半の合衆国の大学教育が、それまで優勢だったドイツ大学の教育研究への絶対信頼から脱して、オックスブリッジの伝統へ回帰する傾向を見せた点である。自立思考に長けた独立人を育てようとした教養教育は、スワスモア・カレッジが先導したオーナーズ・プログラムのみならず、マイクルジョンの『実験カレッジ』、更にハッチンズの実践でも、テュートリアルや少人数の対話形式の訓練を積極的に試みた、高価な教育であった。貧しかった敗戦直後は言うに及ばず、豊かになった二〇世紀から二一世紀にかけても、ＩＣＵを含めた日本の大学は、そうした教育実践を十分に導入したとはいえない。今後、日本の大学が教養教育の改善を真剣に試みるのであれば、合衆国を経由して改造されたイギリスの大学の教育方式の可能性を、真剣に検討し直し行動に移す必要があるのではないか。

（九）トインビーとＩＣＵ

最後に、人文学のイデオロギー性に関して、一九五六年の一一月、創設期のＩＣＵを訪れた際の歴史家トインビーの講演を紹介して、本章を終わりたい。「イデオロギー上の戦争が内包する宗教的な課題」（The Spiritual Challenge of the Ideological War）と題したこの講演で、トインビーは一九五六年の世界は、総人口の四分の一を占める資本主義と共産主義の両陣営が、残り四分の三の人口を自分たちの陣営に獲得しようと、プロパガンダ合戦を繰り広げた冷たい戦争の時代だ、と主張した。彼によれば、東西両陣営を対立させた根本理由は、経済制度にはなかった。根本理由は、この地上の人間のどちらの側面を重要視するか、すなわち社会集団としての人間に価値を置くか、それとも、実にちっぽけな存在とは言え、一人一人の人格に価値を置くか、の違いにこそ起因する、と論じたのである。昨今の中国と合衆国の対立などを、彷彿とさせる論である。ところで、この対立で一見して不利な立場に置かれたのは資本主義陣営、すなわち西側であった。なぜか。一人一人の人格がどうして絶対的に大切なのか、突き詰めて問われると、西側陣営から出る説明はしどろもどろで一貫性がなく、説得力を欠いたからである。それもそのはずで、トインビーによれば、一人一人の人格の尊重は、人間の絶対神との関係という、キリスト教神学に由来していた。ところが今日、西洋人の大部分は、口では何と言っていようと、「事実上本物のキリスト教徒ではない」。人格の尊重は、支えをすっかり失った空虚な主張、死滅しつつある遺産の上に咲いたあだ花に過ぎず、いかにも力が弱かった。これに対し、社会集団としての人間を宇宙で最高の存在と見なした共産主義イデオロギーは、遥かに一貫性に富み、リアリティーをもつように映った、のである。

西側陣営が人格の尊重の立場を強化するには、それを産み出したのと同じ強さの土台を再構築する必要があった。トインビーによれば、しかし、そうした再構築を伝統的なキリスト教への回帰によって実現することは不可能であった。一七世紀以来の西欧の知的な諸経験を消し去ることは、できない相談だったからである。こうして彼は、二度の世界大戦を経てなお継続する広義の世界大戦の根底には、宗教を含んだ人文学の課題、The Spiritual Challenge が横たわっている、と主張したのである。(48) 随分と宗教がかった議論で、この講演はキリスト教大学を標榜するＩＣＵに辻褄を合わせたのではないか、といぶかる向きもあろう。しかし、トインビーの論は当時の彼の遠大な歴史研究を支え続けていた柱でもあった。(49) ちなみに彼は、全く同じ内容の講演を、同じ時、東京大学でも行ったのである。一九一四年、トインビーがトゥキュディデスを再発見して現代を深く反省した体験は、間違いなく、その後の大学教育、学問研究に一つの課題を突きつけたと思われる。小規模なＩＣＵといえども、宗教を含めた人文学を先頭に、その課題の一端を独自に担い続けなければならないであろう。

［注］
（１）Arnold J. Toynbee, *Civilization on Trial*, Oxford Univ. Press, 1946, p.8.
（２）Do., *A Study of History*, vol. I, Oxford Univ. Press, 1951 (1934), pp.1-2.
（３）教養教育には専門教育と対比される意味がない訳ではないが、しかし現在のアメリカ合衆国では、主として学士課程を通しての学術中心の教育を指す。すなわち最終的には生命科学とか、心理学、数学とかを専攻する教育全体を指すのであって、いわゆる「教養」だけを受ける教育のことではない。舘昭『大学改革　日本とアメリカ』玉川大学出版部、一九九七年、第二章、谷聖美『アメリカの大学』ミネルヴァ書房、二〇〇六年、第五章、を参照。

（4）Thomas H. Huxley, *Science and Education: Essays*, D. Appleton, 1897, Chapter VI, "Science and Culture (1880)" 参照。

（5）William P. Atkinson, *Liberal Education of the Nineteenth Century*, D. Appleton, 1873, p. 25.

（6）John Erskine, "The Humanities in the New College Program." *The Journal of Higher Education*, May 1947, p. 228.

（7）Louis J. A. Mercier, *American Humanism and the New Age*, The Bruce Publishing, 1948, Chapter 1 参照。

（8）Irving Babbitt, *Literature and the American College*, National Humanities Insitute, 1986 (1908), pp.106-07.

（9）*Ibid*., p.101.

（10）F・K・リンガー著（筒井清忠他訳）『知の歴史社会学』名古屋大学出版会、一九九六年、第四章参照。

（11）川崎修『ハンナ・アレント』講談社学術文庫、二〇一四年、第一、第二章参照。

（12）Arnold J. Toynbee, *Hellenism: The History of a Civilization*, Oxford Univ. Press, 1959, p. vii 参照。

（13）John Dewey, Progress. In John Dewey: *The Middle Works*, Vol. 10, Southern Illinois Univ. Press, 1980, p.236.

（14）William F. Ogburn, *On Culture and Social Change*, Univ. of Chicago Press, 1964, pp. 86 参照。

（15）Patricia Beesley, *The Revival of the Humanities in American Education*, Columbia Univ. Press, 1940, pp.127-128; Geoffrey Galt Harpham, *The Humanities and the Dream of America*, The Univ. of Chicago Press, 2011, pp.147-150 参照。

（16）Hugh Hawkins, *Banding Together: The Rise of National Associations in American Higher Education, 1887-1950*, The Johns Hopkins Univ. Press, 1992, pp. 10-15 参照。

（17）David S. Jordan, *The Care and Culture of Men*, The Whitaker & Ray, 1896, p. 53; William R. Harper, *The Trend in Higher Education*, The Univ. of Chicago Press, 1905, p. 379 参照。

（18）David W. Breneman, *Liberal Arts Colleges*, The Brookings Institution, 1994, pp. 144-151 参照。

（19）表と引用は共に、Biennial Survey of Education in the United States, 1950-52. Chapter 4, Section II, U.S. Office of Education, p. 8 から。

（20）　合衆国のカレッジ・大学の発展については以下を参照。Jurgen Herbst, *From Crisis to Crisis: American College Government, 1636-1819*, Harvard Univ. Press, 1982; Roger L. Geiger, *The History of American Higher Education*, Princeton Univ. Press, 2016.

（21）　W. H. Cowley, "The History of Student Residential Housing." *School and Society*, Vol. 40, No.1040, pp.707-11 参照。

（22）　Paul Venable Turner, *Campus: An American Planning Tradition,* The MIT Press, 1984, pp. 31, 71, 305 参照。

（23）　Alex Duke, *Importing Oxbridge : English Residential Colleges and American Universities,* Yale Univ. Press, 1996 参照。

（24）　Akira Tachikawa, "The Honors Program on Trial: Swarthmore College in the late 1920s." *Journal of the Midwest History of Education Society*, XIX, 1991, pp.130-140 参照。

（25）　Mary Irwin (ed.), *Higher Education in the United States,* American Council on Education, 1961, 155-56 から。

（26）　Chauncey S. Boucher, *The Chicago College Plan,* The Univ. of Chicago Press, 1935, pp.1-10; Mary Ann Dzuback, *Robert M. Hutchins: Portrait of an Educator,* The Univ. of Chicago Press, 1991, 特に Chapter Six 参照。

（27）　E. David Cronon and John W. Jenkins, *The University of Wisconsin, Vol. III: A History, 1925-1945*, The Univ. of Wisconsin Press, Capter 3 参照。

（28）　John W. Boyer, *The University of Chicago: A History*, The Univ. of Chicago Press, 2015, "One Man's Revolution" と題された四章を参照。

（29）　Adam R. Nelson, *Education and Democracy: The Meaning of Alexander Meiklejohn,* The Univ. of Wisconsin Press, 2001, p. 86 参照。

（30）　Alexander Meiklejohn, *The Liberal College*, Marshall Jones, 1920, pp. 43-45; Nelson, *op. cit*., p.159 参照。

（31）　Alexander Meiklejohn, *Freedom and the College*, The Century, 1923, pp.170-79; do., *The Liberal College,* pp. 74-75 参照。

（32）　Alexander Meiklejohn, *The Experimental College,* Harper & Brothers, 1932, 四 及び 五章を参照。

（33）　*Ibid*., 六 及び 七章を参照。

（34）　*Ibid*., p. 107; Arnold Toynbee, "Higher Education in a Time of Accelerating Change." In: Alvin C. Eurich (ed.), *Campus 1980*, Delacorte Press, 1980, p. xxiv 参照。

（35）　Nelson, *op. cit*., pp.179-185; Cronon and Jenkins; *op. cit*., pp. 192-93 参照。

（36）Boyer, *op. cit.*, p.250 参照。
（37）*Ibid.*, 第四章参照。
（38）Robert M. Hutchins, *The Learning Society*, Penguin Books, 1968, pp.75-6.
（39）Robert Maynard Hutchins, *The Higher Learning in America*, Yale Univ. Press, 1936, p.66.
（40）Robert Maynard Hutchins, *Education for Freedom*, Louisiana State Univ. Press, 1943, p.15.
（41）*The State of the University, 1929-1949: A Report by Robert M. Hutchins Covering the Twenty Years of His Administration*, The Univ. of Chicago, 1949, p.32 参照。
（42）Dzuback, *op. cit.*, p. 135 参照。
（43）*The State of the University, 1929-1949*, p.18.
（44）John Dewey, *The Later Works, 1925 -53*, Vo. 11, Southern Illinois Univ. Press, 1987, pp.391-407 参照。
（45）土持ゲーリー法一『新制大学の誕生』玉川大学出版部、一九九六年、一四二頁、六七頁、拙稿「アメリカ合衆国での人文学の復興と日本の戦後高等教育改革」『教育研究』四四、国際基督教大学、二〇〇二年、一一一五頁参照。
（46）村井実訳『アメリカ教育使節団報告書』講談社学術文庫、一九七九年、一一七―一八頁（訳文の一部を変更した）。
（47）Howard Mumford Jones, *Education and World Tragedy : The Rushton Lectures*, Harvard Univ. Press, 1946, Chapter 2 参照。
（48）A・J・トインビー、松本重治訳『歴史の教訓』岩波書店、一九五七年、一七七―一九一頁参照。
（49）Arnold J. Toynbee, *A Study of History*, vol. IX, Oxford Univ. Press, 1954, p.449 参照。

第Ⅲ部　ヴォーリズのことば

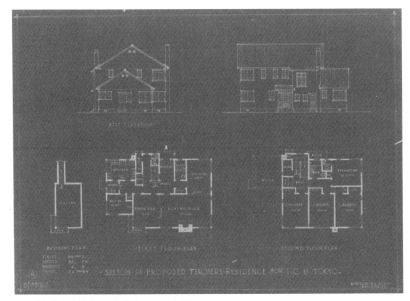

国際基督教大学教職員用住宅案（1949年頃）

学内に建設された教職員用住宅の提案図だが、実際は入居予定者の家族構成や要望などを基にして建設されたと思われる。住宅の多くはキャンパス内の国分寺崖線に沿って建てられ、かつては多くの住宅から富士山が望めたという。

第八章　ヴォーリズの手紙
――ある名建築家のコミュニケーション

樺島榮一郎

はじめに

建築家とは、多くの場合、他人である施主の命運がかかった多額のお金を使い、自分の良いと信じる作品を作るという変わった職業である。したがって、建築家に必要な能力とは、斬新さや美しさ、使いやすさなどを実現する建物を設計する能力とともに、施主の希望を聞きつつ建築家の考える建築を納得してもらうコミュニケーションの能力であると断言できる。いや、むしろ後者のコミュニケーションの能力のほうがはるかに重要であると言えるのかもしれない。建築家に求められるコミュニケーションのなかでも、施主とのコミュニケーションは特に大切なものだ。個人で始めた建築家の事務所が発展し、所員を抱えるようになると、どのように仕事が分業されるのかを考えてみれば良い。図面を書くことや、積算、建設業者とのやり取り、場合によってはスケッチやコンセプトづくりも所員に任せることがあっても、結局、建築家が最後まで担うのは、施主との折衝なのである。

本章は、ヴォーリズという名建築家と施主である国際基督教大学の手紙のやり取りを分析するものである。この研究には、以下のような意義がある。第一に、建築家のコミュニケーションという面である。手紙のみという限定されたコミュニケーションではあるが、建築家のコミュニケーションの一例となりうる。第二に、ヴォーリズ研究という面である。手紙を読むことで、ヴォーリズの言葉使い、人格と人生、電話が一般的でない時代に遠隔地とどのように仕事を進めたのか、などを知ることができる。そして、本書の主題であるヴォーリズがこの大学にどのような夢（思い）を抱いていたか、それを明らかにすることができる。結果として、この研究は、第二の意義が多くを占めることとなった。

本章は、その前半で一粒社ヴォーリズとＩＣＵに残されている三三三点の資料の概要を整理する。後半では、ヴォーリズが書いた手紙を個別に取り上げ、その特徴を明らかにする。

（一）ヴォーリズの手紙概要

一粒社ヴォーリズ建築事務所東京事務所には、二七五点の国際基督教大学とのやり取りの手紙や資料が残されている。筆者が、国際基督教大学のキャンパスの歴史や建築についての研究を始めたのは一九九七年末だが、当時、国際基督教大学とヴォーリズの関係に言及した既存の資料は全くなかった。そこで、直接一粒社に電話をして、お話を伺うことにした。一九九九年四月のことである。ご対応いただいたのは片桐郁夫一粒社ヴォーリズ東京所長（当時）と佐藤良一東京副所長（当時）で、お二人はさまざまなお話をお聞かせいただいたのみならず、最後に、インクで“I. C. U.”と書かれた古いＡ４の封筒をお貸しくださった。

今回の研究は、この一粒社所蔵の資料の整理から始めた。この資料を時系列に並べて分布を把握し、当時のＩＣＵでの建物建築の状況と照らし合わせると、多くの建物が建設された一九五四年以降の資料が極端に少ない

表8.1　ヴォーリズ事務所資料およびICU図書館歴史資料室資料の内訳

	一粒社の資料		ICU図書館歴史資料室の資料	
	コピーを含む数	コピーを含まない数	コピーを含む数	コピーを含まない数
手紙	210	158	28	27
手紙（メモ）	10	10	22	22
その他資料	37	36	8	8
議事録	8	8	0	0
見積もり	5	5	0	0
契約書	3	2	0	0
電報	2	2	0	0
合計	275	221	58	57

一粒社ヴォーリズ事務所所蔵資料および国際基督教大学図書館歴史資料室ファイル「7-1-18」に基づき、筆者作成

ことが明らかになった。そこで二〇一七年一一月に、ICU図書館の歴史資料室に確認したところ、数年前までは公開されていなかったヴォーリズやキャンパスの建設に関連した大量の資料の存在を知った。今回は、一粒社の資料から特に抜けていると思われる、一九五四年から一九五六年のヴォーリズ社との手紙や資料のフォルダ(1)を整理し、一粒社の資料と合わせて研究することとした。このフォルダは、一九五三年四月から一九五七年五月までICUの財務担当副学長を務めたハロルド・ハケット（詳しくは後述）がヴォーリズ社とのやり取りをファイルしたもので、五八点の資料からなる。

これらの資料の概要を整理すると以下のようになる。

第一に、資料の内訳である。筆者は今回の資料を、手紙、その他資料、議事録、見積もり、契約書、電報の六つに分類した。その他資料には、キャンパス整備のスケジュール、募金の建物ごとの目標金額、募金呼びかけの文章、建物や備品の提案書など、さまざまなものが含まれる。契約書には受諾書・合意書など契約書に準じるものも含む。この分類に基づき、その数を整理すると表8・1のようになる。ヴォーリズ社の資料には、主に手紙を複製したコピーが五四点含まれているので、コピーを

表8.2　年別で整理した資料の分布および出来事

年	資料総数合計	うち一粒社資料		うちICU資料		出来事
		総数	うち手紙および手紙（メモ）	総数	うち手紙および手紙（メモ）	
1949年	22	22	17	0	0	6月、国際基督教大学計画関係者が御殿場で会議、大学概要決定
1950年	60	60	48	0	0	春、ヴォーリズが、本館、理学館、体育館、泰山荘(4) 等の改築／建築計画作成。開学を1951年春から52年春に延期
1951年	72	72	62	0	0	2月、本館改装工事起工
1952年	13	13	9	0	0	4月、国際基督教大学献学。このころ教員住宅3棟、学長宅、既存建物のアパートメントへ改装（東林荘）などの工事
1953年	9	9	7	0	0	4月、正式開学。秋、礼拝堂・教員住宅着工
1954年	20	2	1	18	15	4月、男子寮・女子寮、食堂、教員住宅1軒着工。5月9日、礼拝堂献堂式。11月、女性向け教職員アパート（メイプルハウス）、教員住宅5軒着工。教会音響問題
1955年	30	6	3	24	20	5月25日、男子寮・女子寮、メイプルハウス、教員住宅、食堂の献堂式。このころ本館内図書館の蔵書があふれ図書館建設計画が持ち上がる
1956年	19	4	4	15	14	第二男子寮、第二女子寮完成し使用開始
1957年	17	17	11	0	0	6月、ディッフェンドルファー記念会館着工。夏、ヴォーリズ軽井沢でクモ膜下出血に倒れる、当時77歳
1958年	8	8	5	0	0	3月、ディッフェンドルファー記念会館献堂式。新しい顧問建築家としてアントニン・レーモンドを招聘

1959年	1	1	1	0	0	6月22日、図書館着工、礼拝堂の改築開始。シーベリーチャペル完成し使用開始
年不明	7	7	0	0	0	
合計	278	221	168	57	49	
コピー	55	54	52	1	1	
コピーを含む資料総数	333	275	220	58	50	

一粒社ヴォーリズ事務所所蔵資料および国際基督教大学図書館歴史資料室ファイル「7-1-18」に基づき、筆者作成

含む数と、含まない数に分けて整理した。コピーは、キャンパスの現地事務所、東京事務所、近江八幡の本社の関係する複数の社員で情報を共有するために作られたものであろう。コピーを含まない数の一粒社資料とICU資料をみると、手紙が一八五点、手紙だがメモと題され業務的側面の強いものが三二点、合計すると二一七点で、全体点数二七八点に対して、七八%が手紙である。この手紙の割合の高さに加え、電報を除き、議事録、見積もり、その他資料等は手紙で同封と言及されたものがほとんどであり、手紙が業務の基本的なコミュニケーション手段だったことを示している。

第二に、この資料が記された時期は以下のように整理できる。最も古いものは一九四九年八月八日にアメリカの日本国際基督教大学財団の会長であったディッフェンドルファーからヴォーリズへ送られた手紙で、ヴォーリズがICUの顧問建築家に選ばれたことを知らせるものだ。最も新しいものは、一九五九年二月四日のヴォーリズ事務所のオザキ氏から当時のICUの財務副学長ブルナーへの手紙で、レーモンドが行う礼拝堂の改築へのヴォーリズ事務所の関与を否定するものとなっている。これ以降、ヴォーリズ事務所と国際基督教大学の関係は基本的に解消された(2)ので、ICUとの最後のやり取りと考えられるものである。最初の手紙から最後の手紙まで約一〇年、少なくとも期間という面からみれば

第一期のＩＣＵでのヴォーリズ事務所の仕事をすべて含んでいるということになる。コピーを除いて、年別に整理すると表８・２のようになる。当時の国際基督教大学での仕事との関係が分かるように、出来事の欄には、各年に起こった建築に関係する出来事を記した。(3)

（二）距離を超える英語とタイプライター

他に資料全体を見て特に指摘できることとして、ほぼすべての資料が英語で記されていることがある。例外は、三点の和文資料で、第一のものが女子寮でのボヤの報告書（一九五〇年二月八日）、第二が本館西翼にあった図書館の床荷重に関する報告書（年月日不明、一九五五年二月？）、第三が女子寮での溶接作業中の小爆発の報告書（一九五五年三月三日）である。いずれもヴォーリズ社の現地事務所の社員が緊急に書いたものであり例外と言えよう。これら和文の文書はすべてカーボン紙を使った手書きの複写として残っている。これらを除けば、日本人が書いた手紙やメモも、すべて英語だ。タイプライターで書かれた手紙にヴォーリズ事務所の日本人社員が手書きでコメントを書き添えた資料が二点あるが、このコメント部分ですら英語であり、その徹底ぶりには驚かされる。

これは、当時のＩＣＵに特有な状況だったのだろうか、ヴォーリズ事務所の業務のあり方だったのだろうか。恐らく、その両方であろう。ヴォーリズがＩＣＵの顧問建築家であった一九四九年から一九五六年の間、そしてその後しばらくも、ＩＣＵの行政は幹部レベルでは英語で行われていたことが、ＩＣＵ側に残る英語で記された理事会の議事録や書類などから分かる。学長の湯浅八郎は、一八歳で渡米し、アメリカで大学および大学院教育を受け英語に堪能であったし、財務副学長のハケット、学務副学長のトロイヤーはアメリカ人であった。今回の資料のなかには、日本人幹部職員の細木盛枝やヴォーリズ事務所の日本人現地社員と、ハケットとの多数のやり取りが含まれるが、これらもすべて英語である。また、ヴォーリズ事務所内のやり取りも、英語でなされている。例えば、一九五六年二月二日のＩＣＵの現場事務所勤務であった柿元氏からヴォーリズへの、ＩＣＵ関係者とのミーティングの報告の手紙も手書きの英語で記されている。また、ヴォーリズが事務所に向けて書いた短い手書きの指示も英語だ。戦前からヴォーリズ事務所は、キリスト教ミッションなどの外国人クライアントを多く獲得してきたが、その大きな要因の一つに英語でのコミュニケーションがあったことが今回の資料から明確に見えてくる。

また、一二点の手書きの手紙や資料を除いて、すべてタイプライターが使われていることも特筆できる。コピーを除いた資料点数二七八点のうち、手書きの一二点は四・三％にすぎない。一二点のうち、三点が前記の和文報告書、残り九点のうち七点がヴォーリズの手書きの手紙である。ヴォーリズは手書きで気軽に手紙を送る傾向があった（これについては後述）。そして、カーボン紙と薄いタイプ用紙を使って一度に複数枚の文書を作成できるタイプライターにより、多くのコピーが作られている。そもそも、手紙のみならず、すぐに捨てられそうな現場事務所や職員へのメモまでもが残っているのは、秘書がタイプライターで清書する際にコピーを作成し、それを差出人控えとして保管していたからだ。特にヴォーリズ社内では、他の担当社員と情報共有を行うためであろう、ヴォーリズの手紙は一九五〇年六月までは基本的に三通のコピーを作り、一九五二年一月までは二通のコピーを作っている（それ以降は控えの一通のみ）。また、ヴォーリズもしくはヴォーリズ事務所の宛名でＩＣＵから受け取った手紙・手紙（メモ）七五通のうち、二一通は、わざわざ社内のタイプライターでコピーを作成している。タイプライターはコピー機のない時代のコピー機でもあったのだ。そして、著者も今回、これらの資料を読む際に痛感したが、タイプライターによる文書は読みやすく、手書きより圧倒的に早く読むことができる。

タイプライターによるコピーは、社内の一対多のコミュニケーションを可能にしていただけでなく、他人の手紙のコピーや資料を同封するという方法で、組織を超えた一対多のコミュニケーションを可能にするものでもあった。例えば、一九五〇年五月四日にハケットがヴォーリズに送った手紙では、その二日前にハケットがニューヨークの日本基督教大学財団（以下、ＪＩＣＵＦ）に送った手紙のコピーが同封されている。当時のＩＣＵの建物建設は、ＪＩＣＵＦを通じた全米の募金により賄われ、資金面ではＪＩＣＵＦの承認が必要とされる一方で、建物プランは三鷹キャンパスのハケットと近江八幡のヴォーリズがやり取りし、近江八幡のヴォーリズ社で作成、三鷹キャンパスで開催された建物委員会、理事会で承認された。また、募金のＰＲのために先行してプランやスケッチをＪＩＣＵＦに送る必要があり、募金の進捗状況や大学の状況の変化により、何度もプランを作り直し、作り直しに伴う資金面の承認のためにＪＩＣＵＦに見積もりを送るなど、非常に複雑な業務の進め方となった。これを、ニューヨークと三鷹と近江八幡の間で行うのである。タイプライターのコピーによる情報共有は、ＩＣＵの建築計画において、必須だったと言えよう。

しかし、このような状況はヴォーリズにとって初めてではなかったはずである。良く知られているように、戦前にヴォーリズは、多くのミッション・スクールの建築を手がけた。そして、その多くはＩＣＵと同じようにアメリカのキリスト教諸宗派からの資金援助によって建てられたものであった。当然、日本にいる学校運営者だけでなく、アメリカにある宗派本部とのコミュニケーションも必要とされたことだろう。また、ヴォーリズの設計による建築は一五〇〇余にものぼり、北は北海道から南は沖縄まで、さらには韓国・北朝鮮、台湾や上海にも広がっているが、この数の多さと地理的な広がりは、英語とタイプライターが実現した効率的なコミュニケーションが可能にしたのだ。

もちろんタイプライターを使った業務は、当時のアメリカで一般的なビジネス慣行であり、ヴォーリズやＩＣＵだけの特徴ではない。レターサイズへの統一、住所連絡先を書いたレターヘッド、日付、宛名、差出人を手紙自体に記す書式の統一（封筒がなくても手紙の位置づけが分かる）なども含んだ、この一連のシステムは、広い国土で対面によらず距離を超えて業務を可能にする仕組みとして確立したもので、アメリカ人や英語に精通した人々の共通の常識であったことは今回の研究でも強く感じるところである。これは国を超えて業務を行うことを容易にしたのみならず、今回のように整理・保管された文書により歴史が作られていくという面でも、タイプライターを使ったアメリカの文書管理システムの優位性を再確認させられる。

（二）カウンターパートとしてのハロルド・W・ハケット

今回の資料には、コピーによる重複を除くとヴォーリズが差出人である手紙が六二通、ヴォーリズが受け取り人である手紙および手紙（メモ）が八七通ある（受け取りにはヴォーリズ事務所ヴォーリズ宛（The Vories Company Attention: Dr. Merrell Vories Hitotsuyanagi）なども含む）。それらの宛先、差出人を整理すると表8・3、表8・4のようになる。表8・3、表8・4を見ると、ICUのプロジェクトにおいて、ヴォーリズが群を抜いてやり取りしたのは、ハケット財務担当副学長であったということが一目瞭然だ。ハケット（Harold Wallace Hackett, 1894-1958）の経歴は以下の通りである。一八九四年にウィスコンシン州に生まれたハケットは、一九一五年にケンタッキー州のリベラルアーツ・カレッジであるベレア大学（Berea College）を卒業、コロンビア大学大学院を経て、一九一八年から二年間ベレア大学で会計補佐を務めた。そして、一九二〇年から一九四一年までの長きにわたって日本に滞在し、アメリカンボード・ジャパンミッションの会計および神戸女学院の会計を担った。一九四一年、日米関係の悪化に伴う退去勧告によりアメリカに帰国し、一九四二年にアメリカンボード会計補佐を務めた。一九五〇年に再来日、一九五三年までは国際基督教学園理事兼会計、一九五三年四月からは学校法人国際基督教大学理事・国際基

表8.3　ヴォーリズが出した手紙の宛先

ハケット	34
ディッフェンドルファー*	13
湯浅八郎	3
MASTEN-WRIGHT社	2
トロイヤー	2
スミス	1
JICUF	1
（応札した）建設会社各位	1
サージェント社	1
チェーピン	1
トムリソン	1
一柳満喜子	1
マーティン	1
合計	62

ディッフェンドルファーはJICUF初代会長、湯浅八郎はICU初代学長、MASTEN-WRIGHT社はヴォーリズが通常使った蝶番などの金具メーカー、サージェント社製品の販売会社、トロイヤーはICUの初代学務副学長。他に以下の各人に一通ずつ：スミス（John Coventry Smith）はJICUF初代副会長、サージェント社は前出の金具メーカー、チェーピンは1910-1913年のヴォーリズ合名会社共同経営者（後述）、トムリソンは近江兄弟社への入社を希望するアメリカ人、マーティンはブルックリン大学教授。
＊JICUF宛だが、Attention: Dr. R. E. Diffendorfer, Presidentと書かれたものも含む。

督教大学財務副学長となり、体調不良により一九五七年五月に帰国するまで、その地位にあった[5]。

特筆すべきは、戦前に神戸女学院で理事を務め、ヴォーリズの最高傑作のひとつである神戸女学院岡田山キャンパスの建設時（一九二九―一九三三）に、建築委員会の委員長であったことである[6]。神戸女学院の建物が素晴らしいものになったのは、ヴォーリズ事務所の力量はもちろんであるが、神戸女学院側で計画の実務を担ったハケットとのコミュニケーションが適切であったことも一因として挙げられる。実際、ハケットは、ヴォーリズを伴い帰宅し食事した後も、なおキャンパスに関する話し合いを続けていたという[7]。岡田山キャンパスの落成式では「設計者工事者に対する感謝状贈呈」が式次第に含まれ、建物ごとの寄付者経歴や寄付の経緯を記した記念誌『新築記念帖』

表8.4　ヴォーリズが受け取った手紙の差出人

ハケット	54
ディッフェンドルファー	11
湯浅八郎	6
ルース・ミラー	3
山本忠興	2
David Bryn-Jones	1
E. Stanley Jones	1
Edna Diffendorfer	1
KURITA商会	1
Paul Wunderlich	1
小川Y（ヴォーリズ社員）	1
柿元（ヴォーリズ社員）	1
大成建設松下	1
高橋たね	1
竹中工務店社長	1
トロイヤー	1
合計	87

ルース・ミラーはJICUF事務局長の行政補佐でのちに主事、山本忠興は早稲田大学理工学部長ののちに東京女子大学理事長を務めICU計画の初期段階で日本側の中心となった人物、David Bryn-Jonesは不明だがヴォーリズの友人と思われる人物、E. Stanley Jonesも詳細は不明だが礼拝堂に関連した寄付をしたと思われる人物、Edna Diffendorferはディッフェンドルファー JICUF会長の妻、Paul Wunderlichはニューヨークの温熱設備のコンサルタント、高橋たねはICUの初代図書館長。

でもわざわざ一頁を割き、ヴォーリズ（および施工会社社長の竹中藤右衛門）に謝辞を表していることから見ても分かるように、神戸女学院側の満足度は非常に高かった。ちなみにこの謝辞には、監督を務めたヴォーリズの片腕たる村田幸一郎と、のちにＩＣＵで現場監督を務めることとなる原仙太郎への言及がある。

このようなつながりから、ヴォーリズとハケットはＩＣＵのプロジェクトを始める前から、互いに信頼関係があった。そのため、ヴォーリズとハケットの手紙のやり取りは、シビアなことを伝える場合を除いて、Dear Merrell、Dear Haroldもしくは Harold sanと手紙の冒頭の宛名にファーストネームを用いている。これは他の人との手紙のやり取りでは見られないものである。

他にハケットについて言えることは、彼が細かく几帳面であったであろうということだ。それは、残された彼の手紙のコピーや資料から強く感じられる。ハケットの残した資料は、“VORIES CO. - Correspondence (1950)”, “VORIES CO. - Correspondence (1954-)”, “VORIES - Mr. Kakimoto” などのタイトルが付けられた、二穴綴じ金具付きの二つ折りフォルダに、きちんと時系列順に閉じられている(8)。

ＩＣＵのプロジェクトは細かく几帳面なハケットと、気さくで明るく柔軟なヴォーリズとのコンビで進められたのである。

（四）ヴォーリズは建築設計という仕事をどう考えていたのか

これ以降の節は、ヴォーリズの仕事観や、人格、コミュニケーションの特徴などが分かる手紙や資料を具体的に取り上げる。この節では、ヴォーリズが建築設計という仕事をどう考えていたのかに焦点を当てる。

まず取り上げるのは、今回の資料のなかでは最初のヴォーリズの手紙となる、一九四九年八月二五日のディッフェンドルファーへの手紙だ。これは、ＩＣＵの顧問建築家（supervisory architect）に決定したことをヴォーリズに伝える一九四九年八月八日のディッフェンドルファーの手紙（資料のなかで最も古いものである）、および、募金のパンフレット用のキャンパスのレイアウトのスケッチおよび見積もりを求める一九四九年八月一六日のディッフェンドルファーの手紙への返信として書かれたものである。

【手紙①】

軽井沢、日本
一九四九年年八月二五日

Dr. R. E. ディッフェンドルファー博士
メソジスト教会伝道団理事
150 五番街
ニューヨーク、
U.S.A.

ディッフェンドルファー博士

あなたの八月八日の手紙が、秘書もタイプライターも、レターヘッドの付いた紙さえもない私のところに届きました。（この数週間の間、家から離れ、ICUの計画と配置計画《レイアウト》のことで、東京と軽井沢をいったりきたりしています。）

ですが、私は少なくとも暫定的な答を今すぐあなたにお伝えすべきだと思います。

配置計画図については、私はそれを予定地に持っていって実際の等高線等を確認しました。ポイントからポイントへ歩き回って測量し、幾つか可能性と制約点を見つけました。建物を少しずらしても残したほうがよい立派な木々や、調査地図のちょっとした間違い、少なくとも配置上一つ（あるいは二つ）の建物を動かさなければ屋根にかかってしまう電線といったことです。また、素晴らしい自然の地形のおかげで、配置計画がみごとに合理的になりました。完成したときには、建物のために整地をしたように見えるはずです。

この詳細なデータを利用して、配置計画図は現在作り直されており、数日中にあなたに送ることができるでしょう。また、我々は正面グループ（本館、教会、図書館）の透視図と計画案も送ることができます。もちろん図書館は仮のものなので、アメリカの専門家たちから批評と提案を受けなくてはなりません。そして我々の経験が日本の気候と日本に滞在する外国人の生活や仕事の条件に十分対応できることを示す例として、幾つかの住宅案を含めることを予定しています。

本館の外観は、引き継いだ白い象（訳者注：「やっかいなもの」の意）の骨組みに仕上げを施すことでかなりよくなるでしょう。中央部分を一階増やし、窓の付け庇と直立材を「トップ」にふさわしくなるように埋め、南西と南東の角を十分なスペースの壁で囲んで角を強化することで、この建物は工場から学校へと変貌するでしょう。

建築業務に関する金銭的な疑問については、私はあなたに東京で説明したと思いますが、我々は管財人に報告しないといけないことから、職業上、こうした業務の全国統一料金に従う必要があります。しかし、教育や宗教のための建設計画に寄付することを規制する法や強制力はありません。ですから、仕事が進み資金が許せば、欠かさず建設基金に寄付を行うのが我々のいつものやり方です。従って財団の支払う総費用が法定レートよりも低くなることは確かです。法定レートは建物の種類（住宅、学校、教会、商業建築等）と建設総費用（これは規模による）の逆関数によって等級付けされています。我々は全ての建物をひとまとめにすることで、合法的に報酬を最も低いタイプに設定し、計画全体の規模により自動的に単位料金の割合を小さくすることができます。

我々はまだ正確な料金を計算する完全なデータを持っていません。しかし、私財を得るためではなく、（日本における我が組織の唯一の目的である）日本のキリスト教運動の進展のために働く、という原則に立って我々が仕事を進めることは間違いありません。我々が得た私財も同じ目的のために用いられます。

我々は、契約において優先的に考慮を得ようとする、大小の建設会社からのアピールにも悩まされています。しかし我々は、この仕事を我々が守ってきたやり方の例外としないことを彼ら全員に伝えています。我々のやり方とは、適格性を備えた会社の入札を厳密に実施し、決してどこが一番安いかを考えるだけでなく、いろいろな見積書の精密な分析に基づいて、最良の結果を約束する見積もりに契約の栄誉を与えるというものです。

幸運なことに我々は日本で四〇年以上の経験があり、最良の建設会社はすでに我々の基準を知っていますし、「東洋の状況」に慣れていない外国の建築家には効き目があるかもしれない企みや抜け道が何ももたらさないことも知っています。

個人的には、計画されている様々な建物のスケッチを作り、修正し、作り直したりすることに非常な喜びを感じていますので、この世の神の国のための大プロジェクトに共に関わるという特権のために財団に支払いをしなくてはならないのは、むしろ我々の会社の方だと感じています。

アメリカのあなたのスタッフの皆さん――その中に私の最も大切な友人や仲間もいます――によろしくお伝え下さい。

敬具

メレル・ヴォーリズ・ヒトツヤナギ

CC：東ヶ崎氏

P.S.　我々の計画案に対するアメリカの批判者を抑えるために、そこに含まれる一見奇妙な特色は、現地で利用可能な資材や地震といった日本の気象条件によるものであり、すべてが我々の不手際のためでないことを説明されるよう望みます。

この手紙は、顧問建築家への就任決定を知らせる手紙への返信であり、旧知のハケットではなくJICUF会長であるディッフェンドルファー宛[9]であることから、ヴォーリズにしては幾分フォーマルに書かれている。そのなかでも自分の近況を交え、仕事への思いを語るなど、単なる事務的な手紙とは異なるヴォーリズらしさが見て取れる。まずは軽井沢が差出住所になっている点が指摘できよう。戦前、ヴォーリズは夏季に事務所ごと移動して軽井沢で仕事をしたことや、戦争中に軽井沢への通年の居住を半ば余儀なくされたことは知られているが、戦後も夏季は軽井沢に移動して仕事をしていたことが分かる。さらに実際にヴォーリズがキャンパスを歩き、配置計画を決めたということも読み取れる。「アメリカの専門家」「アメリカの批判者」への言及は、ディッフェンドルファーの内容に手紙に対応したものである。この手紙は、「財団の多くのメンバーがあなたを個人的に知っていることから、理事会の決定に熱狂的な支持が」あり、顧問建築家に決まったことを伝える一方で、アメリカの学校建築専門家と特に図書館建築専門家の助けを借りることを前提として決定がなされたとも告げている。ここにヴォーリズは少し反発を感じているようであり、それと同時に日本での建築家として四〇年以上にわたり仕事をしてきたことに対する誇りと、そのキャリアにより可能になる日本に適した建物や建築会社に対する規律が語られている。ヴォーリズのアイデンティティが建築家よりも伝道者にあったことは周知の事実だが、このICUプロジェクトを「この世の神の国のための大プロジェクト」とし日本のキリスト教の進展のため、利益は追及しないとしている部分も注目される。このようなキリスト教への意識は、"WHAT WE ARE PLANNING FOR THE INTERNATIONAL CHRISTIAN UNIVERSITY"と題された、いわばプロジェクトに対する所信表明ともいうべき文書に、さらに明確に示されている。

【資料①】

WHAT WE ARE
PLANNING FOR
THE INTERNATIONAL CHRISTIAN UNIVERSITY

メレル・ヴォーリズ・ヒトツヤナギ、法学博士
近江兄弟社建築部
ＩＣＵ顧問建築家

国際基督教大学計画のように歴史的で記念碑的、かつ国際的に重要な機関の施設建設に参加するという機会と責任を与えられれば、建築家の名に値する者なら誰しも、興奮し、これに挑むことであろう。我々は、我々の熱き思いや深い感謝、また責任感を隠すつもりはない。実際、これまで仕事をしてきた四五年の経験のすべては、主として今回の任務のための準備であったように思われる。（中略）我々は巨視的に大規模な計画を考えるが、同じようにごく細部、ごく少額の費用にまで気を配るやり方を身につけてきた。

（中略）

（一）目的と方針

建築家として我々が主に関心を向けるのは、国際基督教大学計画の建物についてである。しかしながら、もし我々がただ建物にだけ関心を持つのであれば、傑作と呼ばれるような建造物（「怪物」）をあれこれ作るかもしれない。それらは、我々の名前を宣伝することにはなるであろうが、教育にとってはまったく似つかわしくない仕事となる。教

育の目的に正しく適った一群の建物を設計し実現しようとするならば、我々は教育に関心を持たねばならない。それゆえ、我々は住まいと手段を得て教授陣と学生が眼前の務めを最も効率よく果たす助けとなるような施設を建てることに、さらなる関心を抱いている。

こうした目的を常に心に留めて、我々が発展を望むような形で大学全体の総合的な配置計画《レイアウト》を作ることに取り組んでいるし、建設すべき最初の建物に取り掛かっている。

今回のようなプロジェクトでは、施設のどの部分にも神の清《さや》かな導きが与えられるものと我々は確信している。それゆえ、我々がすでに始めているように、それぞれの建物案が練り上げられるまで、まず祈り、それから草案を描き、批評しあい、細部の装飾について協議を続けることを提案する。宇宙と万物の至高の建築家のさらなる導きがなければ、四〇年に及ぶ実務によって得た学び、経験、判断のすべてをもってしても、我々はこの務めを十分に果たせないであろう。（後略）

「これまで仕事をしてきた四五年の経験のすべては、主としてこの度の任務のための準備であったように思われる」という言葉は、ヴォーリズの人生と国際基督教大学の役割を考えると、ヴォーリズの心情を非常に良く表した言葉だったと言える。ヴォーリズは、日本におけるキリスト教伝道の初期であった一九〇五年（明治三八年）に来日し、一人で伝道を始め、全国のミッション・スクールの発展に伴って関西学院や九州学院、活水学院などの全国に点在する数多くのミッション・スクールの建築を手がけつつ、自身のミッション団体である近江兄弟社も発展させてきた。戦争中は日本に帰化したものの、敵性外国人として三年間を軽井沢で過ごすことを余儀なくされた。そして、終戦後の日米和解のプロジェクトとして、日本におけるキリスト教教育の頂点として計画された国際基督教大学の建築を一手に任されたのである。ヴォーリズの心境はいかばかりであっただろうか。また、この文書で強調されているのは、建築のみに関心を置くのではなく、教育の現場で機能する建物を建てることである。キリスト教の神を「宇宙と万物の至高の建築家」と記しているのは、詩人でもあったヴォーリズらしい詩的な表現である。

（五）親切と親しみ

ヴォーリズの手紙を読むと、単なる施主と設計者との関係を超えた友人同士のやり取りのような感じを受ける時がある。そう感じさせるのは、建築設計という依頼された仕事を大きく超えて、自身の寄付や寄付をしそうな人の紹介、人物紹介などを行うなど、まるで大学の一員もしくは後援者のように熱心に新大学の建設に協力しているという点と、自分の近況を、時には妻や有力社員の動向なども交えて親しみのある言葉で語る点であろう。このようなヴォーリズの態度が、ＩＣＵプロジェクトへの強い思いやハケットとの関係を前提とした、ＩＣＵだけの特別なことなのか、それとも施主への態度として共通するものなのかを確定させるには、さらなる研究が必要だが、筆者は、ヴォーリズの人格からして、あらゆる仕事で基本的な基調としてあったのではないか、と考えている。仕事を超えた親切と親しみが、施主との関係を円滑なものとし施主の満足を高め、多くの仕事に結びついていったのではないだろうか。事実、このようなヴォーリズの手紙はハケット宛に限ったものではないのである。この傾向は、特にＩＣＵの体制があまり整っていない一方で、ＩＣＵとの関係が良好だった初期に見られる。

一九四九年九月二六日のディッフェンドルファー宛の手紙を見てみよう。

【手紙②】

ディッフェンドルファー博士

あなたに転送される完全なセットを含め、今後の設計の図面数セットを先週、我々は東ヶ崎氏に渡しましたここには、最初の送付分に加えるようにあなたが要請した書類はほとんど含まれています。しかし、それぞれの建物の正確な費用については、まだ準備できていません。というのも、材料も労賃も市場価格が変わっているこの時期には、将来の建設に関する確たる見積もりを得ることができないのです。我々は数日のうちに、あくまで参考用として仮の見積もりを送ることができるでしょう。

昨日、我々に重要と思われることがありました。現在ニューヨークに住むルース・スコット・パーシィ夫人がアメリカでの募金活動を手伝ってくれそうだとわかりました。パーシィ夫人はアメリカで財務の重要な仕事に相当な経験を持ち、加えて、日本での彼女の仕事はアメリカ軍にある赤十字でした。後者の経験が、彼女が日米関係に熱心になるきっかけでした。グルー氏がＩＣＵの募金活動を指揮しているとニューヨークタイムス誌上で見た彼女は、ニューヨークでの仕事を辞め、日本のためにこの運動にフルタイムで参加したいと私に手紙を送ってきました。

この件でもしあなたがパーシィ夫人に会いたいのでしたら、彼女の現在の住所は以下の通りです。

ルース・スコット・パーシィ夫人

シェイラー・エメリー・ロートン財団、調査部

東七〇番街二一六、ニューヨーク二一、ニューヨーク州

我々はパーシィ夫人を四年前から知っており、彼女の親友であるケイト・ウィラード・エディ夫人（シャーウッド・エディの義理の姉）とは長年の付き合いがあります。彼女はとても有能で傑出した管理者および後援者であり、

高潔な人格の持ち主であると我々は認識しています。

ごきげんよう。

メレル・ヴォーリズ・ヒトツヤナギ

CC：東ヶ崎氏

P.S.　我々はあなたから、前九州帝国大学教授で現在日本帝国学士院会員である大島博士が、長い研究教育生活の間に集めた一万冊の生物学の蔵書の購入を承認するか否かのお返事をまだいただいておりません。彼は資金を必要としているので、この蔵書は入手困難なものを含んでいます。全て価値があるもので市場価格よりかなり安く手に入ります。しかし、我々がすぐに行動しないと他の買い手のもとに行ってしまうのではないかと恐れています。

この手紙は、前節の八月二五日の手紙の次の手紙であり、"WHAT WE ARE PLANNING FOR THE INTERNATIONAL CHRISTIAN UNIVERSITY"と、それにつけられたであろう最初期のキャンパスプラン案とスケッチの送り状として書かれたものと考えられる。単なる送り状にとどまらないのがヴォーリズらしいところだ。ここで、ヴォーリズはＩＣＵ計画に熱意をもって協力したいという旧知のパーシィ夫人を紹介している。また、追伸の大島氏の蔵書購入も建築家の業務からかけ離れたものである。この話が出てきた経緯は手紙では確認できないが、その後の一九四九年一〇月一九日のディッフェンドルファー宛の手紙では、一時的に近江兄弟社で購入してもいいとまで言っていて、一九四九年一〇月二六日のディッフェンドルファーの返信では、購入に対する感謝が示されている。

一九五一年五月三一日の湯浅八郎宛の手紙も単なるビジネス上の手紙にとどまらず、個人的つながりを感じさせるものだ。

【手紙③】

湯浅学長

五月一九日のお手紙、ありがとうございます。私はそれを東京で受け取りました。私は東ヶ崎氏と原氏と数日を東京で過ごし、この手紙と、あなたとハケット氏から東京事務所が受け取った手紙で提起された問題について作業をしました。

泰山荘の改造に関する仮の見積もり（青焼きは東京からあなたにエアメールでお送りしました）の総額を出してみると、新しい小さな教員住宅が建てられそうです。この家は、より快適な当座の住まいとしてあなたと御夫人に提供できますし、将来は恒久的な教員住宅となるでしょう。我々は、一つ、もしくは二つの寝室を付け加えることでいつでも簡単に拡張できるようにこの家に作ることを考えています。

もし、あなたが電報で許可していただければ、我々は冬の前にこの家を完成できるかもしれません。

我々は本館をなるべく早く完成させようと熱心に心をあわせて取り組んでおり、最上階を（提案されたように）一時的な教員アパートとして使う可能性について考えています。ここを学生のために使用するよりずっとよいでしょう。

そして、一時的な不便を経験することで、教員たちは教員住宅への感謝をさらに深めることになるでしょう。

二階に客室を備えた将来の学長宅の青焼きもまた、お送りしました。

我々ここの全員は、ＩＣＵのキャンペーンに献身されているあなたと御夫人の特別なお働きに非常に感謝しており、あなた方お二人の健康が、末永く、無事に守られることを心から願い、祈っています。

鉄の値段は上がり続けています。それゆえ我々は、鉄もしくは銅を必要とする部分については急ぐ必要があります。ゴムは、ピーク時より少し安くなりました。それゆえ、住宅と本館（もしくは他の建物）の仕切りの建設は、今が有利でしょう。利用可能な一二万五千ドルは、本館を完成させるために増額する必要があるでしょう。

提案ですが、教員住宅が建つまで、あなたと御夫人が武蔵境の私たちの家に住むというのはいかがでしょう。幾人かの理事は、一つの家族のための住宅にするよりも、泰山荘を古い日本式の迎賓館にすることを望んでいます。もし、あなたが望むならば、我々はそれに同意するつもりです。

本館の進行状況は、励みになるものです。もし一二万五千ドルの次の段階の承認が得られなければ、それは、すぐに停止してしまうでしょう。

我々は、我々の最も敬愛する皇太后の死を深く悲しんでいます。マキと私は二九日の朝に彼女の宮殿に三〇分ほど弔問にうかがい、棺の前の座敷でしばらく過ごすことができました。彼女が急に亡くなったという知らせが来た時、私は九州にいたため、我々はすぐにそこにうかがうができませんでした。九州から帰る途中で私が書いた詩の写しを同封します。手書きの詩は棺の前に置いてきました。

メレル

もちろん個人的つながりの表明といっても、一九三五年から三七年および一九四七年から五〇年まで同志社大学の総長であった湯浅八郎と、同志社大学の校舎の設計を手掛け、カレッジソングの作詞も行ったヴォーリズとの戦前から続く関係を前提としたものであり、それは割り引いて考える必要はある。とはいえ、仕事の手紙に自作の詩を同封するのはヴォーリズだけだろう。現在のところ、この詩が発見されていないのが残念である。また、この手紙は、ヴォーリズと皇室との特別なつながりを確認させるものとなっている。終戦直後にヴォーリズが昭和天皇とマッカーサーの会談の実現に重要な役割を果たし、この会談が天皇の戦争責任回避のきっかけとなったことは知られているが[10]、貞明皇太后の死に際して、ヴォーリズと満喜子夫人は特別な応対を受けたことが分かる。ヴォーリズと天皇家のつながりは、終戦直後の会見だけに起因するものではなく、ヴォーリズが軽井沢住まいを余儀なくされ、危機にあった戦時中の近江兄弟社を高松宮が訪問し天皇からの金一封を渡したことや、皇太后の秘書がヴォーリズの旧友であったこと、終戦直後に皇太后から満喜子に冬のスーツと生地が送られたことなど、さまざまな面に見ることができる。

中段の「鉄の値段は上がり続けています。」という部分は、朝鮮戦争（一九五〇年六月―一九五三年七月）の勃発による資材の高騰を伝えるものである。朝鮮戦争とそれによる資材インフレは、ちょうどヴォーリズがICUに関わった時期に起こり、見積もりの作り直しや、より安価な建築を求められるなど、建築を進めるうえで大きな障害になったのみならず、資金源であったアメリカの寄付活動にも非常な困難をもたらした。かつての中国のように、寄付を行っても日本が共産化しキリスト教が禁止され無に帰すのではないかという予想から、寄付の申し込みがほとんどストップしてしまったのである[11]。このような状況のもと、ヴォーリズは繰り返し、インフレに関する手紙を送っている。最初のものは、一九五一年四月一八日のハケット宛の手紙で、前年八月から建材の平均価格が二倍になったと報告している。

その次の、キャンパス内の教員住宅が完成するまでの間、近江兄弟社の武蔵境（武蔵境はICUキャンパス最寄の中央線の駅）の社宅に湯浅を住まわせる提案は、ヴォーリズならではの親切であると言える。実際に湯浅が近江兄弟社の住宅に住んだのかどうかの記録は残っていないが、このような提案をする建築家は、まずいないだろう。

(六) アメリカとのつながり

ヴォーリズの建築は、アメリカの建築の動向を取り入れていることが強みであり、特徴であった。デザインに関しては、アメリカの建築雑誌や書籍を切り抜いた事務所内のスクラップ・ブックが重要な役割を果たしたことが指摘されているが、(12)今回の資料を見ると、ヴォーリズがアメリカを旅行した際にさまざまな情報を集めていたことや、友人にアメリカでの動向を調べてもらっていたことが分かる。ヴォーリズがアメリカからハケットに出した一九五四年七月二六日付けの手書きの手紙を見てみよう。

【手紙④】

ハロルドさま

七月二四日のお手紙、ありがとうございます。あなたが休暇を取り、気持ち良く過ごされたと聞いてうれしく思います。

マキとわたしは、ひどい暑さの中でも元気でいます。忙しい日々ですが、我々は有益なデータを集めるだけではなく、休暇のような気分でいます。

先週、我々はコンベンションでオハイオ・ウェスレン大学にいましたが、そこでとても良い女子寮に滞在しました。ここでも我々は細部を調べました（それを経験もしました）。特にダイニングルームの設備とサービスに感激しました。このダイニングルームは、我々五〇〇人に効率よく食事を提供していました。良いコックが、素晴らしい食事を出していました。量は適量です。お盆に料理を取るカフェテリアスタイルではありますが、料理の種類はとても少ないです。（経済的で、病的な食欲と食べ物の廃棄を防ぐことができます。）毎日さまざまなものを置いて皆が好きに取れるようにする代わりに――毎日同じものを取る人もいるでしょう――日替わりのヴァリエーションは素晴らしいものです。皆がこの点については好意的なコメントをしています。

この寮の部屋はちょっと豪華です。それぞれのユニットには二人部屋が二つあり、その間にバスルームがあります。それゆえ女子学生は四人一組となっていて、共有のトイレや風呂はありません。準個室式のバスルームには洗面台とトイレ、シャワーが含まれます。ベッドを二台置く寝室は、一一・五×一四・五フィートの広さです。

この寮には寮生のためのダイニングルームがあり、三階建ての大きな建物に約五〇〇人の若い女性を収容することができるようです。床の仕上げについては、ホールはＩＣＵと同じく人造大理石《テラコッタ》仕上げで、部屋と風呂も同じです。（部屋の中央部分だけはラバータイルが張られています。）すべての（ダイニングホールとレセプションルームは除く）天井の高さは八フィートです。

必要になったらユニットを増やすとしても、五〇〇から六〇〇人収容のダイニングホールは良いユニットではないでしょうか。

私が調べたアメリカ中の多くの建物で、反対側にも開くようにドアがつり下げられていました。応接間でも寝室のドアでも違いはありません。ドアをあけると半分開いたところで入ることができ、ベッドを最初に見ることになります！　プライバシーについては一考の余地があるでしょう。

しかし、一般的にいって教育用の建物にはかなりの進歩が見られます。

リーベ・Ｗ・エラセウス博士による"*Outwitting your years*"の興味深い章を読んでいるところです。彼は私の大学時代の友達で、食べ物が健康に与える影響の研究で国際的な人物です。彼が私に本を送ってくれました。私はタイプしたこの章のコピーを幾つか持っていますので一つ同封します。

P.S.　コンベンションで私はICUへのサポートを訴えました。一人の有力な夫人が私のところに来ました。彼女が言うには、今年、結構な額の寄付をしたが、再び寄付を始めるとのことです。

敬具　メレル

この手紙は、ヴォーリズのアメリカ旅行の最中に書かれたもので、通常のレターサイズ、レターヘッド付きのタイプライターの手紙とは異なり、B5よりやや小さい紙の両面にびっしりと手書きで書かれている。ヴォーリズの長期のアメリカ旅行は、最新の建築を実際に見るという機会でもあったことが分かる。そして、自分の状況を交えつつ、手書きで旅行中に気軽に知らせるというのがヴォーリズらしい。これは、ある面、自分はアメリカの最新の建築事情を知っているという営業の面もあろうし、長期間、日本を離れていることへの理解を求める面もあっただろう。ヴォーリズは数年に一度は、このようにアメリカの各地を回り、コンベンション等に参加する旅行をしていたと考えられる。それは、メンソレータムのライセンスや、近江兄弟社の幼稚園の校舎を寄贈したA・A・ハイド氏（Albert Alexander Hyde, 1845-1935）との出会いのように、アメリカで支援者を獲得するという面もあった(13)。

また、最後の部分の、読んでいる本のコピーを同封することや、コンベンションでICUでのサポートを訴えたという部分もヴォーリズらしいところである。

（七）クレームへの対処

施主からのクレームのように対応が難しい状況は、その人の個性をより際立たせる。一九五五年七月三〇日のハケット宛の手紙を見てみよう。

【手紙⑤】

ハロルドさま

ここ四、五日、列車やバスに乗って移動していたので、ここに送っていただいたあなたの七月二五日の手紙に返事が書けませんでした。しかし、本館に縞模様の汚れがつく問題については細部を書きとめ、軽井沢に到着したらすぐに返事ができるようにしていました。

縞の原因は、風の強い乾燥した天気の時に外壁の最上部近くにある小さな突起《レッジ》の上に埃が溜まり、それが雨により壁を伝っていくことです。

設計時の私の個人的希望は、この小さな突起を無くすことでした。しかし、すべてではないにしても多くの建築学校で教える一般的慣行は、そのような突起や飾り《モールディング》がないうちは外壁の手すり壁《パラペット》は未完成である、ということです。また、相談された人々の多くは、大学キャンパスの三階にある二インチの突起にまで達するような埃があるとは思わなかったのです。

解決策として、二、三の方法があります。

（一）もっとも単純なのは、砂嵐の後でまだ埃が乾いている間に突起から埃をブラシで払い落とす係の管理人（もしくは学生アルバイト）を置くことでしょう。これは、短い柄のついたブラシでとても簡単にでき、突起は壁上端から八寸（一〇インチ）下にあるだけなので、屋上から届きます。

日本の宿屋で女中が使うはたき――竹の柄の先に短い布片がついたブラシ――でも落とすことができるでしょう。

（二）もっとも複雑な方法は、セメントか、適切な形のタイル、あるいは特別にデザインされたテラコッタ・タイルで突起を埋めてしまうことです。しかしこれは、材料よりも工賃で高額になると推測されます。

壁が街の煤と埃で縞模様に汚れた多くの例をそこここで見ることができます。人々は、それを見慣れてしまっているようです。しかし、私はこの光景が好きではないので、ＩＣＵでは無くせることを願っています。

次に私がＩＣＵに行ったとき、もしくはもしあなたが望むならそれより前に、いくつかの可能な方法の見積もりを持っていきます。もし細心の注意を払って工事が行われないなら、問題は良くなるよりも悪化し、大きな支出となるかも知れません。（イラスト［図８・１］）

東京のアメリカ大使館の建物は最初から壁の縞模様の汚れに苦慮してきました。今のところ、三年おきぐらいに塗りなおしているようです。本館は、市街地の建物のようにしょっちゅう修理する必要はないとはいえ、費用はかかるでしょう。ですから、ご婦人方のパーマネントのようにではなく、最終的な解決となるパーマネントな対策ができるようにしましょう。

我々は、いくつかの可能な対策費用とそれぞれの利点を調べています。ここ数年で最も暑い夏の最中ですが、いくらか涼しくなるように祈っています。

敬具

メレル

Page 2

There are many examples of streaked walls, from dust and soot in cities everywhere. And people are apparently used to seeing them. But I do not like the sight, and I hope we can eliminate it at I.C.U.

Next time I am there—or before that if you wish—I was planning to get estimates on the several possible methods. If the work is not done with minute care, it might be possible to make matters worse, rather than better; and at considerable expense.

(These sections of the top of the wall show the situation.)

This filling may be cement plaster, or a row of tiles, or a row of terra-cotta.

But irregularities in either material might cause other drips of dust.

The United States Embassy Building in Tokyo, from the first has suffered from this streaking of its walls. So far, the practice there seems to be to repaint every 3 years or so. But although University Hall would not need such frequent repainting as a City building, it would be an expense. So I hope we can have a permanent cure that will be final—and not like the "permanents" the ladies get.

We are looking up costs and the respective advantages of the several possible cures.

With best wishes for some coolness in the midst of this "hottest of summers in many years",

RECEIVED AUG. -2. 1955

Fraternally yours

Merrell

Merrell

ANSWERED

FILED

図8.1　1954年7月26日のヴォーリズからハケットへの手紙、2ページ目

この手紙は、石田(14)（二〇〇八）に、最後の部分のパーマネントをかけたしゃれがヴォーリズらしいということで紹介されている。石田が言及したものはヴォーリズ側で所蔵している手書きの草稿で、今回取り上げたＩＣＵ所蔵のものは、タイプライターでレターヘッド付きの紙に清書したものである。何より目を引くのは、二ページ目に大きくかかれた二つのイラストで、特に左側の人が埃を落としているイラストは、どことなくヴォーリズに似て、微笑ましい（図8・1）。

この手紙はイラストや最後のしゃれも含めて、全体にユーモラスだ。最後にパーマネントな解決策を見出した方が良いと言っているので、解決策の第一として示されている、人が土埃を掃くという案自体も冗談のように感じられ、だからこそ、そのイラストを付けたのかもしれない。はたきの部分も、"dusters used by maids in a Japanese yadoya"という書き方となっている。もちろん、このような冗談を交えたクレームへの対処は、ハケットとの信頼関係を前提としていることは間違いないが、しゃれやユーモアで人を和ますのが好きだったヴォーリズらしさを感じさせる部分だ。だが、もちろんヴォーリズのクレームへの対処は、このようなものばかりではない。むしろ、これから言及する深刻な問題の後だったからこそ、ハケットを和ませようとしたのかもしれない。

一九五五年二月一一日に教会堂の音響問題について書かれた湯浅八郎宛の手紙を見てみよう。

【手紙⑥】

湯浅博士

昨日は、あなたが私に報告された問題について私は深い憂慮を言葉にすることができませんでした。開業以来四七年の間、我々はこのような経験をしたことがありません。そしてＩＣＵの現場に我々が駐在させた全員は、十分な経験をもっておりますし、この国のトップ四、五社の建築会社の工事を監督して、日本の様々な場所の重要な仕事で素晴らしい実績をあげてきました。

我々は大成建設（以前の大倉土木）と仕事をした経験はありませんが、一度だけ例外があります。その仕事では、彼らは我々の設計図と仕様書通りに仕事をしただけではなく、実は仕様書にはない豪華なものを付け加えました。しかし、この仕事は当時の彼らの社長のためのもので、それは大きく高価な住宅でした。

我々は心から協力を求めてきました。しかし、大方の顧客のために設計図と仕様書を作る際の彼らのやり方は、監督される作業員を怒らせてきたのではないかと私は思っています。確かに藤井氏本人は協力しようとしてきた、と私は信じています。しかし、作業員は好意的ではありませんでした。

我々は即時の変更を行い、作業員を監督することができ、教員たちとはもっと協力でき、かつ英語の実務能力が高い者を現場監理の長に置く準備をしています。

教会の音響は修正することができます。私が昨日言ったように、当初は、将来的に音響が修正されなくてはならないことは理解されていました。完成前に信者席に手を加えることが少なければ少ないほど経済的であろうと私は思っていたので、そのことをハケット氏には提案しました。

しかし、（訳者注：教会の）拡張が遅れるようであれば、費用に関わらず、対策がなされなければなりません。

側廊（訳者注：信者席側面の通廊）を厚いマットか詰め物の入った帆布で覆い、柔らかいクッション付きの座席にすればまったく違うでしょう。そして窓と窓の間の壁にカーテンを吊せば、それも助けになるでしょう。もちろん天井には裏に吸収層のある穴あき繊維板《テックス》が必要です。

しかし、信者席が拡張され、詰め物の量がもっと少なくて済むことを私は望んでいます。

往々にして理論の上で最良の策というのは、問題の完全な解決に失敗します。ですから、長く使う素材に多くの投資をする前に実験を行うことを私は好みます。しかし、もし教授会と理事会が違った手順を望むのであれば我々は従います。

最近おこった不幸な失敗によって、あなたにご苦労とご心配をお掛けしたことは心から遺憾であり、それらを修正するために可能なことを何でもしたいと申しましたが、あなたがこの言葉を信じてくださるように願っています。もし、辞任が事態を好転させるなら、それは簡単であると思います。しかし、逃走は解決法ではない、全ての問題が解決されるまで留まれ、と私の良心は促しています。

心よりの後悔の情と固き忠誠と共に。

敬具

メレル・ヒトツヤナギ

礼拝堂[15]の問題には、いくつかの要因が絡み合っている。第一に、当初の礼拝堂のプランは、現在の礼拝堂の二倍の長さのものであり、それが資金の都合上、東側の二分の一だけが建てられたということだ。ヴォーリズ側の基本的な主張は、当初の計画通りの長さで音響は最適になるように設計されているというもので、手紙の五段落目、六段落目はその意味である（図8・2）。

第二に担当や駐在社員の問題がある。ハケットは、担当を早い時期からアメリカで教育を受けた英語のできる人物にしてほしい、具体的にはヴォーリズ自身かもしくは村田か小川にしてほしいという手紙を出している（一九五一年二月一日、ヴォーリズ宛の手紙）。英語で業務を進めるプロジェクトの中にあって原は一通も英語の書類を残

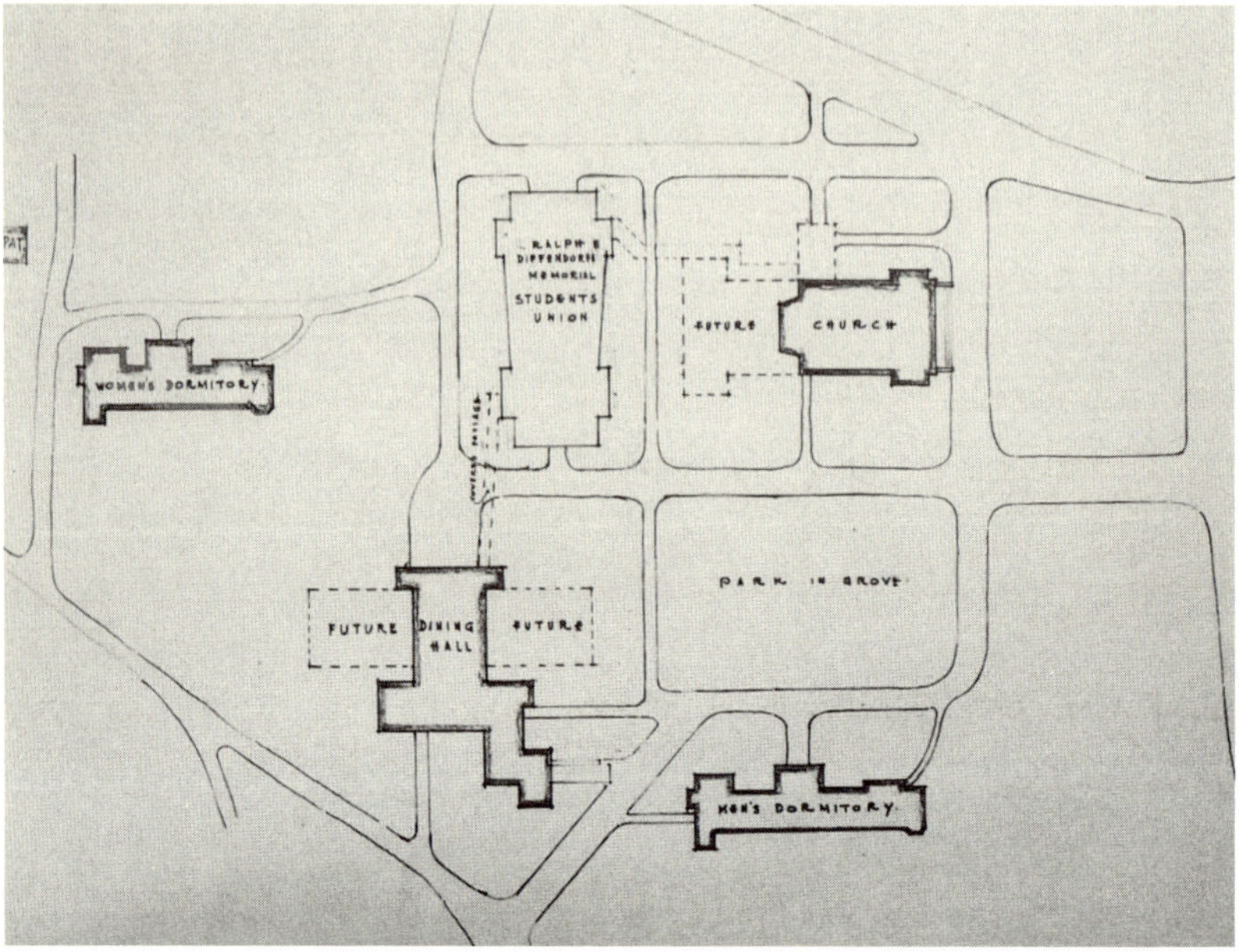

図8.2　1955年時点でのＤ館レイアウトプラン
礼拝堂の西側にFutureという文字と破線が見える。現在のＤ館は、その一部がこのFuture部分に建てられている。

していない。ハケットが数多くのメモを作成したのも、駐在社員の英語力を考慮したためであったのかも知れない。手紙の第一段落と第四段落はそのような状況に対応したものである。

　第三に大成建設との関係がある。礼拝堂の問題が明らかになった後、湯浅は二月一五日と五月二五日の二回、大成の現場責任者であった藤井とヴォーリズ事務所の原（原は最初の一回のみ参加）に聞き取りを行った。その結果、ＩＣＵ側は、全面的にヴォーリズ側の責任であるとし、礼拝堂の補修はヴォーリズ側の資金で行うことを八月の会議で伝えている。手紙の二段落目、三段落目はこれに対応したものである。

　結局、この礼拝堂の音響問題が転機となり、ヴォーリズとＩＣＵの関係は大きく変わることとなる。

（八）ヴォーリズ、最後の手紙

一九五六年の夏ごろ、ＩＣＵは顧問建築家制度をやめ、個別の建物ごとに建築家を選ぶ方法を採用した。これは、ヴォーリズがＩＣＵの建物を継続して担当しなくなったことを意味する。これに対して、ヴォーリズは自社が顧問建築家であり続けるべきだとして学長、財務担当副学長、建物委員会メンバーへ送るメモを作成し、このメモを送るべきか否かを相談する手紙を一九五六年九月二九日にハケットに送っている。ハケットとの信頼関係ゆえのことだろう。この手紙に同封されたメモには、ヴォーリズが考える仕事上の大事な点、強みが明確に示されている。

【資料②】

Ｉ・Ｃ・Ｕ建物委員会のメンバー

学長、財務担当副学長、

各位

Ｉ・Ｃ・Ｕの新しい建物の監理と設計を幾人かの建築家に分担させることを検討しているという噂を聞き、我々は現在の建築事務所を使い続けるべき理由を以下に示します。

（一）ヴォーリズ建築事務所は二〇人以上の建築家で構成されています。これは、顧客はあらゆる年齢の、さまざまな教育機関で教育を受けた二五人前後の建築家のサービスを受ける、ということを意味しています。我々の建築家のなかには、日本各地にとどまらずアメリカとヨーロッパで訓練し、経験を積み、旅行をした者も幾人かおります。したがって、クラシカル、コンテンポラリー、モダンといった各スタイルと設備について広い知見と経験を持っています。

（二）我々のスタッフは全員クリスチャンで、仕事のあらゆる面でキリストに習おうと努めています。我々の誰も完璧ではありませんが、こうした理想と努力が違いを生み出します。これは当然の結果です。もしそうでないならば、つまり、もしキリスト教が（個々人の人格と同様に）仕事の知識や効率、情熱を高めないのであれば、なぜ我々は基督教大学の建設のために働かなければならないのでしょうか。

（三）我々は、米、仏、伊、独、北欧から取り寄せた、海外で建てられた最高の建物のイラストと情報が載っている刊行物や本のコレクションを持っています。

（四）我が事務所では、一人の建築家が単独でプランを作成し、建築計画を進めることはありません。我々は全員の経験を持ち寄って、デザインと細部の装飾を論評し変更します。こうすることで、あらゆる種類の間違いや計算違いの可能性を大幅に減らすことができます。さらに良い点として、それぞれのプロジェクトに注いだ技量が蓄積されていきます。

（五）我々の建物は、地震、火災、二度の戦争の爆撃に耐えてきました。（火災の場合でも骨組みは使用可能であり、木造部分は復元されました。）

（六）ひとつのキャンパスでそれぞれの建物にそれぞれ別の競合する建築家を依頼することは、ひとりの患者が週ごとに医者を変えるのと似ています。

正しい治療法は、経験と良い評判をもった医者を選び、その医者にすべてを任せることです。もし、難しい事態が起こり専門家に相談する必要がある場合、この医者は一人もしくはそれ以上の人に声をかけることはあるでしょう。しかし、患者の家族が他の医者に声をかけたり、最初から患者を診ている医者を遠ざけたりすることはないでしょう。

建築家に話を戻せば、専門家に相談するのが我々のいつものやり方です。たとえば構造問題に関しては内藤博士、暖房および空調の問題に関してはテーテンス氏に依頼しますし、およそ建築家が知っているべき通常の範囲を超えた事柄については、その分野の専門家に相談します。

敬具

メレル・ヒトツヤナギ

このメモを見れば、ヴォーリズは、自社の強みを事務所の組織的な働き、キリスト教、外国の資料、専門家とのネットワークにあると考えていたことが分かる。キリスト教に関しては、ずいぶんとプラグマティックなのが興味深い。また、医者のたとえ話もヴォーリズらしい。しかし、このメモが学長などに送られることはなかった。一九五六年一〇月二日付けの手紙でハケットはすでに決定され知らせたことであり、覆ることはないと返事をしている。これに対して、ヴォーリズは以下のような返事を一〇月四日に出している。

【手紙⑦】

ICUの建物に関する設計業務の新しい合意に関する、あなたの一〇月二日の手紙に感謝します。

私が理事会と建物委員会に出した手紙をあなたが送らなかったことは、まったく正しかったと思います。私がその手紙を書いたとき、新しい合意がすでに決定されていたとは知りませんでした。

NYの財団のために作った準備段階のスケッチとプランの代金については、一九五〇年にNYで支払われていますから、さらなる支払いは必要ありません。

これまで体育館のために作ったスケッチに関しては、ほかの建築家に委託すると決定されたことから、我々がこれまで作ったすべての準備段階のプランを我々の東京事務所にご返却ください。「計画が実行されようと放棄されようと、すべての場合において、図面、仕様書、詳細図はサービスに関わる契約条項であり、建築家の所有物であること」とされています。

新しい合意により我々のICUへの関心が小さくなることはありませんし、我々はICUのさらなる成功を祈り続けています。

我々は、今後建つ建物の監理に関して、具体的な希望をひとつ持っています。それは、クリスチャンか否かにかかわらず建物を建てる建築家はすべて、作業員のための日曜休みを遵守してくれることです。

多くの場合、これは大学によって強制されるべきことで、さもなければ建設会社はそれを遵守することはないでしょう。

もし基督教大学が、我々が五〇年にわたり確立しようとしてきたこの原則の破棄を認めるならば、我々はまことに残念に思います。

二つの寮をできるだけ早く完成させ、ディッフェンドルファー記念館の建設中に、我々の現場監督をキャンパスから引き上げることが理事会の希望だろうと推測します。

次回、私が東京にいる間に、この件について合意できればと思います。

我々がキャンパスの将来の発展を願っていること、そして緊急事態がおこった場合には喜んで助けにくることをどうぞ信じて下さい。

敬具

メレル・ヴォーリズ・ヒトツヤナギ

今回の資料のなかでは、これが最後のヴォーリズ本人の手紙となる。言及されているように、この時点でＩＣＵに残っていた仕事は寮とＤ館だった。しかし、寮はすでに工事の後半で完成が近く、Ｄ館については東京事務所が担当していたため、これ以降、少なくとも資料の上では(16)ヴォーリズ本人の関与はなくなり、以後は社員がＩＣＵとのやり取りをするようになる。このような手紙でも作業員に日曜日の休みを与えることを主張しているのは、まことにヴォーリズらしい。実際、ヴォーリズはどんなに忙しくても日曜日に仕事をしてはいけないと言い、ＩＣＵの現場では日曜日に職人を集めて野外で伝道集会を行っていた(17)という背景を知ると、この部分もより理解できよう。

（九）ヴォーリズの夢は実現したのか

ＩＣＵプロジェクトにおけるヴォーリズの夢は、二つの面があったと考えられる。一方は、国際基督教大学という新しい大学を成立させること自体であり、他方は、かつての関西学院や神戸女学院のように美しいキャンパスを一から創造することである。

最初の夢は、国際基督教大学は、ヴォーリズや多くの宣教師たちが明治時代に始めた日本におけるキリスト教教育を完成させる、頂点のピースとなるはずのもので、日米の和解の象徴でもあったことからヴォーリズにとって思い入れの深いものであった。

当初の計画が十全に実現されたわけではないが、曲がりなりにも国際基督教大学が設立され、現在まで続いていることで第一の夢は実現したと言えよう。しかし、そのために、第二の夢である、かつて手がけたような素晴らしい建物や、それを実現するヴォーリズ社の仕事を犠牲にせざる得なかったと言える。建築のプロジェクトとして見ると、ＩＣＵのプロジェクトは多くの困難を伴うものであった。第一に、設計しつつ同時にその資金をアメリカの募金で賄うというやり方は、募金のためのスケッチや見積もりが早くから求められる一方で、募金の進展状況によりそれらのやり直しが何回も求められるものとなった。その一方で、開学前後の時期は施設自体が不足しており、大口の募金が急遽あった場合は、短期間で設計し完成させることが求められた。第二に、インフレーションや募金の不調から、常に安い建物への要求があった。その状況下で、中島飛行機時代の建物が残存していたことも業務を複雑にした。より安価なものを求めるなかで、中島時代の格納庫や木工場を体育館や理学館などの建物に改造するという案がでて、建物の調査や見積もり、図面の作成業務を行ったものの、結局実現せず、改めて新築を模索することとなった。第三に、これまで見たように、募金・資金に関してはＮＹのＪＩＣＵＦ、実際の設計に関しては三鷹のＩＣＵ幹部という分散したコミュニケーションが必要だったことがある。第四に、そもそも建設を行う上で戦後の混乱があったことも指摘できる。ヴォーリズは一九五〇年六月一四日のハケット宛の手紙で以下のように書いている。「我々は戦争以来――特に日本においては――新しい世界と取引しているということを頻繁に思い出しています。／最良の建設会社が、どんな値段ででも、よく寝かした材木やその他のさまざまな材料が得られなくなっており（不定期、闇市以外では）、非常に時間がかかるか、質がとても悪いかです」。最後に、この時期、ヴォーリズやヴォーリズを長年支えた村田をはじめとする幹部社員は老齢であって、一人、また一人と病を得て業務ができなくなっていたということもあろう。

このような困難のなかで、ヴォーリズは、ヴォーリズらしく誠実に仕事に取り組み、できる範囲内で最良の建物を残したと言える。ヴォーリズが設計した建物は、どれも堅実で、スペースや作りにゆとりがあったため、大きな不具合がなく、業務の変化にも対応でき、長年使い続けられた。間違いなく、ヴォーリズの建物は長年に渡ってＩＣＵという大学を支え続けたのである。筆者は、二〇一六年三月にヴォーリズ設計の教員住宅を見学する機会を得た。風が通らず湿気が多くなりがちで、落ち葉が雨どい等にたまるなど、家が傷みやすい森のなかに六〇余年あり、かつ最近三年は空き家であったにも関わらず、建具もしっかりしていて、どこも床鳴りがしないことに驚愕した。改めて、ヴォーリズの確かな設計と厳しい監理により、非常に高い質の住宅が建てられていたことを再確認した。

確かにＩＣＵのヴォーリズ建築は質素で意匠に見るべきものがなく、一見すれば、ヴォーリズの建物とは見えないかもしれない。しかし、さまざまな制約のなかでヴォーリズが何を重視したかを示す、そして、それはヴォーリズという人そのものを表す、実にヴォーリズらしい建物なのである。

［注］

（1）ＩＣＵ図書館の歴史資料室において、このフォルダは、番号“7-1-18”名称が“Correspondence – W. M. Vories & Co.”として整理されている。

（2）しかし完全に解消されたわけではなく、ヴォーリズ事務所の設計した建物の改築などの場合、引き続き一粒社ヴォーリズ事務所が担当した。二〇〇〇年には、一粒社ヴォーリズ事務所により体育館セントラルロッカー棟の建て直し、ディッフェンドルファー記念館西棟の設計が行われ、ここにＩＣＵとの関係が復活した。

（3）注（2）で言及した通り、第二期は二〇〇〇年以降ということになる。

（4）泰山荘は、ＩＣＵキャンパスの南端にある別荘兼茶室で、一九三四年（昭和九年）から三九年にかけて日産財閥重役により建設された。その最も重要な部分は、幕末に北海道探検などを行った松浦武四郎（一八一八―一八八八）が日本中から由緒ある木材を集めて作った一畳敷きと呼ばれる茶室（正確には付け書院）である。この一畳敷きの数奇な運命と、なぜこのような建物が一私立大学のキャンパス内にあるのか、については、樺島榮一郎『ある土地の物語　中島知久平・ヴォーリズ・レーモンドが見た夢（仮）』北樹出版、二〇一八年を参照のこと。

（5）ハケットの経歴は、以下の文献およびICU図書館に在職していたハケットの息子（長男だと思われる）がICUに残したメモを組み合わせて構成した。
井出敦子「新校舎建設委員長ハロルド・ウォレス・ハケット氏　神戸女学院岡田山キャンパス造営における一人の恩人の記録」『学院史料』二七（『学院史料』編集委員会編）、神戸女学院史料室、二〇一四年、二八―三七頁。

井出敦子「新校舎建設委員長ハロルド・ウォレス・ハケット氏　神戸女学院岡田山キャンパス造営におけるもう一人の恩人の記録（二）」『学院史料』二九（『学院史料』編集委員会編）、神戸女学院史料室、二〇一六年、四―一二頁。

（6）神戸女学院記念帖委員会『岡田山の五十年』神戸女学院、一九八四年。
一三八頁では、建築委員会委員長の名前が、ハロルド・エチ・ハケットとなっているが、一五〇頁ではHAROLD W. HACKETT、一五九頁ではハロルド・ダブリユ・ハケットとなっているので、一三八頁は間違いであろう。

（7）井出、前掲書（二〇一四）、三〇頁。

（8）ハケットの几帳面さに関する、さらなるエピソードは、樺島、前掲書（二〇一八）、補章を参照のこと。

（9）この手紙では、ディッフェンドルファーの肩書がメソジスト教会伝道団理事となっているが、ディッフェンドルファーのJICUF会長就任は一九四八年一二月であり、この手紙が出された時点ですでにJICUF会長であった。しかし、この時期には、まだメソジスト教会伝道団の事務所で仕事をしていたため、このような肩書を記したものと思われる。

（10）上坂冬子「天皇を守ったアメリカ人」『中央公論』昭和六一年五月特大号、中央公論社、一九八六年、二七八―二九〇頁。

（11）C・W・アイグルハート『国際基督教大学創立史――明日の大学へのヴィジョン（一九四五―六三年）』国際

基督教大学、一九九〇年、一二五頁。
(12) 石田忠範「ヴォーリズ建築のこころとかたち」山形政昭監修『ヴォーリズ建築の一〇〇年　恵みの居場所をつくる』創元社、二〇〇八年、一二二頁。
(13) 奥山直彦「W・M・ヴォーリズの経済思想――「近江ミッション」の産業的実験」『キリスト教社会問題研究』第三一号、同志社大学人文科学研究所、一九八三年、一一四―一一五頁。
(14) 石田忠範、前掲書、一二〇―一二四頁。
(15) 上記手紙でヴォーリズは"church"の語を用いているが、本章の用語の統一およびＩＣＵにおける慣例に基づき、教会の建物には「礼拝堂」の語を用いる。
(16) 一九五七年一月一七日にＩＣＵに行きハケットに会う予定であるとの社員による手紙があり、その後も打合せを行うことはあったようである。
(17) 藤井秀也・国際基督教大学広報センター「歴史探訪シリーズ　ＩＣＵ建設の頃」『ICU Gazette』父母号二七号、国際基督教大学広報センター、一九九九年、二七頁。

第九章　記憶の宿る場所
――稲冨昭がヴォーリズから引き継いだもの

岸　佑

はじめに

稲冨昭は、一九二七年に熊本で生まれた。一九四八年三月に熊本高等工業学校（現在の熊本大学工学部）を卒業後、辻組を経て、ヴォーリズ建築事務所へ入所。一九五六年から一九五八年までヴォーリズ建築事務所所員として国際基督教大学キャンパスで現場監理に関わったのち、アメリカへ留学。バージニア工科大学を経て、ＭＩＴ大学院で建築を、ハーバード大学院で都市計画を学び、ヴァルター・グロピウス（Walter Gropius）の建築設計事務所ＴＡＣ（The Architects Collaborative）を経て、一九六二年に日本へ帰国した。帰国後は、稲冨昭建築設計事務所を構えて設計活動を行っている。一九六四年から一九七八年まではＩＣＵの顧問建築家（マスターアーキテクト）として、キャンパスプランの作成などに携わった。設計作品としては、『大阪万博キリスト教館』（一九七〇年）、『神田楯夫邸』（一九七〇年）、『原島鮮邸』（一九七一年）、『鎌倉雪ノ下教会』（一九八五年）、『淀橋教会』（一九九八年）などがあり、近作としては、『山崎製パン総合クリエイションセンター飯島藤十郎社主記念ＬＬＣホール』（基本設計・監修、二〇一六年）がある。本インタビューでは、ヴォーリズやICUとの関わりを中心に、生い立ちから、顧問建築家として立案したキャンパスプランや基本構想や設計に携わった施設など、広範に聞き取りをおこなった。これらは、大学のあるべき空間について我々が理解を深めるうえで、貴重な意見となるはずである。

（一）ヴォーリズ事務所に入るまで

――まずはヴォーリズ事務所に入られるまでをお聞かせください。ご出身が熊本で、お生まれが一九二七（昭和二）年ですから、一八歳で終戦を迎えられた。終戦の時にはどちらにいらっしゃいましたか？

九州学院の校庭にいました。長崎の原爆を見ているんです。金峰山の上にぱーっとオレンジの光が来て、地響きがしました。私は、今の熊本大学工学部の前身である熊本工業専門学校（熊本高等工業学校）で、最初に土木を勉強したのです。

――じゃあ戦争中はもう勤労動員みたいなことで。

三菱重工の飛行機工場とかですね。私は、その時はちょうど仕方がないと思って、航空士官学校に受かって[行く予定で]いた。戦争が終わって行かなくて済みましたが。まあ、それでも戦後の人達はやっぱり羨ましいですね。[戦争中は]だいぶ無駄なことばかりやったという[気がします]。

ヴォーリズ建築との出会い

――九州学院もウィリアム・メレル・ヴォーリズ（William Merrel Vories）ですね。

私のヴォーリズとの出会いは、父からの影響が一番の原因だと思います。[九州学院の]キャンパス自身を、ヴォーリズ先生が戦前設計しておられた。神戸女学院とか関西学院それから活水学院などと違って、九州学院の非常に日本的な感じはヴォーリズ先生の傑作ではなかったかと思います。熊本城を見て考えがガラッと変わったということを聞いています。七月一日の［熊本大］空襲で猛火にさらされて、寄宿舎の生徒達が消して残っていたのですが、全部壊してしまったのです。それは今でもとても残念だったと思います。あれは、非常に日本的な、いい建物だったと今でも思いますね。教会堂と図書館の感じが、バージニア大学と非常に似ています。ですから、ジェファーソンのバージニア大学を見た時、故郷に帰ってきたというか、どこかで見たという感じがしました。アメリカの大学の中で私が一番大好きな大学じゃないでしょうか。だから、ヴォーリズ先生との出会いは、産まれた時からです。育った建物を建てたのがヴォーリズ先生だったと、そういうことですね。

——お父様もクリスチャンですね。

アメリカのルーテル派は、南北戦争で戦争に負けるのです。負けて経済的にどん底の時に、一人のキャプテンが立ち上がって、今から我々は伝道を始めようと言って。それで、ルーテル派というのは、日本に来たのは遅いのです。他の地方にはもうすでに伝道が入っていたから、久留米や熊本に入った。父は、なんていうかガキ大将だったんでしょうね、祖父が「この子をいい子にしてください」といって、六歳の時に、J・M・ウィンテル(Jens Michael Torgelsen Winther)というデンマーク人の宣教師へ父を連れて［行った］。それで教会学校にずっと休まずに行って、アメリカに留学しました(1)。

——熊本バンドとは関係があるでしょうか。

海老名弾正とか徳富蘇峰とかみんな、同じ熊本から出ています。だから、あの辺には、みんなで丘に行って祈った場所があります(2)。私も小学校三年生の時に、徳富蘇峰が山中湖で物を書いているとこに連れて行かれたことを覚えています。

――キリスト教の信仰はクリスチャンホームで自然と育まれてきたのですか。

それはそうですね。私は押し付けられたという気は一つもしませんが、今から考えれば、両親の生き様を見ていますと、要領が悪いと思ったことはいっぱいあります。けれども、まああれでよかったのではないかと思います。

辻組へ

――戦争が終わって、学校が再開されました。

私は父が牧師で、そしてキャンパスの中でしょう、世の中のことが本当にやっぱりわからないんですよね。戦争が終わった時に、組織の中にいたら軍隊みたいになる。だから、やっぱり実地で五年間、炭鉱住宅で実際いろいろ作ってみたり、また五年間、今度はヴォーリズのもとに行きました。

――熊本で働いておられてから、近江八幡のヴォーリズのもとへ行かれたわけですか。熊本ではどういうお仕事をされていたのですか?

熊本に辻長次郎という宣教師から非常に信頼されていた人がいました。建物は壊されましたが、東京御茶ノ水のＹＷＣＡを建てていました。それから鷺宮のルーテル神学校も辻長次郎さん。ですから、私は、しばらく辻長次郎さんのところで、実際の仕事を学んだのです。主に西南学院をやっていました。それから、サン・スルピス神学校ですかね。

――個人の建築家、あるいは、いま大学で教育を受けてそのまま建築家になろうとする人の中で、一番足りないのは現場経験だと思うのですけれども。

現場経験で、私が一番学んだのは、大工をやっている人の気持ちがよくわかってきたっていうことではないかと思います。自分が一生懸命になったのをやり直させる、ということをできるだけしない方がいいと。だから平気でここはやり直せっていうことはしないように図面をきちんと作って、職人が手待ちしないように建築家は整えてやると。そういうことが基本だということは、今でも変わりません。だから、現場が始まる時には自分が一番早いというくらい朝一番に行って、それでいい建築ができる、私なりに学んだことです。

――でも、ゆくゆくは設計を自分でやりたいという志をお持ちだった。

やっぱり自分は設計に向いていると思っていました。現場よりも図面にしたいという気持ちがあったですから。緒方竹虎の甥っ子で、山が好きな緒方道彦というのが私に「稲冨、お前はやっぱり設計に進んだ方がいい」と言いまして。彼は医者でした。九大の医学部で、南極の第一次のときに西堀教授なんかと一緒に行った人です。その時に父の関係でヴォーリズのことはよく知っていましたから、それで。

――山仲間の助言で、辻組を辞められて、ヴォーリズ事務所に行かれたわけですね。

（二）ヴォーリズ事務所の所員としてICUへ

――一九五三年四月にヴォーリズ事務所に移られました。ICUまでは、どのようなお仕事を?

私は五年ヴォーリズのもとで勉強しました。大学キャンパスの建築を当時一番やっていたのは、ヴォーリズでした。神戸女学院、関西学院、九州学院、活水学院などたくさんやっていましたね。私がやったのは、大阪のライオン歯磨とか、神戸のルーテル聖書学院だったかな、あと大津の打出中学とか、神戸のノールウェイ・シーメンズミッションとか、そのくらいじゃなかったかと思います。

――いずれも設計は終わって、現場のことを。

現場の監理です。現場のことは詳しかったですからね。

——ヴォーリズさんは、例えば養生の仕方とか非常に細かく指示されていた、という話を聞きます。

私たちの時には、もうそこまではちょっとなかった。ヴォーリズ先生は、私と一緒に散歩しながら話すことが多かったですね。今でも、ヴォーリズ先生と一緒に歩きながら、「やっと神学者が決まった、エミール・ブルンナー[3]に決まって自分は良かったと思う」ということを立ち話でお聞きしたことはあります。改革派の有名なスイスの神学者カール・バルトが来るか、ブルンナーが来るか、そういう時だった。ヴォーリズ先生が、ブルンナーが来られてよかったと、それは耳にこびりついています。

——どういう意味だったのでしょうか。

どちらかというとブルンナーの方がソフトに考えるということじゃないでしょうかね。どちらかというとバルトの方が厳しい、文化に対する考え方に妥協がないということじゃなかったかと思います。これは大切なことだと思います。教会堂の建築をずっと調べていると特にそう思います。

——それはヴォーリズの考える教会堂も、どちらかというと、柔らかいものだったからでしょうか。

それは難しいですね。ここのところになってくると教会堂の歴史というか、それをずっとやらないと「わからない」。ゴシック教会は外部を作って内部にいく。けれども、キリスト教の建築というのは、内部から外部に出て行く、そういうところが私は一番大切だと思うのです。日本においては、キリスト教というのは歴史がまだ浅いですから。ヴォーリズ先生はクリスチャンの建築家として、彼なりに土着化というのを考えた上でずっとやられたのだろうと私は思います。

——ヴォーリズさんはよくダジャレをいう人だったようで、エピソードをよく聞きます。

よくご存知ですね。近江八幡から草津に来られると、言われる冗談は決まっているんですよ、「ああ今度は草津（Kusatsu）だ、困った、次は自殺（Jisatsu）だ」って、それで我々が笑わなくちゃいけない、という。先生のお決まりの冗談がありました。

ＩＣＵの現場へ

――ヴォーリズ事務所で最初にＩＣＵを担当されていたのはどなただったのでしょうか。

最初に担当されていたのは、原［仙太郎］という方でした。もう亡くなりましたけども、この方は、神戸女学院を作るときにハロルド・ハケットさん（Harold Warrace Hackett）(4)と一緒に非常に苦労した方なんです。彼は非常に性格のいい、おっとりとした方だったんですが、いろいろあって担当が変わることになりまして「稲冨、お前がいけ」と。

――それで、ＩＣＵへいらした。一九五六年二月にＩＣＵへいらしています。(5)

私がＩＣＵへ行けと言われたのは、ＩＣＵ創設間際の頃、まだ最初の寮などを作っている頃です。その時は神戸で仕事をしていたのですが、その晩の夜行で東京の方へ出て来たという経緯があります。食堂のエクステンションを作るちょっと前から、(6)ディッフェンドルファー記念館ができるまでいました。

――片桐泉《かたぎりせん》先生はその時すでにＩＣＵにおられたのでしょうか。

片桐は、私と一緒にＩＣＵにきたのです。片桐と一緒に私に行け、と重役会で決まって、それで来ました。柿元［栄蔵］さんも年上でしたから来ましたが。そして、それでディッフェンドルファー記念館の設計に、片桐と一緒にぶつかったっていうところですね。だから、ヴォーリズ先生のお元気な頃の最後の弟子ですかね、私と片桐が。

ヴォーリズの初期構想

ヴォーリズ先生の最初の計画は総合大学でしたから、本館の両翼のどちらかに図書館があって、どちらかに教会があったんです。

——このドローイングですね（図1・6-2（24頁）口絵1参照）。

ヴォーリズ先生が気の毒だったと思うのは、日高第四郎副学長の時には、ＩＣＵは総合大学、ハーバードみたいな大学院大学にするはずだった。それと同時期にＩ・Ｍ・ペイ（Ieoh Ming Pei）と一緒にグロピウスの建築設計事務所であるＴＡＣ（The Architects Collaborative）とが上海で、世界で一番いい大学を作ろうとしていたのです(7)。とっても面白い作品なんですが、中国共産党が入ってきてダメになった。ＩＣＵもそのあおりを受けたんです。ＩＣＵの場合は［アメリカが］原爆を落としたので、それに対する贖罪といいますかね、そういう意味合いもあったんですけれども、［中華人民共和国が成立して、共産主義が台頭し、朝鮮戦争が勃発すると］日本にお金を出しても駄目だろう、と。それでいっぺんにガタガタとお金が集まらなくなってしまった。それが一番大きな問題だと思います。ですから、今でも本館はあの時に新しい建物を建てることはできなかったんだろう、と私は思います。

大学の定員と適正規模

——最終的にはリベラルアーツカレッジになりました。

今になって考えてみれば、あの時に、中島飛行機三鷹研究所が建てた鉄骨の飛行機の格納庫が本館の西側にあったわけですから、それを一部残しておいたら、リベラルアーツカレッジとしては、スケールの点ではうまくいったのではないかな、という感じがします。ハケット先生から、ここに体育館を組み込めという案があったんですよ。

——既存の建物を活用するという。

しかし、モーリス・E・トロイヤー副学長（Maurice E. Troyer）は、定員六〇〇名のいわゆるリベラルアーツカレッジにするんだ、と。そういう点では、余計難しいですよね。

——建物の幅として大きすぎたということですか。

［大学院大学の］スケールとして［格納庫が小さすぎたということ］ですね。やっぱりそれが、レラティブ・スケールのことからいえば、非常に難しい点ではなかったかと。トロイヤー先生から怒鳴りつけられたことがあります。彼が、ディッフェンドルファー記念館を作る時に収容人員六〇〇名と言った。私が「先生、大学というのは成長するものだから六〇〇名ではちょっと。やっぱり一〇〇〇人ぐらい考えた方がいいんじゃないですか」と言った。アメリカ留学前ですからアカデミックプログラムなんてわからない時です。そしたら「稲冨黙れ、俺たちが六〇〇名と言ったら六〇〇名なんだ。建築家が口を出すな」とえらく叱られた。六〇〇名というのはリベラルアーツカレッジの一番大きなサイズ、最大サイズなんです。ミッションスクールの伝統がなぜ六〇〇名かというと、六〇〇名だったらそこの校長とか院長とか学長が学生の顔と名前を全部覚えることができる。これが一〇〇〇名を超えてくると、歯止めがきかない。

大学教会とスカイライン

——大学教会が現在の位置に移ったのはなぜでしょうか。

総合大学ではなくなったからです。リベラルアーツカレッジにする時に、本館横にあった教会堂をどこに置くか。キャンパスの中心である、今の位置に持ってくる、と。この時には、［教会堂は］まだ半分しかできていなかったんです。湯浅学長から呼ばれて、ずっと見ておられてですね、こう言われた。湯浅学長の部屋は、本館の一番東端でしたけどね、そこに呼ばれて「稲冨、ここのキャンパスの全ての建物は、教会堂より高いものは建てないんだ」って、こう言われた。だから、キャンパスの中心に［教会堂を］持ってくるというのは、湯浅学長はこれでいいんだ、ということでした。ヴォーリズ先生の計画ではですね、彼は音楽家でしたけれども、パイプオルガンは使わない、あくまでハモンドオルガンを使うんだと。ハモンドが塔のすぐ横にありました。

――初期案では本館周辺に建物を建てて中庭をつくる「クアドラングル」を考えたから教会堂もそこにあったけれども、それをキャンパス全体のコアとして湯浅学長が移した。

やっぱりどこのいい大学でもそうですもんね。中心に心臓がある。

――キャンパス全体のコアは教会前の「クアドラングル」なんですね。

やっぱり大学正門の直線道路（マクリーン通り）から入って、教会を非常に象徴的に見せようとしたのです。

ディッフェンドルファー記念館と片桐泉

――ディッフェンドルファー記念館は本館の目の前にあって、プランニングとか、外観の意匠もかなりモダニズムです。この意匠はどなたが手がけられたのでしょうか。

片桐が一番中心です。現場経験が片桐はなかったものですから、ヴォーリズ先生が片桐と一緒にやれと言われて、私たちが助けました。片桐は、とても優秀なヴォーリズ事務所の若手で、私の友人、無二の親友でした。彼は恵まれていて、おじさんが戦時中に駐バチカン公使で、戦後にイタリア大使に［なったので］、ローマ大学に留学したのです。片桐は、私よりも前にヴォーリズ事務所に入っていました。生まれなどはわかりません。[8] これは指名コンペだったんですよ。早稲田の村野藤吾さん、前川國男さんなど、アントニン・レーモンド（Antonin

Raymond）もいたんじゃないかな。そしてヴォーリズ。それで、我々は勝ったんですよ。アメリカから来た審査委員長が、この案を見て「これが当選です」、その一声でこれに決まったんですよ。かっこいいでしょう。一番最初から文句なしに選ばれた。あれは、片桐泉の凄さだったと思いますね。

――それも模型とか図面があって

そうそう。

――コンペのときに、他の建築家の案はご覧になりましたか？

いえ、みていません。

――大学資料室や大学新聞には、四階建ての計画案や二階建案があるのですが、ご覧になった記憶はありますか？

いえ、どれもみていません。

――ディッフェンドルファー記念館（図2・16〜18（54、57頁）参照）の舞台は、借景のようなかたちで使えるようにしたと伺いました。

ディッフェンドルファー記念館は、講堂の舞台から外に向かって開く扉を作ったんですよ。そこのところを開けると、林の方から馬で入ってこられるように作った。今でもディッフェンドルファーを見ると思い出すのです。私は、値段を安く作る中でもいいものを作ればいいと思って、大理石のかけらを安く持ってきて、ロビーのところに大理石を貼ったら、トロイヤー副学長から「大理石を張るとは何事だ！ Beauty in simplicity だ！」と大変怒られた記憶があります。

――建設経緯でどういった設計変更があったか覚えていらっしゃいますか？

郵便局、売店、生花室くらいのもので、実施図面からの変更はありませんでした。

シーベリーチャペル

――ヴォーリズの初期案で教会のあった場所には、現在シーベリーチャペルが建っています。何かそういうトポスの意味があったのでしょうか。

本館近くのプレイヤーチャペル（シーベリーチャペル）は、私がアメリカに行った後で、片桐が作りました。MITのプレイヤーチャペルみたいに、カトリックもプロテスタントも、時間だけは別れますけれども、今はもうユダヤ教も、場合によってはイスラム教も、ここで時間だけ分けて礼拝をする。

――そのためのプレイヤーチャペルですか。

片桐はまだそういうコンセプトをわからないで設計しちゃったんですね。だけども、シーベリーチャペルのところはあくまで、教会前の広場とのつながりが意識されていた。本当のコンセプトは、イスラムの人たちも、カトリックもプロテスタントもユダヤ教の人たちも全部ここは使えるというコンセプトです。

（三）アメリカ留学

――一九五八年にヴォーリズ事務所を辞められて留学をします。

私が当時、最後にやったのが一九五八年でしたか、ディフェンドルファー記念館がコンクリートを打ち終わって完成しましてね。そのちょっと前ですか、メレル・ヴォーリズが倒れられて。ディッフェンドルファーに続いて図書館［の設計］があったのですが、図書館のアメリカでの権威だったR・B・オコナー（Robert Barnard O'connor）というのが図書館だけは関わった。オコナーとレーモンドはニューヨークのオフィスで同じ場所にいたのです。それで競争設計ではなくて図書館はアントニン・レーモンドが設計することになった。私も若かったですから、責任を感じてしまって。オコナーと議論したのは、あくまでライブラリーは、セントラルライブラリーでブランチライブラリーは絶対作らない。しかし、自然科学の方でリサーチなんかをやるんだったら、各建物にブランチライブラリーがいるだろう、と。それでも、やっぱり高橋たね先生(9)はセントラルライブラリーだと主張して今の形になった。その時に［オコナーと議論をしながら］*“Architecture in USA”*という雑誌を持ってきて、片桐と私に見せて、「お前らは［アメリカの］どこの大学を出ているんだ」と言われた。

――お前らは建築家である私と対等なのか、と言われたわけですか。

私はもう、その時に英語は片桐より了解していたので、これだったらアメリカに行って一流の大学、最高の学校で勉強をやり直そうと思って留学に行った。私なんかのレベルでは最初からＭＩＴとかハーバードには入れないので、バージニア工科大へ。お金はなかったんですが、ノルウェーの貨客船でペンキを塗って船賃をただにしてもらって。

――バージニア工科大に行こうと思ったのは、どなたかのご紹介があったのですか。

ＩＣＵにアメリカのカレッジ・ブレティンがあったんですね。その時にずっとカレッジ・ブレティンを調べたんですよ。ダントツにいいのがハーバード、それからＭＩＴ。カリキュラムが物凄く優れていたんですね。その次にバージニア工科大が同じカリキュラムで素晴らしい内容だったのです。一九五六年か五八年からカリキュラムがガラッと変わったんですね。それで、どうしてかということを私は調べた。いろいろ調べてみたら、グロピウスが英国経由でハーバードにくるんですが、アメリカでのグロピウスの一番最初の弟子が、Ｌ・Ｊ・キュリー(Leonard J. Currie)という人で、バージニア工科大学のヘッドだったのです。そういう思いもかけない出会いですね。私がそこで頑張ったので、その後ハーバードやＭＩＴで勉強できることにつながったのです。素晴らしい先生にぶつかったということですね。そしてその先生が推薦して、ＭＩＴ、ハーバードと開いてきたんでしょうね。ただ、私は今でも悔いていることが一つあるんです。ＭＩＴの大学院を出てね、もちろん私はお金がなかったわけですが、ＭＩＴのヘッドからルイス・カーン（Louis I. Kahn）のところへ行くならスカラシップを出す、って言われたのです。けれども、私はＴＡＣ（The Architects Collaborative）を離れたくなかった。でも、あの時に行っていたら今どうだったでしょうかね。私はその時まだＩＣＵに帰れるとは思っていなかったですが、イラクのバグダッド大学の計画とか、ハーバードのこととか、大学のキャンパスプランを一番勉強するのにはＴＡＣが一番だったんですよ。今になってみれば正解だったと思います。

アメリカ建築教育の変化

――ヴォーリズ事務所で戦前に東京所長を務めた松ノ井覚治さんという方はご存知ですか？　松ノ井さんはアメリカン・ボザール時代のアメリカの大学で勉強をされた。それでアメリカの設計事務所に勤めて、摩天楼をいっぱい建てていた人なのですが。

それから大丸とかですね、そこら辺は全部。プロポーションが一番しっかりしているということです。名前だけは聞いたことがあります。

――松ノ井さんはとうに亡くなられていて、その図面がご遺族のところにたくさんあった。ああいうボザールの水彩画で、非常に綺麗にスケッチしたものが残っていて、世代的には二、三〇年の差ですけれども、アメリカの建築教育も大きく変わっているということですね。

（四）ＩＣＵ顧問建築家として

――留学から帰っていらして、ＩＣＵにもう一度関わる直接的なきっかけは何かおありだったんでしょうか。

アメリカに勉強に行くというのも、湯浅八郎先生はご存知なかった。私がバージニア工科大にいる時でしたか、湯浅先生がハガキをくださったのです。［図書館がレーモンドになったのは］お前の責任ではない、せっかく与えられたのだからしっかり勉強しなさい、というハガキが来たのです。帰ってきた時に、湯浅先生もあと一人の副学長の方も、まぁ必死で勉強してたんだなぁということは知っておられたのでしょう。ちょうどレーモンドが、ＩＣＵの顧問建築家を辞めた時だったんです。アメリカから帰ってきた時に、［片桐から］一緒にやろうとだいぶ言われたのですが、私は、どうしてもＩＣＵの、仇討ちというと大げさだけど、ここはもう［途中で］メレル・ヴォーリズが病気で倒れられましたから、それをどうかして、何かこう最後まで、きちっと［やりたかった］。

ＩＣＵ総合計画（一九六四）

――稲冨先生が顧問建築家になられるのは一九六四年からですか？

アメリカから帰ってきてからです。帰りもヨーロッパを回って、ケンブリッジからオックスフォード、ノルウェーのオスロ大学とかずっと見てきた。ドイツのハンザ地区とか、まだあの時は全然復興していなかったですよ。帰ってからＩＣＵで働けるかっていうのは全然わからない。ただ自分ではやりたいな、という使命感はあったんですよね。教育施設はどうしてもやりたいと思っていました。

――それで、ＩＣＵの総合計画（図９・１）のパイロットプランをおつくりになった。

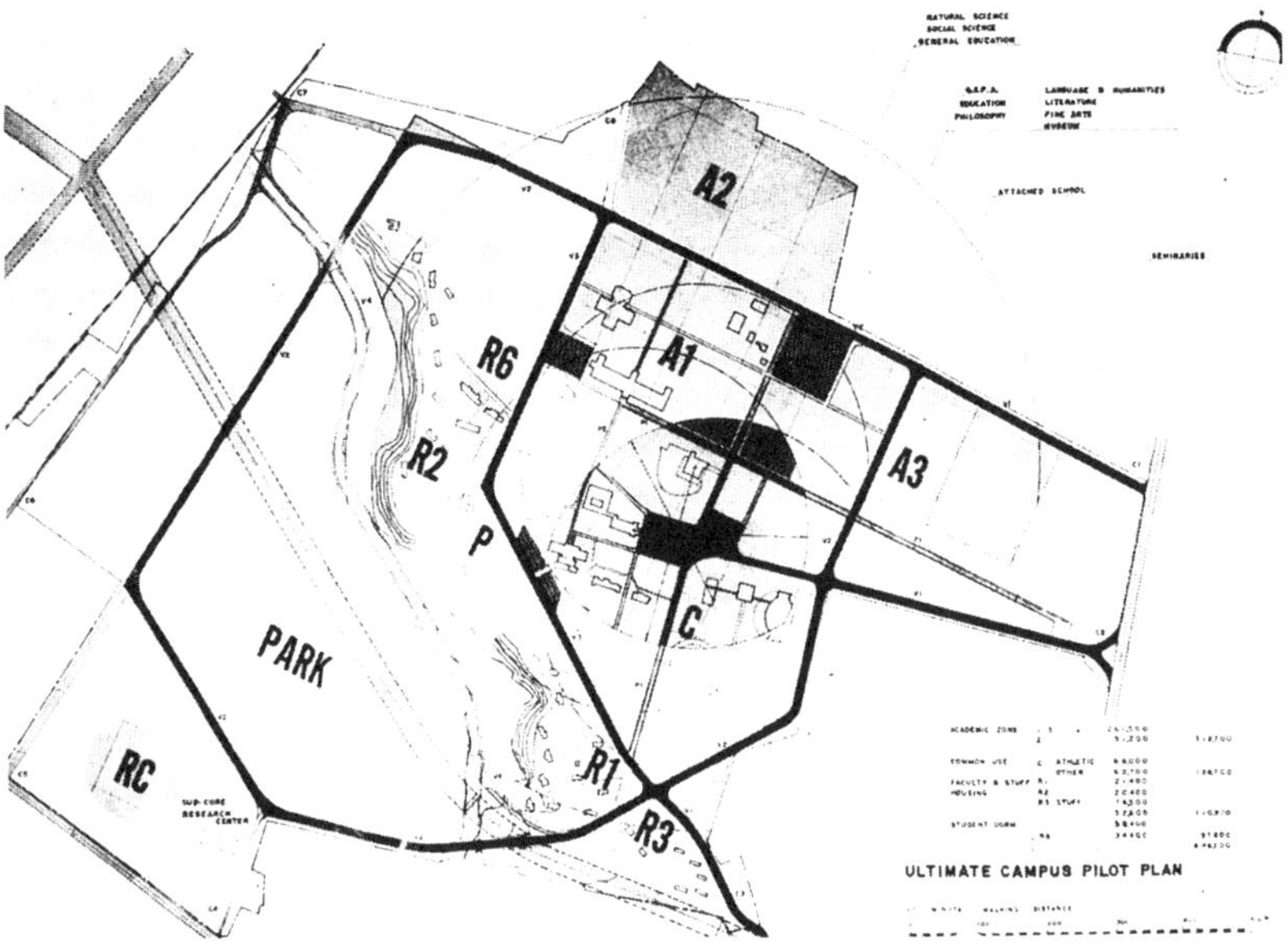

図9.1　ICUキャンパスモデルプラン1964

そうです。総合計画です。五分間の歩行距離円と一〇分間の歩行距離円を書くと、教室から教室にどのくらいの間で歩いて行かなければいけないといった、［施設の］配置計画がよくわかるんです。図書館を中心とした10 minutes Walking Circle（10分間の歩行距離円）の中で学部生の教育を行い、その後に野川公園となる敷地には、リサーチ機能のセンター（RC：リサーチセンター）をおいて大学院レベルの高い研究プログラムを作ろうとしたんですよ。サイエンスはとにかく、学部生の教育とPh. D.を取るような優れた大学院レベルのものを隣接させる、そこで最先端のリサーチをやって、できる学部生はどんどんリサーチセンターにいって、リサーチを進められる。これは、モジュラースケジューリングといって、スタンフォードなどは全部そうです。リベラルアーツカレッジでは、学部生がどういう勉強をしていいかわからないものですから、教授のリサーチを手伝いながら教授たちと学んでいくというのも、ひとつ大切なことではないかと。

——キャンパスの北東側はどういうプランを考えられていたのでしょう。

ここには人文系の学科や語学科を固める予定でした。聖路加の日野原重明先生たちがここに医学部を作るという計画もあったんです。

教育と研究の葛藤：理学館（一九六七）

——理学館が一九六七年に竣工します。

ナチュラルサイエンスは最初本館の一階部分にあったんですよ。日本のミッションスクールはサイエンスが弱かったから、まずは、ずば抜けた理科系のサイエンスホールを作ろうと鵜飼先生が力を入れられた。

——稲冨先生が手がけられたもので、思い入れの強いＩＣＵの施設はどれになりますか。

完全に私の名前でやれたのは、教育研究棟です。理学本館［の設計当時］は、私はまだ三六歳ですから、私が基本構想を作って、竹中工務店が工事も設計もした。私がちょうどＩＣＵの顧問建築家になって、私がスケッチをモデルもちゃんと作ったら理学科の先生たちがみんな私の案がいいと言ってくださって。

——理学館も構造と表現が一体化したような意匠ですよね。

理学館を設計した時にはまだ二重床がない時です。それで苦労した。人間の体のように、配管の取り替えなどを自由自在にできるように、工場であらかじめ製造されたプレキャストのコンクリート部材を使って建てた。最高強度のものを作って、現場でリフトアップしたんです。一番大きな問題は、ジェネラルエデュケーションとリサーチをどうするか。これはやっぱりリベラルアーツカレッジの一つの難しい点だと思います。功成り名を遂げた老教授たちはジェネラルエデュケーションを熱心にやる。ところが若い教授たちは、自分の研究が大切で、教育よりもリサーチに興味があるんです。これはもう嫌というほど私は感じました。若い教授たちは、自分が広い

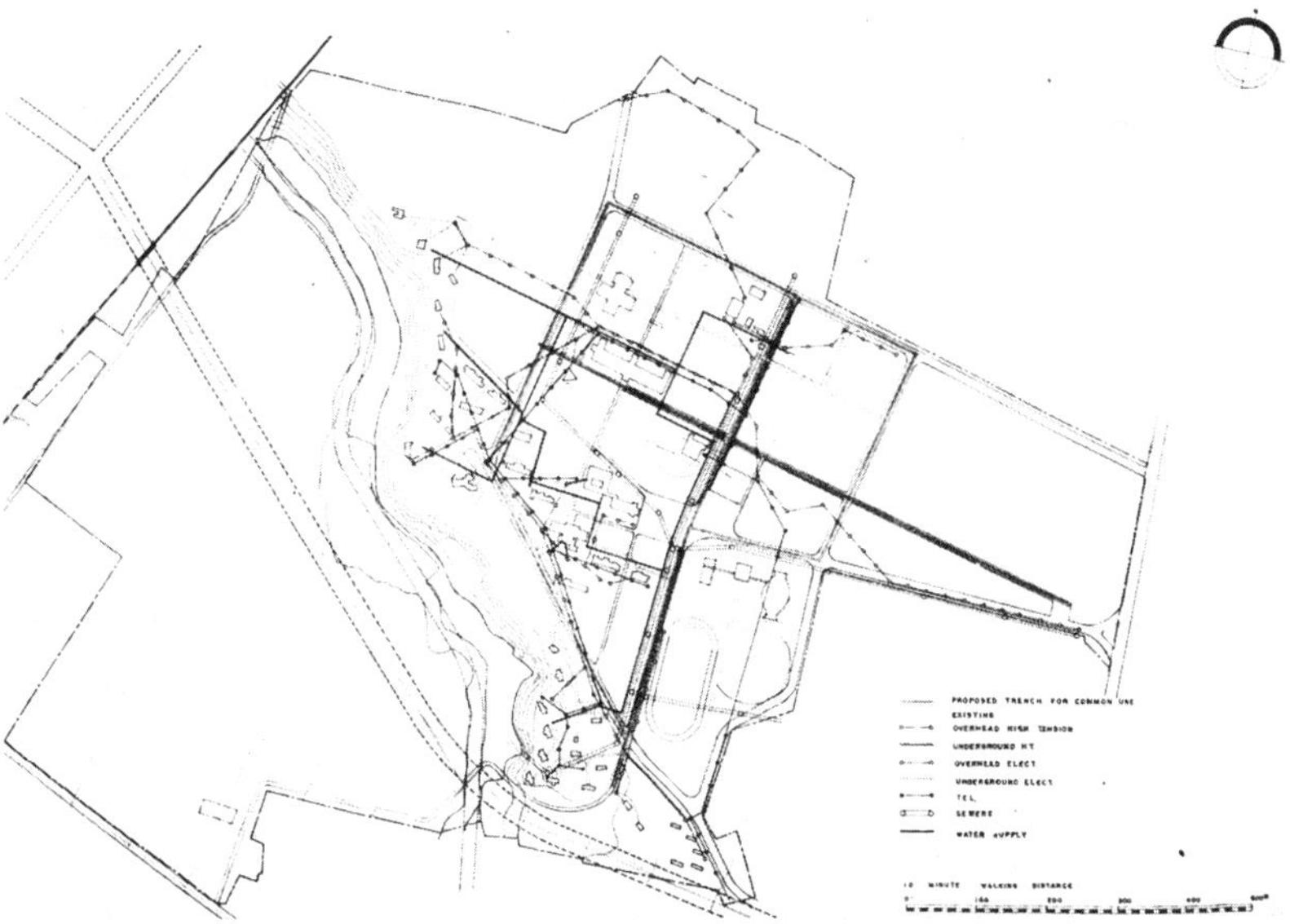

図9.2　ICU構内共同溝図

場所を取れないものだから、はじめはジェネラルエディケーションをやっているけれども、自分の実験器具とかは、ものすごい重い機械を持ってきたりする。だけども、若い教授たちが何に興味を持っているか、こっちにはわからないわけです。今にして思うと、どういうリサーチをするかというところまで、詰めてやっておけばよかったと思うんです。それは一つの例ですけれどもね。あくまであいう建て方をしたのは、教育が問題だったからで、将来のリサーチタワーは別棟で建てる予定だった。リサーチと教育をごちゃ混ぜにするとやっぱりうまくいかない。

キャンパスのランドスケープ形成

——稲冨先生は、キャンパス内に共同溝（図9・2）もつくられていますね。

パワーステーションを中心に共同溝をまわしたつもりでした。一九六七年ぐらいですか、計画した時に下水道はないんですよ。そして電線はずっと張り巡らせてある。でも、それが一番安くつくとかいって。それで私は、共同溝を作ろう、と。寮から何から、お風呂沸かすのに全部各寮でボイラーなどで石炭を燃やしていたんですよ。下水は、戦争中の直径二mぐらいの、戦争中に穴掘ったのがずっとあって、それに全部流していたのです。

――地下道の、防空壕的なものがあった。

セントラルロッカー棟（一九六七）および体育館（一九七二）

――セントラルロッカー棟が一九六七年に、体育館が一九七二年に竣工しました。

はじめにやったのは、アカデミックプログラムとレジデンシャルゾーンと中間の体育館です。体育館は、レジデンシャルゾーンとアカデミックゾーンから同じ距離に置くべきだということで、あそこに置いたのです。自分が好きな時間に、好きな運動ができるように。そして、アカデミックゾーンのところからも体育館に行ける。そしてシャワーだけはふんだんに出すようにする。その頃のシャワーはチョロチョロとしか出なかったのです。そしてワース先生と相談して、太陽光発電を［セントラルロッカーの］屋根に作った。まだそんなもの全然なかった頃です。だからプールも温水プールをどうしても作る、といってやったのです。まだ、はらぺこで運動なんか考えるのはおかしい時代ですよ。ラーメンも何もない、コッペパンをかじっていた時代です。運動どころじゃないじゃないかと。あくまで教育のアカデミックプログラムが一番大切だということでやったんですね。

ＩＣＵ総合計画（一九七五）

――これ（図9・3）は、一九七五年につくられた総合計画のモデルですね。本館の裏にある建物はなんでしょう。

講義棟です。財務副学長だったショーロック先生と一緒の頃にクライニャンズという学務副学長がいて、教室の大きさをかなり厳しく注文をつけられたのです。クラスルームの大きさが、一二〇～一三〇人から二〇〇人ぐらいの講義棟というのが必要な時代だった。それで講義棟の案もいくつか作ったのです。

――キャンパス北東にある十字形の建物は教会堂ですか。

ここは、今は東京神学大学（一九四九年設置）で、こっちがルーテル神学大学（一九六四年設置）。そして、聖公会も呼ぼうとか、色々したんですけれどもなかなかうまくいかなかった。プリンストンとかハーバードとかイェールみたいなトップの神学校を一つ、ユニオン神学校を日本に作ろうというのが、我々の大きな願いだった。その話に一番強いのは、一高から東大を出た加藤常昭という鎌倉雪ノ下教会の牧師ですが、あの先生が元気な間に、ユニオン神学校がＩＣＵでできて、ＩＣＵには神田楯夫先生がおられたから、ドイツ語、ラテン語、フランス語、ギリシャ語が勉強できる。神学教育のアンダーグラデュエイトはＩＣＵで教育を受けて、体育館も一緒に使う、食堂も一緒に使う、そしたら彼らは財政的に助かるわけですよ。今でもそうだと思います。そうすると日本の教会のためにもＩＣＵのためにもいいと思うのです。これは、日本の教会にとって、かえすがえすも百年の計を誤ったと思います。

ＩＣＵ総合計画（一九七八）

体育館の建設の時にＩＣＵのキャンパスプランをインキングした図面（図９・４）が、建築家協会が出した本に載っています。そこにＩＣＵの総合計画の図面も残っています。

――図書館の向かいに教育研究棟がありますから、一九七〇年代半ば以降に描かれたものでしょうか。教会前の広場に建物があります。

教会前の広場を何で形作るかというのが、大きな問題だったのです。最初の学長邸も残そう、アドミニスト

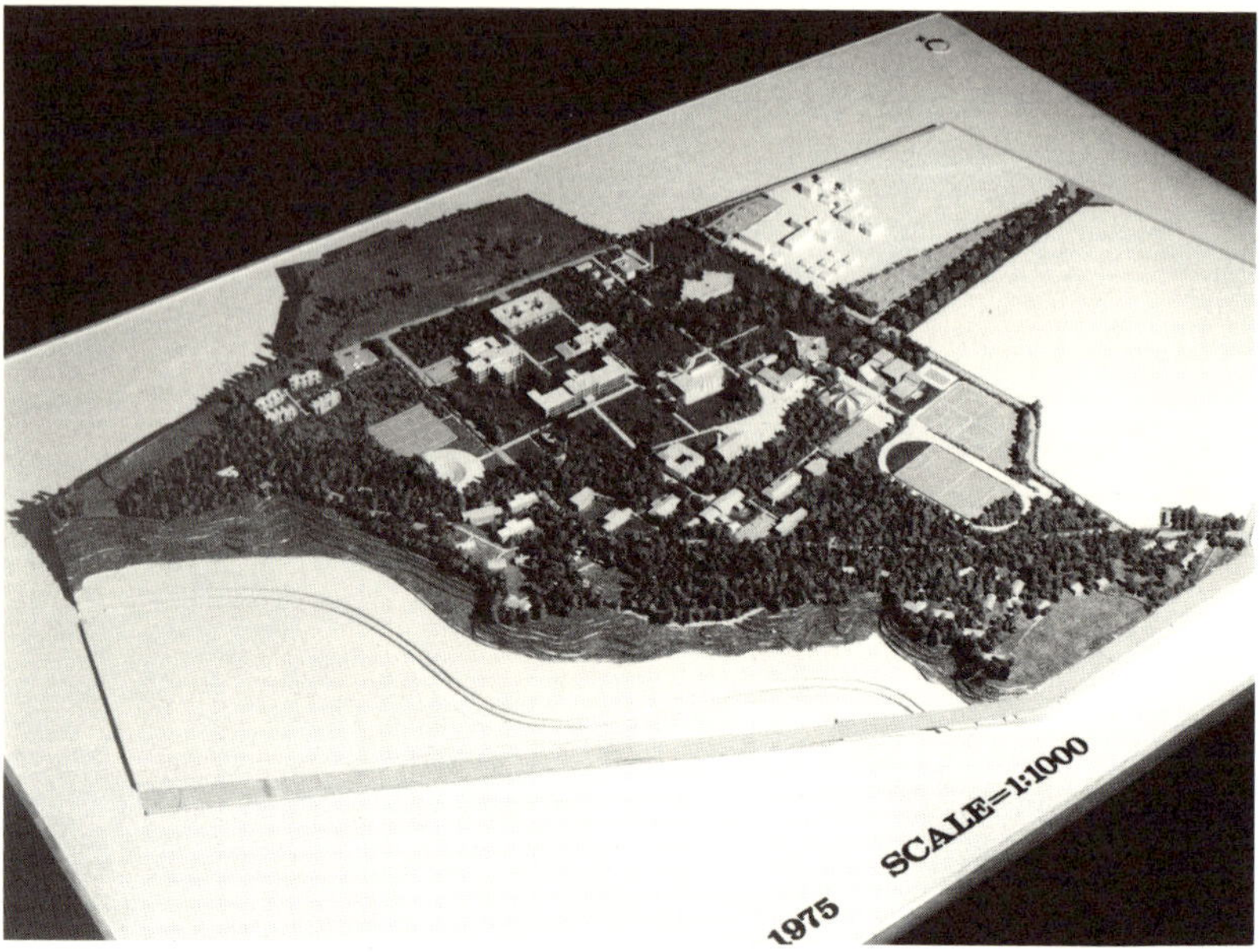

図9.3　ICU総合計画1975

レーションビルディングと同窓会館をおいて、広場の周りに固めようとしたのです。体育館の向かいのプログラムも、教会堂は父兄とかが来たら容量が足らなくなるから、もう少し広いものをつくるという考え方だった。これは、どちらかというと広い集会とか、体育館としても使えるということを当時は考えていたのです。

アカデミックプログラムの重要性

計画というのは、アカデミックプログラムと財政計画と施設計画が一本にならないといけない。やっぱり大切なのは、アカデミックプログラムです。アカデミックプログラムがきちっとしないと施設計画は何をやっても意味がない。あくまでアカデミックプログラムが一番中心で、どういう大学を作るかというのが一番の大きな問題です。これは生命線です。ＩＣＵの優れた卒業生たちが結集して、いろいろ良い方向にしないといかんと思います。［それがないと］スタイルがいい

図9.4　ICU総合計画1978

とか、格好がいいとか、この建物が気に入らないとかそういうことになってしまう。どんなにお化粧しても中身がなかったらだめですよ。ですから、寮の建て方、食堂の建て方、全部そこのところにどういう大学を目指すかが影響してくると思います。プランニングコミュニティが大切です。そして、システムとして解かないといけない。建物の空間構成とかそういうことですよ。[問題は]そのシステムをどういうシステムでやるか。[私のときは]鵜飼先生が理解者でしたからね。鵜飼学長は、アカデミックプログラムがなかったら建築は設計できない、ということを一番よくわかっていた。ただその時は、大学の中が学生運動で[うまくいかなかった]。

――アカデミックプログラムから建築を考えるときに、何が大切だとお考えですか?

やっぱり一番大切なのは、ダイアローグ(対話)。それには、実は校舎だけではなくて、寮が大切なんです。英国のケンブリッジでもオックスフォードでも、寮で育っていくんですよね。決して寮は単なる寮ではないんですよ。すぐれたダイアローグで学んでいきますからね。教室以上に大切です。ＩＣＵの理事会でも、京都の実業家としても有名な大沢善夫理事はプリンストン出身ですから、寮のサイズはプリンストンの学生寮がモデルだといったんですよ。つまるところ寮の規模を六〇人よりも多くしない。理事会の方たちが全部現場に行って、寮同士の距離と長さはどれくらいか、寮の定員はどうするか、一生懸命チェックして、理事同士が議論されていたのをよく覚えています。プリンストンでどういう問題が起こっているかと言うと、あの人たちは［寮を］近代建築の均質な空間にしたんですよ。ゴシックの石造りで建てるとお金ばかりかかるから、金持ちの子供たちはその高い石造りの寮に入る。奨学生で金のない連中は新しいモダンな建築に入る。これはアメリカの反省のひとつだったと思います。ですから、［私もＩＣＵで寮を作ろうとした時の］コンセプトは、ハウス・オブ・ダイアログといって、対話の家です。その最初の計画には、ソーシャル・ルームという人が集まることのできるような共有スペースがあったわけです。

――学生についてはどうでしょう。

本当に頭の良い、抽象的に物事を考えることが得意な学生と、ものを作りながら時間がかかっても考えていく学生というのはやっぱりいるんですよ。私なんかは後者のものを作りながら考えて、スロースターターでね。ただ建築に関しては、天才はいないということだけはわかりました。アメリカの一流建築家は、人一倍時間をかけるんです。自分で天才と思う建築家はいっぱいいるかもしれませんが、建築に関して天才はいません。どういうものを作らなければいけないかということがわからないで、形だけ作っていってはダメなんですよね。だから基礎教育というのが必要だと思います。

（五）　記憶の宿る場所

――稲冨先生はキャンパスで生まれ育って、キャンパスの設計に関わられました。

良い教師と出会うというのが、一番大切ですよ。クラスメイトも大切ですが、いい教師と出会うっていうことが「もっと大切です」。やっぱり教授との出会いというのは、一生の宝ですよ。教師から言われた一言がね、今でも生きているんです。例えばハーバードに行くと、全然教えないんですよね。ただReading Requirementというのが、一ケ月に五〇冊ぐらいあるのです。そして与えられた本を一生懸命自分で読んで学生同士で議論をして、そしてわからない時に教授が出てくる、そういう教育です。勉強の方法、リサーチの方法がわかると、伸びていくんです。教室がなくても、ロビーに椅子があったら、そこで教授と議論できる。だからロビーとかを作っておかなければいけない。そういう学校の作り方というのは、校庭から、全てが学びの家《や》です。だから作り方が大切です。食堂の作り方、寮の作り方、教室の作り方、全部関係があるんです。大学キャンパスの話になると、プリンストンみたいな作り方を、本当に日本でやるべきかどうかという問題はあると思います。日本でもお宮なんかはいいですよね。高さの捉え方というのは非常にうまいと思います。しかし、外部空間をどういう風につないでいくかというのは、アメリカに僕は勉強に行って良かったと思っています。だけども、良いキャンパスは必要です。そう私は思います。キャンパスは人を育てる。

――先生の話を聞いてほっとしました。

ＩＣＵの原図とか計画の図面とか寮のスケッチとか私は最後まで捨て切れなかった。それはドリームプランですよ。仕事がないときは一年間スケッチばかりしていた。自分の身が切られるような思いで、シュレッダーにかけたんです。ここは日本の将来を背負う大学ですから。

――いずれにしても歴史を踏まえることが大事だと思っています。

大学の空間は、記憶に残る場所です。いい大学はいい卒業生がいつも支えているんです。帰ってきてみたら、自分が育った学校が、どこか万博の建物みたいになっているというのは駄目ですよ。私はそう思います。ここであぁいう失敗もあった、こういうことがあったっていう場所がね、変な建物ばかり建ってくるともう訪ねたくないですよ。そして先生はいなくなるし。キャンパスだけは本当に記憶の宿る場所なんだから、やっぱり大切にして行った方がいい。

――先人たちのものを理解するというのが、知性であり教養であると思うのです。

やっぱり記憶の宿る場所だし、美しさというのはね、一生涯のエネルギーですよ。エネルギーのもとです。

――人間の生きる質というんですかね、それに応じた品格というものが求められている。

建物はそういう点で大切なのです、プレハブでいいということでは絶対にない。だから、日本は神道の神社にしても仏教のお寺にしても日本語で語る素晴らしいものを持っている。ラテン語とギリシャ語で語るのではなくて、日本語でメッセージを伝えるような空間が必要だと思う。ただ十字架をつけたらそれでキリスト教の建築になるということではないと思います。だから大切にしなければいけない、大切に作っていかなければいけないと思います。

――お話をきけてよかったです。ありがとうございました。

(六) 解題

稲冨昭がＩＣＵと関わった時間は、ヴォーリズ事務所時代と合わせると約一六年になる。ひとりの建築家が長年に渡って同じ計画に関わり続けた経験は、建築家のキャリアの中でも特別な意味をもつだろう。稲冨にとってＩＣＵとの関わりは、とりわけ重要な意味をもっているように思われる。

父の稲冨肇《はじめ》（一八九三―一九五五）は、ルーテル派の牧師であった。一九一一年から一九二二年までアメリカへ留学し、一九三二年から一九四七年までは九州学院の院長をつとめたのち、一九五五年に東京の日本ルーテル神学校教授に任ぜられ、同年八月に赴任したものの、わずか二ケ月後に病死している。(10) 日本におけるルーテル派の伝道は、一八九二年アメリカの南部一致ルーテル教会の宣教師シェーラーとピーリーによって始まった。海老名弾正（一八五六―一九三七）、内村鑑三（一八六一―一九三〇）、植村正久（一八五八―一九二五）らが一八七〇年代にキリスト教の洗礼を受けていることを鑑みると、ルーテル派が日本で伝道を始めた時期はかなり遅い。しかし、「ひたすらキリスト教を通じて日本に貢献することを願い、そうしてこそ初めて日本が立派な国になることに信念をもって」いた(11)、という肇の姿は、日本とキリスト教の関係を問い続けた明治期のプロテスタントたちと通じるものがあり、また、稲冨昭が抱くＩＣＵへの期待とも通じるものがあるように思われる。

ルーテル派の伝道は、その初期から牧師を養成する神学校をはじめ、教育事業とともに行われていた。稲冨が育った九州学院もそのひとつである。九州学院のキャンパスは、ヴォーリズが初期の段階から設計に関わっていたが、ヴォーリズ作品は現在、「ブラウン・メモリアル・チャペル」（一九二五年竣工）のみが残る。この教会堂の施工を担った会社こそ、稲冨が熊本工専卒業後に働いた辻組であった。その後に稲冨は、設計を志して近江八幡のヴォーリズ事務所へ移る。神戸で仕事をしていた稲冨がＩＣＵへ来ることになったのは、東京へ赴任した父を亡くして半年も経たない、一九五六年一月末であった。年長所員の柿元栄蔵とともに稲冨のＩＣＵ着任を伝えるヴォーリズからの書類には、「年齢は若いが教育施設の構造やコンクリート、建築設備に大変詳しい」人物である、と書かれている。(12) ＩＣＵへの着任は、稲冨にとって、留学のきっかけをつくり、その後の本格的な設計活動へとつながった大きな転機であった。

稲冨は、一九五八年にヴォーリズ事務所を退所し、三〇代の四年間をアメリカの東海岸で過ごした。MIT卒業後には、ルイス・カーンの元で学ぶという選択肢を提示されながらも、グロピウスとその設計事務所TACでの研修、そしてハーバードで都市計画を学ぶ方を選び、一九六三年に帰国した。一九六四年から一九七八年までは、ICUの顧問建築家として、アメリカで学んだ都市分析や計画手法を用いて、ICUキャンパス計画の立案に関わった。稲冨によって共同溝の設置と無電柱化の促進が行われた結果、今の大学の景観が形成された功績も見逃すことはできない。

稲冨のキャンパス計画では、大学院大学を建設するというICUの最初の夢（ヴォーリズもその夢の一部を描いていた）を継承しつつ、その後に建てられた学内の施設を秩序づけるプランニングが試みられている。いずれも実現はしていないものの、医学部の設立や実験系のリサーチセンターの設置、ユニオン神学部の設立構想など、総合大学への発展を見据えたキャンパスプランにその一部を読み取ることができるだろう。稲冨自身も、ヴォーリズのあとを引き継いだ、という意識を持っていたようだ。

では、稲冨はICUのキャンパスプランに何を込めていたのか。稲冨がインタビューの中で語っているのは、教育理念をどのように空間に表すか、ということである。

例えば、キリスト教についてでは、ICUキャンパス内の教会堂の場所とチャペルタワーについて以下のような指摘をしている。現在の大学教会堂は、ヴォーリズ建築事務所の設計により竣工し、その後アントニン・レーモンドの改修を経て現在の姿になったが、一九五三年の竣工当時から位置は変わっていない。教会堂の位置については、当初ヴォーリズが、大学本館と隣接して教会堂と図書館の建設を予定していた。しかし、総合大学計画案は、大学建設の過程で単科のリベラルアーツカレッジへと縮小したため、キャンパス全体のコアとしてキャンパスの正門アプローチから印象的に見えるよう、現在の位置にすることを湯浅が了解したという。稲冨が、ICUキャンパスプランを立案する際に教会前の広場を重要な要素のひとつとした理由の遠因でもあろう。チャペルタワーについて稲冨は、キャンパス全体のスカイラインと関わり、チャペルタワーより高いものを建てないという湯浅八郎の指摘があったことを証言している。五〇年以上過ぎてようやくわかることだが、この結果としてICUキャンパスには、武蔵野の緑の中にチャペルタワーがそびえるスカイラインが生まれた。いずれも大学キャンパスの中で、キリスト教をシンボル的に位置付ける空間的な介入である。

稲冨は大学（教育）についても、寮、校舎、食堂、ロビーの椅子にいたるまで、対話による「学びの家」であるべきだと述べている。とりわけ全人的な教育の場としてのキャンパスを理想とし、その中でも教授との出会いを強調している点は、興味深い。そもそも対話とは、相手とのコミュニケーションが開かれていなければ成立しないからである。

稲冨は、自らの作品集の中で、「言葉と形の一致を求め、時代の変化に耐え、詩の宿る場所」としてICUキャンパスをプランニングした、と書いている。[13]「言葉と形の一致を求め」とは、キリスト教における聖書の言葉と、その祈りの場としての空間の関係を指していると思われるが、「詩の宿る場所」としてのキャンパスというのはどういう意味であろう。そのヒントは、作品集の「あとがき」にあるように思われる。稲冨は「あとがき」に、「人類の歴史が今後何億年続こうと、その一人ひとりは、その人だけが証することのできる、その人だけの貴重な記念碑なのである」と書き、続けて「畢竟するに建築は、建築家の内面を吐露するのみならず、目と手で相手に伝える詩である」と考えるようになったと述べている。[14]建築が、その人だけの貴重な記念碑であると同時に詩でもあるならば、詩つまり貴重な記念碑とは、一人ひとりの生の表象であると解釈することはできないだろうか。そうだとするならば、「目と手で相手に伝える詩」とは教授することの謂いにも思える。そのような

「詩が宿る場所」とは、まさに「記憶の宿る場所」であり、「人を育てる」空間としてのキャンパスであろう。そのような空間を作るのであれば、まずもって理念が大切であり、その理念を達成するための教育プログラムと、それが行われる空間が大切である、とする稲冨の考えは、大学という空間のみならず、教育の場の形成を考えるときに、広く参考となるに違いない。

［インタビュー概況］

第一回（二〇一六年四月六日）於：ＩＣＵアジア文化研究所

参加者：岸佑（ＩＣＵアジア文化研究所助手）

第二回（二〇一六年四月一四日）於：ＩＣＵアジア文化研究所

参加者：高澤紀恵（ＩＣＵアジア文化研究所前所長）、宮沢恵理子（ＩＣＵアジア文化研究所前助手）、岸佑

第三回（二〇一六年七月三一日）於：稲冨建築事務所

参加者：石田潤一郎（京都工芸繊維大学）、大村紋子（株式会社納屋）、岸佑

［注］

（1）「稲冨肇」「ウィンテル」『日本キリスト教歴史大事典』教文館、一九八八年を参照。

（2）一八七六年に、米国人教師Ｌ・Ｌ・ジェーンズの影響を受けた熊本洋学校の生徒たちが、熊本市花岡山の山頂で集会を開き、奉教趣意書を読み上げてキリスト教精神を日本に広めようと誓い合った。

（3）一九五三年一〇月一日ＩＣＵ着任、一九五五年七月一一日帰国。

（4）元ＩＣＵ財務副学長。神戸女学院が現在の岡田山キャンパス移転するにあたり、建築委員長を務めた。

（5）資料番号7-1-22「柿元・稲富ＩＣＵ現場着任（一九五六年二月一日付）」、国際基督教大学図書館歴史資料室所

蔵、以下同じ。

（6）資料番号7-5-59「食堂増築案見積もり書（一九五六年一〇月二三日付）提出」。

（7）「華東大学案（Hua Tung Christian University）」。一九五五年に台湾でI・M・ペイが東海大学として実現。

（8）『建築と社会』（一九五四年七月号）によれば、片桐は昭和五年京都生まれ、昭和二六年京都工業専門学校卒、ヴォーリズ事務所。

（9）元ICU図書館長。天皇の英語教師であるヴァイニング夫人の秘書を務めたことでも知られる。鶴見和子、鶴見俊輔、武田清子らとともに日米交換船で帰国した。

（10）「稲冨肇」『日本キリスト教歴史大事典』、一一二四頁。

（11）稲富いよの編『この宝を土の器に』聖文舎、一九六七年、三七五頁。

（12）資料番号7-1-22「ヴォーリズから東ケ崎潔理事長・湯浅八郎学長ほか宛書類（一九五六年一月三一日付）」。

（13）『稲冨昭作品集　目と手の建築』彰国社、二〇一一年、一〇二頁。

（14）同上、あとがき、一二三頁。

あとがき

山崎鯛介

「序にかえて」に詳しく書かれているように、本書は二〇一六年一〇月二九日に国際基督教大学において開催されたシンポジウム「ヴォーリズの夢　平和と大学」で議論された内容をベースに、その主題を「現在のキャンパスと建築をどう読み解くか」といった建築的な関心から、「何が彼らをそうさせたのか」といったその思想的背景に視点を移し、その答えを多くの執筆者の論考から浮かび上がらせようと試みたものである。そして、そこから見えてきたキーワードの一つが「戦後民主主義」であった。そして、この「民主主義」という概念を国際基督教大学のキャンパスや建築物においてどのように造形化するかが建築家ヴォーリズに課せられた使命であった。

ヴォーリズが手掛けた国際基督教大学の施設のうち、特にキャンパスを象徴する役割を担った本館、教会堂、学生会館（ディッフェンドルファー記念館、口絵21〜28参照）のデザインに注目すると、まずコンクリート打放し仕上げ、大きな開口部と水平のルーバーが機能主義的な印象の既存建物（旧中島飛行機研究所棟）を改修した本館（口絵16〜18参照）は、中央と両翼を少し強調して古典的な安定感を付与し、庇を撤去し壁を少し増やすことでヴォーリズの得意とするロマネスク風の雰囲気を与えることに成功している。教会堂は、部分的にしか竣工せず、また後にアントニン・レーモンドによって大改修されてしまうが、竣工時の写真（口絵24参照）を見ると、戦前のミッションスクールに通じるロマネスク風の穏やかな意匠であったことがわかる。

ロマネスク様式とは、一一—一二世紀のヨーロッパのキリスト教建築に由来し、構造的な制約から幅の細いアーチ窓と分厚い平坦な壁を外観意匠上の主な特徴とする建築様式で、やがて尖塔アーチなど、より高度な技術に基づく垂直性の強いゴシック様式に取って代わられる中世初期の建築様式である。ヴォーリズは、ゴシック建築の持つ垂直性やドラマチックな空間よりも、ロマネスクの持つ穏やかさや静謐さを好み、それを現代的にアレンジして用いることを得意とした。神戸女学院や関西学院大学などの戦前のミッションスクールには、そうしたデザインが全面的に用いられている。敬虔なプロテスタントであったヴォーリズは、こうした意匠を「神」への信仰を表現するのにふさわしい意匠と理解していたのであろう。

これらに比べ、水平・垂直線を基調とした抽象的な全体構成、ガラスやコンクリートなど無機的な工業材料の積極的な活用、明るく透明感のある内部空間が連続するディッフェンドルファー記念館は、明らかに異質のデザインをしている。これは、一九二〇年代にヨーロッパで登場したモダン・ムーブメント、すなわち「合理主義に立脚し、線や面、ヴォリュームという抽象的な要素の構成による美学をよしとする、社会改革志向に裏打ちされた建築運動」と定義される、いわゆるモダニズム建築のデザインである。ディッフェンドルファー記念館は、これらの条件を満たす優れた建築作品として認められ、「ドコモモ・ジャパン（DOCOMOMO Japan）」の二〇一六年度選定作品に選ばれた。Docomomoとは、（Documentation and Conservation of buildings, sites and neighborhoods of the Modern Movement）すなわち、「モダン・ムーブメント（近代建築運動）にかかわる建物と環境形成の記録調査および保存のための国際組織」の略称である。

モダン・ムーブメントは、近代の市民社会において日常的な生活環境の改善を目標とし、それを合理主義に基づく普遍的な手法で具体化しようと試みたデザイン運動である。日本でも大正時代から昭和初期にかけてモダン・ムーブメントに対する関心が高まり多様な展開を示したことが知られているが、建築作品としてはまだ独立住宅が多く、同潤会アパートなどを除けば都市施設・公共施設で実作が作られるようになるのは第二次世界大戦後になってからである。戦後になると、建築家たちは「民主主義」をいかにして建築のデザインに表現するかをテーマに、積極的に作品を発表し始める。住宅作品においては戦前の家父長制に代わる新しい「家族」のあり方を問い直し、小住宅という制約の中で斬新な空間、新しい生活スタイルが提案された。また公共建築においては「地方自治」をテーマに、庁舎建築（市庁舎、区庁舎）や文化施設（県立の図書館、美術館など）の作品において、モダン・ムーブメントの思想・手法が多様に展開された。

国際基督教大学のキャンパスデザインにこの「戦後民主主義」というテーマを具体的に表現することは、大学創設に携わったディッフェンドルファーの強い希望であった。しかし、民主主義という「概念」を具体的に表現する手法に正解はなく、一方で過去の様式に頼ることもできない。おそらく設計者に指名されたヴォーリズは、まずは過去の自分の設計手法の中にその手がかりを探したであろうし、また他人（事務所スタッフ）のアイディアの中にも可能性を探したと思われる。そして、その実現した姿を三鷹の建設予定地の風景の中に空想し、納得が行くまで配置やデザインについての構想を練り続けたと思われる。そうしたことを考えながら、ヴォーリズのデザインした本館、教会堂、ディッフェンドルファー記念館の設計意図を読み解いていくと、特に注目されるのが「日本で最初の学生会館」とも称されるディッフェンドルファー記念館の設計プロセスであり、それを三鷹の自然豊かな風景の中で本館、教会堂、正門と有機的に関係づけようとしたピクチャレスクな配置計画なのである。前者にみられる実際の利用者（学生会）の意見を取り入れる柔軟な姿勢、後者における既存の施設（本館）や自然景観を活かして全体を意味づけようとする手法から感じられるのは、独断的な思想よりもすでにそこにあるもの

図ａ　ドコモモ・ジャパン選定プレートをもつ渡邉研司ドコモモ・ジャパン幹事長（左）と日比谷潤子ICU学長（右）

（いるもの）を注意深く観察し、そこに「寄り添う」ことを良しとする、民主主義的な建築家の姿である。

日本で最初の本格的な学生会館として建設されたディッフェンドルファー記念館は、そこで大学生活を送った学生たちにとって、卒業後も心の拠り所となっていると聞く。ディッフェンドルファー記念館がドコモモ選定を受けた翌年一〇月のＩＣＵ祭では、選定記念の講演会が「Ｄ館族」を自称するＯＢ会の方々によって主催された。そして同日に企画されたディッフェンドルファー記念館の見学会は、猛烈な台風の直撃を受ける中、それでもにぎやかに開催された。翌一一月にはドコモモ選定プレートの贈呈式（図ａ）が再びディッフェンドルファー記念館において行われたが、この日の見学会は、前回の台風を詫びるかのような快晴に恵まれ、色鮮やかな紅葉に囲まれたキャンパスの中央に建つ「Ｄ館」の屋上見学会が実現した。屋上から眺める秋のキャンパス風景（図ｂ）は爽快で、本館、礼拝堂を始め、紅葉の中に点在する諸施設の位置関係が、三六〇度のパノラマ式に眺められた。食堂や寮など、近年に改築された施設についても概ねもとの位置を踏襲していることから、想像力をたくましくすればヴォーリズの描いたイメージを共有することもできそうである。ここはディッフェンドルファーとヴォーリズが描いた建学の理念を現役学生たちに伝承するには絶好の場所である。一人でも多くの学生がこれを体験し、未来の「Ｄ館族」になってもらいたいと思う。

なお、本書の編集にあたっては、多くの方々に多大なご協力をいただいた。特に岸佑氏（国際基督教大学アジア文化研究所）には、口絵、「序にかえて」の図版選定とキャプションの執筆、引用資料の出典確認、表紙デザインなど多くの作業にご協力いただいた。記して謝意を表します。

図b　D館の屋上から眺める秋のキャンパス風景

編者プロフィール

高澤紀恵（たかざわ・のりえ）

国際基督教大学教授
専門は西洋史、とくに近世フランス社会史、都市史。
1955年生まれ。東京女子大学卒。東京大学大学院博士課程単位取得退学。フランス社会科学高等研究院DEA。
著書：『近世パリに生きる――ソシアビリテと秩序』ほか多数

山﨑鯛介（やまざき・たいすけ）

東京工業大学環境・社会理工学院准教授
専門は日本近代建築史、歴史的建造物の保存活用、建築アーカイヴズ。
1967年生まれ。東京工業大学工学部建築学科卒、同大学院理工学研究科建築学専攻修士課程修了。「明治宮殿の意匠的特徴とその形成過程」で東京工業大学博士（工学）を取得。
著書：『天皇のダイニングホール――知られざる明治天皇の宮廷外交』（共著）ほか

建築家《けんちくか》ヴォーリズの「夢《ゆめ》」
戦後民主主義・大学・キャンパス

2019年1月25日　初版発行

編　者　高澤紀恵・山﨑鯛介

発行者　池嶋洋次
発行所　勉誠出版株式会社
〒101-0051　東京都千代田区神田神保町 3-10-2
TEL：(03)5215-9021（代）　FAX：(03)5215-9025
〈出版詳細情報〉http://bensei.jp

印刷・製本　太平印刷社
組　　　版　トム・プライズ

ISBN978-4-585-23065-6　C1037